Aus dem Programm Huber: Psychologie Forschung

Wissenschaftlicher Beirat:
Prof. Dr. Dieter Frey, München
Prof. Dr. Kurt Pawlik, Hamburg
Prof. Dr. Meinrad Perrez, Freiburg (Schweiz)
Prof. Dr. Hans Spada, Freiburg i. Br.

Mechthild Papoušek

Vom ersten Schrei zum ersten Wort

Anfänge der Sprachentwicklung in der vorsprachlichen Kommunikation

Verlag Hans Huber
Bern · Göttingen · Toronto · Seattle

Adresse der Autorin:
PD Dr. med. Mechthild Papoušek
Institut für Soziale Pädiatrie
und Jugendmedizin
der Universität München
Heiglhofstraße 63
D-81377 München

Die Deutsche Bibliothek − CIP-Einheitsaufnahme
Papoušek, Mechthild:
Vom ersten Schrei zum ersten Wort : Anfänge der
Sprachentwicklung in der vorsprachlichen Kommunikation /
Mechthild Papoušek. − 1. Aufl. − Bern ; Göttingen ; Toronto ;
Seattle : Huber, 1994
  (Aus dem Programm Huber: Psychologie, Forschung)
  ISBN 3-456-82496-3

2. Nachdruck 1998
1. Nachdruck 1995
© 1994 Verlag Hans Huber, Bern
Druck: AZ Druckhaus, Kempten
Printed in Germany

Für Silvia, Tanja und Hanuš

Inhaltsverzeichnis

Vorwort	13
Einleitung	15
Sprache als dynamisches System	15
Beginn des Spracherwerbs	16
Klinische Bedeutung der vorsprachlichen Kommunikation	16
Probleme der Früherkennung von Sprachentwicklungsstörungen	17
Psycholinguistische, neurobiologische und entwicklungspsychobiologische Grundlagen der vorsprachlichen Kommunikation	20
Vorsprachliche Kommunikation aus der Sicht wichtiger Sprachentwicklungstheorien	20
Neurobiologische und anatomische Voraussetzungen der audiovokalen Kommunikation	22
Phylogenetische und ontogenetische Entwicklung des peripheren Stimmapparates	22
Neurobiologische Grundlagen der Lautproduktion	23
Neurobiologische Entwicklungsprozesse im vorsprachlichen Alter	26
Myelinisierung	26
Dendriten- und Synapsenbildung	27
Hemisphärenspezialisierung	28
"Frühreife" des Säuglings in vorsprachlichen Integrationsprozessen	29
Intuitive elterliche Didaktik in der vorsprachlichen Kommunikation	31
Psychobiologische Determinanten des mütterlichen Verhaltens	32
Regulation des mütterlichen Verhaltens bei Säugern	35
Olfaktorische Regulation des mütterlichen Verhaltens bei Säugern	36

Regulation des mütterlichen Verhaltens beim Menschen	37
Vorläufer der Sprache in Phylogenese und menschlicher Ontogenese	39
Beschreibung des Forschungsvorhabens	41
Zielsetzung	41
Ergänzende, bereits publizierte Arbeiten	42
Stichprobe der Hauptstudie	44
Vorgehen	44
Methoden der Vokalisationsanalyse	45
Probleme traditioneller Auswertungsverfahren	45
Der eigene methodische Ansatz.	46
Auswertung der Säuglingslaute.	47
Auswertung der mütterlichen Sprechweise.	49
Auswertung der Nachahmung.	52
Auswertung des Interaktionskontextes.	53
Statistische Datenbearbeitung	54
Von den Grundlauten zum ersten Wort: Entwicklung des interaktiven Lautrepertoires.	56
Untersuchungsergebnisse: Vokalisationsrepertoire vom 2. bis 15. Monat	56
Vokalisationsrate	56
Vokalisationstypen.	56
Artikulationsmerkmale	61
"Meilensteine" und "Stadienkonzepte" der Vokalisationsentwicklung	68
Vokalisationsentwicklung im natürlichen Kontext der vorsprachlichen Kommunikation: Prozedurales Einüben sprachrelevanter Fähigkeiten	77
Kontrollieren von Grundmechanismen der Lautbildung	77
Frühe Stimmgebung	77
Frühe Modulationen	79
Spielen und kreatives Erproben des stimmlichen Potentials	81

Kontrollieren regulärer Silbenfolgen.	84
Von den regulären Silben zu Protowörtern und Wörtern	87
Abwechseln von Zuhören und Vokalisieren: Entwicklung des Dialogs	92
Untersuchungsergebnisse: Stimmliches Abwechseln vom 2. bis 15. Monat	92
Takt und Timing im mütterlichen Kommunikationsverhalten: Asymmetrien in der frühen Steuerung des Abwechselns.	96
Interaktionsrahmen zum Einüben des Abwechselns	99
Stimmliches Nachahmen	100
Untersuchungsergebnisse: Stimmliche Nachahmung vom 2. bis 15. Monat	101
Das mütterliche Echo: Interaktionsrahmen zum Einüben der Nachahmung	104
Funktionen der Nachahmung in der vorsprachlichen Kommunikation	105
Interdyadische Variabilität der Nachahmungsbereitschaft.	109
Bedeutung der Nachahmung für den Spracherwerb	111
Entwicklung der stimmlichen Nachahmungsfähigkeiten des Kindes	112
Intersensorische Verknüpfung von Lautwahrnehmung und Lautproduktion	113
Integration von Erfahrungen in den Interaktionsrahmen der vorsprachlichen Kommunikation	117
Untersuchungsergebnisse: Gestaltung der Interaktionsrahmen vom 2. bis 15. Monat	117
Der dyadische Kontext der frühen Kommunikation.	122
Interaktive Spielchen	124
Gemeinsames Ausrichten der Aufmerksamkeit und gemeinsames Bezugnehmen auf die Umwelt	126
Die natürliche Sprachumwelt des Säuglings	128
Anpassungen der elterlichen Sprechweise im Vorsilbenalter	129
Frühe Form-Funktions-Assoziationen: "Melodische Gesten"	131

Transkulturelle Universalien in der mütterlichen Sprechmelodik	134
Anpassungen der sprachlichen Umwelt an das Entwicklungsalter	135
Untersuchungsergebnisse: Struktur der mütterlichen Sprache vom 2. bis 15. Monat	136
Vergleich der mütterlichen Sprachanpassungen im Vorsilben-, Silben- und beginnenden Sprechalter	142
Bedeutung der natürlichen Sprachumwelt für die Entwicklung von Sprachwahrnehmung und Sprachverständnis	145
Praenatale "Sensibilisierung" der Aufmerksamkeit für die Muttersprache	145
Entdecken von strukturellen Einheiten in der sprachlichen Umwelt	147
Entdecken von Bedeutung in Grundeinheiten der sprachlichen Umwelt: Vorläufer des Sprachverständnisses	149
Multimodale Stimulation und transmodale Integration	150
Prosodisch eingeführte Wörter im Kontext	151
Vorsprachliche Bearbeitung linguistischer Information	153
Entwicklung der stimmlichen Kommunikationsfähigkeiten	156
Die Doppelnatur der vorsprachlichen Vokalisationen	156
Einflußnehmen mit Hilfe von Vokalisationen	158
Mitteilung von Gefühlen und Bedürfnissen mit Hilfe von Vokalisationen	159
Vorläufer der intentionalen Kommunikation	161
Die sog. "intentionale Kommunikation".	162
Gebrauch erster Protowörter und Wörter im Kontext der Interaktion	164
Spezifische Interaktionsrahmen	165
Bedeutung von sprachlicher Umwelt und Interaktionsrahmen für die frühe expressive Sprachentwicklung	168
Individuelle Unterschiede im Stil des frühen Spracherwerbs	168
Individuelle Unterschiede in Beginn und Tempo der Wortschatzentwicklung	170

Einfluß des elterlichen Sprachangebotes auf den frühen 172
Spracherwerb.

Untersuchungsergebnisse: Zusammenhänge zwischen 173
mütterlichem Sprachangebot und Wortschatzentwicklung.

Abschließende Bemerkungen 178

Literaturverzeichnis 182

Anhang: Manual zur Auswertung der intuitiven elterlichen 202
Didaktik in der vorsprachlichen Kommunikation

Vorwort

Die ersten Anstöße zur Beschäftigung mit der stimmlichen Kommunikation im Säuglingsalter gaben vor vielen Jahren die vorsprachlichen Aufwachmonologe von Tanja und Silvia. Die unwiderstehlich melodischen Klänge und der stimmliche Einfallsreichtum versöhnten beide Eltern mit dem Schlafdefizit im Morgengrauen und verleiteten nicht selten zu ungewöhnlichen Zwiegesprächen in den frühen Morgenstunden.

Anfängliche Versuche, die kindlichen Laute mit musikologischen Analysemethoden zu erfassen, deckten einen Reichtum an musikalischen Elementen auf und machten die enge Verwandtschaft von Grundmustern der vorsprachlichen Kommunikation und Grundstrukturen der Musik deutlich. Diese Methoden waren jedoch für umfangreichere Analysen von größeren Stichproben allzu aufwendig. Als noch schwieriger erwies es sich, den vorsprachlichen Lautäußerungen, den eigenartigen Veränderungen in der Sprechweise der Eltern und den Gesetzen der vorsprachlichen Kommunikation mit den herkömmlichen Methoden der Spracherwerbsforschung und Phonetik gerecht zu werden.

Für eine systematische Erforschung der stimmlichen Kommunikation in den vorsprachlichen Eltern-Kind-Interaktionen bedurfte es eines intensiven Studiums der interdisziplinären Frühentwicklungsforschung mit ihrem Schwerpunkt Entwicklungspsychologie und den benachbarten Grundlagenwissenschaften der Psychobiologie, Humanethologie, Neuropsychologie und -biologie, Neuro- und Psycholinguistik und Phonetik.

Einen fruchtbaren Nährboden gab dafür die langjährige Zusammenarbeit mit Hanuš Papoušek in der Forschungsgruppe Entwicklungspsychobiologie am Max-Planck-Institut für Psychiatrie. Viele der diesem Buch zugrundeliegenden innovativen Konzepte und Methoden wurden im gemeinsamen Dialog mit Hanuš Papoušek entwickelt, überprüft und immer neu hinterfragt. Er und unsere Töchter Tanja und Silvia, an deren Sprachentwicklung wir seinerzeit fasziniert und staunend teilnehmen durften, sind die geheimen Inspiratoren des vorliegenden Buches. Es ist ihnen deshalb in Dankbarkeit für alle Unterstützung und für alle Geduld mit der berufstätigen Frau und Mutter zugeeignet.

Während der wissenschaftlichen Arbeiten erwies sich das interdisziplinäre Umfeld am Max-Planck-Institut für Psychiatrie mit seinen Forschungsschwerpunkten in den Bereichen von Spracherwerbsstörungen und Aphasien, von Neurobiologie, Psychobiologie und Pathologie der stimmlichen Kommunikation und Sprache als Stimulation und Herausforderung zugleich. Hier gilt mein herzlicher Dank Herrn Prof. Dr. Detlev Ploog, der meine wissenschaftliche Arbeit am Max-Planck-Institut über viele Jahre ermöglicht und durch wertvolle Anregungen und sein stetes Interesse in besonderem Maße unterstützt hat. Für die statistischen Beratungen bei der Planung und Durchführung der Arbeit möchte ich vor allem Herrn Dr.

Dirlich und Herrn Dr. Yassouridis aus der Abteilung Biostatistik des Max-Planck-Institutes meinen Dank aussprechen. Die differenzierten Auswertungen und statistischen Bearbeitungen wären jedoch nicht möglich gewesen ohne den unermüdlichen Einsatz von Gerda Kneitinger, Helga Matthea, Ursula Eckert, Christiane Doermer, Beatrice Cosmovici und Stephanie Koch. Ich danke ihnen und allen anderen ehemaligen Mitarbeitern der Arbeitsgruppe Entwicklungspsychobiologie, die im Laufe der Jahre durch anregende und kritische Diskussionen zum Erfolg der Arbeit beigetragen haben.

Eine Fülle wertvoller Impulse erwuchsen während eines einjährigen Forschungsaufenthaltes am Department of Comparative Ethology des National Institute of Child Health and Human Development (NICHD) in Bethesda, USA aus der Zusammenarbeit mit Prof. Dr. Stephen Suomi, Prof. Dr. Marc Bornstein und Dr. David Symmes. Ihrer großzügigen Unterstützung und Bereitstellung von Laboreinrichtung und Diensten und ihrer stimulierenden Mitarbeit habe ich zu verdanken, daß einige grundlegende Fragestellungen in ergänzenden transkulturellen Vergleichsstudien und Playbackstudien bearbeitet werden konnten.

Die finanziellen Mittel zur Durchführung des Vorhabens verdanke ich in erster Linie der freundlichen Unterstützung durch die Deutsche Forschungsgemeinschaft. Ebenso bin ich der Hughes Foundation für das einjährige Forschungsstipendium an den National Institutes of Health in Bethesda zu besonderem Dank verpflichtet.

Besonders herzlich bedanken möchte ich mich nicht zuletzt auch bei den Müttern und ihren Säuglingen für ihre bereitwillige und ausdauernde Teilnahme an den Untersuchungen.

In Bezug auf die letzten Phasen der Arbeit habe ich Herrn Prof. Dr. Theodor Hellbrügge und Herrn Prof. Dr. Hubertus von Voß zu danken, daß sie am Institut für Soziale Pädiatrie und Jugendmedizin der Ludwig-Maximilians-Universität München die nötigen Voraussetzungen für die Fortsetzung meiner wissenschaftlichen Arbeit geschaffen haben. Aufbauend auf dem bisher Erarbeiteten, hat diese inzwischen einen neuen, klinischen Schwerpunkt gefunden: die Früherkennung und Prävention von Störungen der vorsprachlichen Kommunikation.

München, Januar 1994   Mechthild Papoušek

Einleitung

Die Vorstellungen und Kenntnisse über das menschliche Neugeborene haben sich in den vergangenen drei Jahrzehnten dramatisch gewandelt - von einem passiven, von Reizschranke und autistischer Schale abgeschirmten, mit Reflexen und angeborenen Signalen ausgestatteten unreifen Organismus zu einem neugierigen, lern- und interaktionsbereiten Gegenüber, das aktiv mit allen Sinnen nach angemessen strukturierten Anregungen in seiner Umwelt sucht und mit seinem Verhalten auf die Umwelt Einfluß nimmt. In gleichem Zuge haben die Konzepte und Kenntnisse über die frühen Eltern-Kind-Beziehungen eine neue Dimension gewonnen, die die Bedeutung der vorsprachlichen Kommunikation nicht nur für die sozial-emotionale Entwicklung, sondern auch für die postnatale psychophysiologische Anpassung und für die sensomotorische, kognitive und kommunikative Entwicklung verstehbar und einer empirischen Analyse zugänglich macht.

Diese Fortschritte rücken auch die Anfänge der kindlichen Sprachentwicklung in ein neues Licht und fordern zu einer kritischen Überprüfung verbreiteter klinischer und psycholinguistischer Auffassungen heraus, die die Vokalisations- und Sprachentwicklung vor allem als Frage der Reifung angeborener spezifischer Spracherwerbsprogramme betrachten und Einflüssen der sozialen Umwelt und Entwicklungsprozessen in anderen Bereichen nur einen geringen Stellenwert beimessen.

Sprache als dynamisches System

Keine Sprache der Welt ist so schwer, daß sie nicht ein gesundes Kind in den ersten Lebensjahren scheinbar mühelos erlernen könnte. Dieses Faktum ist so alt wie die Menschheitsgeschichte, hat jedoch nichts von seiner Rätselhaftigkeit und Faszination verloren. Um seine Bedeutung einzuschätzen, braucht man sich nur zu vergegenwärtigen, welche Anstrengung und Zeit es einen Erwachsenen kostet, im Vollbesitz reifer Denkfähigkeiten und sprachlicher Verständigungsmittel eine Fremdsprache zu erlernen, und welche pädagogischen oder autodidaktischen Mittel er dafür einsetzen muß.

Die sprachliche Umwelt, in die ein Säugling hineinwächst und an der er zu partizipieren lernt, ist ein komplexes vielschichtiges System, das viele Bereiche der psychischen Entwicklung einschließt und schrittweise zu einem integralen Teil der gesamten kindlichen Persönlichkeitsentwicklung und seiner sozialen Beziehungen wird. Für den Wissenschaftler ist es schwer, alle Ebenen des Systems Sprache gleichzeitig zu erfassen und zu analysieren. Dies hat in der Sprachentwicklungsforschung über lange Zeit zu einseitigen Theorien und Abgrenzungen in Subdisziplinen der Grammatik, Semantik, Pragmatik, Phonologie, Phonetik, Sprachwahrnehmung und Neurolinguistik geführt. Dessen ungeachtet entwickelt das Kind die verschiedenen Ebenen oder Subsysteme der Sprache in ihren dynamischen

Wechselbeziehungen. Es erwirbt das hochkomplizierte grammatisch-morphologische Regelsystem der Muttersprache (Syntax) ebenso wie die Inhalte der Sprache, die Bedeutung sprachlicher Zeichen in Bezug auf die reale Umwelt (Semantik), und den kommunikativen Gebrauch der Sprache im sozialen Kontext, die Fähigkeit, durch Sprache etwas mitzuteilen und zu bewirken (Pragmatik). Es erwirbt alle auf das Verstehen der Sprache ausgerichteten Wahrnehmungs- und Integrationsfähigkeiten ebenso wie die expressiven Aspekte der Sprache.

Beginn des Spracherwerbs

Aufgrund der Fortschritte in der interdisziplinären Säuglingsforschung stellt sich die Frage, ob einige oder alle dieser Subsysteme in einem noch früher funktionsfähigen System verankert sind, das lange Zeit aus den wechselnden Strömungen der psycholinguistischen Forschung ausgegrenzt wurde, nämlich in den intuitiven, vorbewußten Austauschprozessen der vorsprachlichen Kommunikation.

Als Kriterium für den Beginn der Sprachentwicklung wird in der klinischen Sprachentwicklungsdiagnostik gewöhnlich das erste sinnvolle, intentional gebrauchte Wort angesehen (Wirth, 1990). Bruner (1983/1987) vermutet den Beginn des Spracherwerbs um einige Monate früher, sobald Mutter und Kind einen vorhersagbaren Interaktionsrahmen schaffen, der als Mikrokosmos für die Kommunikation und die Definition einer gemeinsamen Realität dienen kann.

In der vorliegenden Arbeit wird die These vertreten und durch empirische Arbeiten belegt, daß die Sprachentwicklung ihren Anfang noch früher nimmt: in dem ersten kommunikativen Austausch mit der Mutter nach der Geburt, bzw. schon vor der Geburt, sobald das Gehör des Ungeborenen reif genug ist, Rhythmus und Melodie der mütterlichen Sprache wahrzunehmen. Die These schließt die Annahme ein, daß vorsprachliche Kommunikation und Anfänge der Sprachentwicklung untrennbar in die Entwicklung der ersten sozialen Beziehungen eingebettet sind.

Die Erforschung der vorsprachlichen Kommunikation verlangt nach Untersuchungsverfahren, die mit dem methodischen Handwerkszeug der Sprachwissenschaften allein nicht zu bewältigen sind. Sie hat sich daher zu einer bevorzugten Domäne interdisziplinärer Zusammenarbeit entwickelt.

Klinische Bedeutung der vorsprachlichen Kommunikation

Es wundert nicht, daß der Erwerb dieses komplexen Systems der Sprache vielfältigen und häufigen Störungen mit unterschiedlichen Schwerpunkten unterliegt: im syntaktisch-morphologischen Bereich (Entwicklungsdysphasie oder Dysgrammatismus), im phonetisch-phonologischen Bereich (Dyslalie oder Stammeln), im semantischen Bereich (reduzierter Wortschatz) oder im Bereich der nonverbalen Kommunikation (autistische Sprachstörungen). Es geht hier nicht um eine vollständige Systematik der primären und sekundären Sprachentwicklungsstörungen, vielmehr darum, die Häufigkeit von Störungen in diesem empfindlichen System, ihre

Wechselwirkungen mit anderen Aspekten der kindlichen Entwicklung und das Dilemma einer oft verspäteten Diagnostik und Therapie in das Blickfeld zu rücken. Die Häufigkeitsangaben schwanken je nach Erfassungsmethoden und Stichprobenauswahl erheblich, von 4% bis über 40% im Vorschulalter, von 0.7% bis ca. 30% im Grundschulalter (zit. nach Grohnfeldt, 1989). Grohnfeldt (1989) rechnet aufgrund sorgfältiger eigener Untersuchungen im Vorschulbereich mit 30%, bei der Einschulung mit 10% behandlungsbedürftigen Sprachauffälligkeiten. Im Alter von 5 bis ca. 12 Jahren bedeuten diese in Umfang und Schweregrad oft kaum lösbare Probleme, da sie großenteils mit sekundären Auswirkungen auf Denkfähigkeiten, psychosoziales Verhalten und Schulleistungen verbunden sind. In vielen Fällen sind Sprachentwicklungsstörungen ohnehin Ausdruck eines komplexeren Störungssyndroms, das Beeinträchtigungen von Wahrnehmung, Motorik, Kognition und psychosoziale Auffälligkeiten einschließt. Zu Verzögerungen oder Behinderungen der Sprachentwicklung kommt es auch bei den meisten Formen von auditiven oder visuellen zentralen oder peripheren Wahrnehmungsstörungen, bei Störungen der neuromotorischen Entwicklung, bei geistiger Behinderung und verschiedenen genetischen Syndromen. Ein erhöhtes Risiko von Sprachentwicklungsverzögerungen besteht schließlich auch bei Frühgeborenen und Säuglingen mit prä-, peri- und postnatalen Noxen (Largo, Molinari, Comenale-Pinto, & Duc, 1986). Darüberhinaus finden sich Sprachentwicklungsverzögerungen relativ häufig als Auswirkung von mangelnder sprachlicher Anregung, z.B. bei Zwillingen (Bornstein & Ruddy, 1984), Kindern in mehrsprachigen Familien und Zweitgeborenen (Wirth, 1990).

Probleme der Früherkennung von Sprachentwicklungsstörungen

Wenn es zutrifft, daß Vorläufer der Sprachentwicklung bereits im vorsprachlichen Alter zu finden sind (Jusczyk & Bertoncini, 1988) und daß die meisten Spracherwerbsstörungen in den ersten Lebensjahren entstehen bzw. erste Anzeichen erkennen lassen (Zollinger, 1987), ist es nur schwer zu akzeptieren, daß die Sprachentwicklungsdiagnostik gewöhnlich erst mit dem 3. Lebensjahr beginnt. Verläßlich standardisierte Sprachentwicklungstests sind jedoch erst ab dem 3. Lebensjahr verfügbar (Grimm & Schöler, 1985). Nach Wirth (1990) liegt eine verzögerte Sprachentwicklung vor, wenn sich die Sprachfunktion bis zum 3. Lebensjahr nicht normal entwickelt hat. Manche Formen von Dyslalie können sogar erst im 4. bis 5. Lebensjahr, von Entwicklungsdysphasien erst nach dem 5. bis 6. Lebensjahr diagnostiziert werden, wenn die entsprechenden Entwicklungsprozesse normalerweise abgeschlossen sein sollten (Grohnfeldt, 1989).

Vor allem aber für das vorsprachliche Alter fehlt es an Methoden zur Erfassung von sprachrelevanten kommunikativen Fähigkeiten und relevanten Aspekten des sprachlichen Umfeldes. In der in Deutschland gebräuchlichen funktionellen Entwicklungsdiagnostik für das erste Lebensjahr gilt gerade die Erfassung des "Sprachalters" als besonders unzuverlässig (Hellbrügge et al., 1978). Zur Verbesserung der frühdiagnostischen Möglichkeiten ist ein fundiertes Grundlagenwissen über die normale Vokalisations- und Sprachentwicklung im Kontext der sozialen Interaktion eine unabdingbare Voraussetzung.

Das Durchschnittsalter sprachheilpädagogisch behandelter Kinder lag Anfang der achtziger Jahre in der Schweiz bei 8 Jahren, nur 3% der behandelten Kinder war im Alter unter 5 Jahren (Zollinger, 1987). Dieser Untersuchung nach werden spracherwerbsgestörte Kinder gewöhnlich erst 2 bis 3 Jahre nach dem Manifestwerden ihrer Störungen diagnostiziert und behandelt. Zollinger (1987) führt das Problem auf mangelnde Kenntnisse über den normalen Spracherwerbsprozeß zurück und auf die damit verbundene Unsicherheit in Bezug auf Diagnose, Prognose und therapeutische Möglichkeiten. Aber auch sie beginnt mit ihren Untersuchungen zur Früherfassung von Spracherwerbsstörungen erst mit 22 Monaten.

Auf der anderen Seite wächst das begründete Bemühen um eine Früherfassung von Entwicklungsrisiken und sprachrelevanten Behinderungen, und es gibt ein zunehmend breiteres Angebot von Methoden der frühtherapeutischen Intervention - zu einer Zeit, in der das dafür erforderliche Grundlagenwissen noch große Lücken aufweist.

Die Möglichkeiten und Probleme von Frühdiagnostik und Frühtherapie lassen sich am Beispiel der hochgradigen beidseitigen Schwerhörigkeit im Säuglingsalter besonders anschaulich demonstrieren. Heutigen Kenntnissen nach sollten Hörstörungen wo möglich früh, d.h. im ersten Halbjahr erkannt werden und, in Fällen von hochgradigem beidseitigem Hörverlust, innerhalb der ersten 6 bis 8 Monate zu einer Hörgeräteanpassung und anschließenden Hörerziehung und Sprachanbahnung führen (Löwe, 1991), um dem Kind noch vor Abschluß der Ausreifung der Hörbahnen die kritisch wichtigen Hörerfahrungen zu ermöglichen. Erste Untersuchungsergebnisse deuten darauf hin, daß hörgeschädigte Kinder, die bereits im ersten Halbjahr behandelt werden, eine deutlich bessere Artikulation entwickeln als solche, bei denen erst im zweiten Halbjahr oder noch später begonnen wird (Markides, 1986).

Die Ausarbeitung eines verläßlichen und praktikablen Hörscreenings bei Neugeborenen öffnet die Chance einer Früherfassung von Hörstörungen auf breiter Basis (Renner & Giebel, 1990). Eine erfolgreiche Frühdiagnostik stellt jedoch vor neue, noch ungelöste Probleme in Bezug auf einen damit zu erwartenden akuten frühtherapeutischen Handlungsbedarf. Für eine gezielte und wirksame Intervention zur Vorbeugung von Sprachentwicklungsstörungen bei Hörbehinderungen und zur gezielten Sprachanbahnung fehlen wichtige Kenntnisse über die Bedeutung der auditiven Wahrnehmung in den normalen Spracherwerbsprozessen und über angemessene auditive Angebote in der sprachlichen Umwelt, insbesondere für die Phase der vorsprachlichen Kommunikation. Nicht zuletzt können intensive Hörtrainingsprogramme Gefahr laufen, durch allzu direktive Techniken und Druck auf die Eltern die normalen Prozesse der vorsprachlichen Kommunikation zwischen Eltern und Kind, vor allem die intuitiven Verhaltensbereitschaften der Eltern zu blockieren und nachhaltig zu stören.

In Anbetracht der zahlreichen offenen Probleme der klinischen Frühdiagnostik und präventiven Intervention zielt die vorliegende Arbeit darauf ab,

1. die wissenschaftlichen Kenntnisse über die vorsprachliche Kommunikation und ihre Bedeutung als Wegbereiter der Sprachentwicklung kritisch zusammenzutragen,
2. Verständnis für die dynamischen Interaktionsprozesse zwischen Vokalisationsentwicklung und sprachlicher Umwelt zu vertiefen und
3. bisherige kritische Lücken in den Kenntnissen durch empirische Daten aus eigenen Arbeiten über die vorsprachliche Kommunikation zu füllen.

Sie trägt damit zur Vervollständigung des Grundlagenwissens bei, auf das die klinischen und sprachheilpädagogischen Bemühungen um Prävention, Frühdiagnostik und Frühtherapie angewiesen sind.

Psycholinguistische, neurobiologische und entwicklungspsychobiologische Grundlagen der vorsprachlichen Kommunikation

Vorsprachliche Kommunikation aus der Sicht wichtiger Sprachentwicklungstheorien

Während der Phase der vorsprachlichen Kommunikation vom ersten Schrei zum ersten Wort macht der Säugling in Bezug auf die Sprache scheinbar sprunghafte Entwicklungsfortschritte: von den ersten Orientierungsreaktionen auf Sprachreize zum Verständnis der ersten Wörter, vom undifferenzierten unwillkürlichen Schreien zur gezielten Mitteilung von Bedürfnissen und Absichten, von zufälligen Begleitlauten der Atmung zur Artikulation der meisten Phoneme der Muttersprache, und von der ersten postnatalen Wahrnehmung der Umwelt zur symbolischen Repräsentation und zum Bezugnehmen auf Handlungen, Gegenstände und Personen.

Unter dem dominierenden Einfluß der neurolinguistischen (Lenneberg, 1967) und psycholinguistischen (Chomsky, 1965) Spracherwerbstheorien der sechziger Jahre wurde die vorsprachliche Kommunikation lange als Periode bloßer neuroanatomischer Reifungsprozesse betrachtet, an deren Ende domänspezifische angeborene Programme wirksam werden. Chomsky postulierte einen sprachspezifischen Spracherwerbsmechanismus (Language Acquisition Device, LAD), der den Erwerb grammatischer Regeln mit sehr begrenztem Einfluß von seiten der Sprachumwelt kanalisiert. Der LAD ermöglicht dem Kind - im Sinne einer angeborenen "generativen Grammatik" - , in einem kreativen Prozeß die Regelsysteme in der Sprache der Umwelt zu entdecken und zu rekreieren, und dies mit relativ geringer Erfahrung von gesprochener Sprache. Die Perspektive war vor allem auf die Grammatik ausgerichtet und beschränkte sich auf den Erwerb der abstrakten formalen Regeln von Phonologie, Morphologie und Syntax, während sie den Aspekten der Semantik und Pragmatik wenig Aufmerksamkeit schenkte. Die Funktionen des Sprechens, die kommunikativen bzw. pragmatischen Aspekte der Sprache, wurden weitgehend ausgeklammert. Folgerichtig trennte man daher vorsprachliche Kommunikation und eigentliche Sprachentwicklung kategorisch voneinander und hob in Theorie und Forschung die Dichotomien und Diskontinuitäten zwischen vorsprachlicher und sprachlicher Kommunikation hervor.

Gegenläufige Tendenzen gegen die streng nativistischen Theorien tauchten in den frühen siebziger Jahren auf. Diese konzentrierten sich zunächst auf die kognitive Entwicklung und ihre Bedeutung für den Spracherwerb. Dabei wurden die früheren epistemologischen Annahmen revidiert, daß Denkprozesse wie Konzeptbildung oder Symbolisierung erst aufgrund einer bereits funktionierenden Sprache und bewußten Kontrolle des Denkens möglich seien. Die kognitivistischen Spracherwerbsforscher richteten ihr Interesse vor allem auf die semantische Ebene der

Sprache und analysierten die Sprache als Repräsentation der außersprachlichen Wirklichkeit (Bloom, 1973; Brown, 1973; Nelson, 1973). Aus dieser Sicht ist Sprachentwicklung von bestimmten kognitiven Prozessen im vorsprachlichen Alter abhängig, insbesondere von der Fähigkeit zur Symbolisation und zur Referenz.
Damit war das Interesse für präverbale Vorläufer der Sprachentwicklung geweckt. Es konzentrierte sich in der psycholinguistischen Literatur jedoch auf den Beginn der sog. intentionalen Kommunikation mit manuellen und stimmlichen Gesten gegen Ende des ersten Lebensjahres und auf den Übergang zum Gebrauch der ersten Wörter (Bates et al., 1979; Golinkoff, 1983a; b; Lock, 1978). Eine systematische Ausweitung auf die Frühentwicklung der vorsprachlichen Kommunikation wurde dagegen durch die einseitige Überbewertung der subjektiven Intention des Kindes als einer kritischen Voraussetzung für kommunikatives Verhalten weiterhin aufgehalten.

Erst in einem weiteren Schritt wurde - zurückgreifend auf die Sprachakttheorien (Searle, 1969) und deren Vorläufer (Bühler, 1934) - Sprache als Mittel der Kommunikation wiederentdeckt und als Handlung im sozialen Kontext charakterisiert. Bruner (1975) begriff Sprache als spezialisierte und konventionalisierte Erweiterung kooperativen Handelns. Systemtheorien und vergleichende psychobiologische Ansätze trugen zur Entwicklung von neuen pragmatischen und interaktionellen Forschungsmodellen bei, die den Spracherwerb im natürlichen Kontext und in Bezug auf die sprachliche Umwelt und die Entwicklung von sensomotorischen, integrativen und kommunikativen Fähigkeiten analysierten (Bates et al., 1979; Bruner, 1975; 1977; Greenfield & Smith, 1976; Papoušek & Papoušek, 1977a; 1981e; Schaffer, 1979). Systematische Analysen der elterlichen Sprache entdeckten darüber hinaus in der sog. "Ammensprache" (Wundt, 1904) ein Modell und didaktisches Instrument für eine spezifische Unterstützung des Spracherwerbs von seiten der sozialen Umwelt (Snow & Ferguson, 1977). Bruner fand im pragmatischen Verhalten der Mutter Evidenz für ein Spracherwerbs-Unterstützungssystem (Language Acquisition Support System, LASS), das er als unersetzbaren Gegenpol zum LAD (Language Acquisition Device; Chomsky, 1965) des Kindes deklarierte (Bruner, 1983a).

Es ist bemerkenswert, daß die Hauptströmungen in der Sprachentwicklungsforschung nicht nur von diametral unterschiedlichen Grundannahmen ausgingen, sondern daß sie ihre Schwerpunkte auf sehr unterschiedliche Ebenen der Sprache legten und - wissenschaftshistorisch betrachtet - Zug um Zug in immer frühere ontogenetische Entwicklungsphasen vorgedrungen sind. So erschlossen die Nativisten die syntaktische Ebene, die das Kind vom Ende des zweiten Lebensjahres bis zum Schulalter erwirbt; die Kognitivisten die semantische Ebene, die für das Kind zu Beginn des ersten Lebensjahres relevant wird; die Interaktionisten die pragmatische Ebene, deren bedeutsame Vorläufer in den letzten Monaten des ersten Lebensjahres auftauchen; und die Entwicklungspsychobiologen die kommunikative Ebene, die mit den Anfängen der vorsprachlichen Interaktionen beginnt und deren

Wurzeln sich in der Phylogenese der Arten weit zurückverfolgen lassen (Papoušek, H., 1985).

Die eigenen Forschungsarbeiten begannen Mitte der siebziger Jahre im Rahmen einer interdisziplinären Forschungsgruppe am Max-Planck-Institut für Psychiatrie. Sie galten den Anfängen der vorsprachlichen Kommunikation zwischen Eltern und Kind bis zum beginnenden Spracherwerb. Konzepte und Forschungsstrategien erhielten entscheidende Anstöße von seiten der Systemtheorien, der vergleichenden Verhaltensbiologie und den langjährigen Forschungserfahrungen von H. Papousek über die Frühentwicklung des Lernens und der integrativen Fähigkeiten. Die damalige Annahme, daß schon die frühesten Phasen der vorsprachlichen Kommunikation für den Spracherwerb bedeutsam sein können, findet inzwischen indirekte, jedoch überraschende Unterstützung durch neuere Untersuchungsergebnisse aus unterschiedlichen Disziplinen über neurobiologische und psychobiologische Grundlagen der audiovokalen Kommunikation, frühe Spezialisierung der Hemisphären, vorsprachliche Integrationsprozesse und Frühentwicklung von Sprachwahrnehmung, Vokalisationsentwicklung und Motorik.

Neurobiologische und anatomische Voraussetzungen der audiovokalen Kommunikation

Die vergleichende Biologie der audiovokalen Kommunikation hat nicht nur zu interessanten Aufschlüssen über die Evolution von Kommunikation und Sprache in der Entwicklungsgeschichte der Arten geführt, sondern auch wichtige Beiträge zum Verständnis der Ontogenese der vorsprachlichen Kommunikation und Sprachentwicklung geleistet (Ploog, 1981; 1990). In einer eingehenden artvergleichenden Analyse hat Ploog (1992) die Aufmerksamkeit auf die vier korrespondierenden Hauptkomponenten des audiovokalen Kommunikationssystems gelenkt: den peripheren Stimmapparat, der die artspezifischen Vokalisationen erzeugt; das neuromotorische System, das die Produktion artspezifischer Vokalisationsmuster steuert; das auditive und schließlich das zentrale Wahrnehmungssystem, das die artspezifischen Vokalisationsmuster dekodiert (Ploog, 1992). Besonders gut belegt sind artvergleichende Untersuchungen über die peripheren und zentralen Lautproduktionssysteme.

Phylogenetische und ontogenetische Entwicklung des peripheren Stimmapparates

Der periphere Stimmapparat des Menschen schließt die Atmungsorgane, den Kehlkopf, den Supratrachealraum mit Rachen, Mund- und Nasenhöhle und die muskulären Artikulatoren (Muskulatur von Zunge, Wangen, Gaumensegel und Kiefer) ein. Die anatomische Ausgestaltung des Larynx läßt sich in der Entwicklung der Arten vom Lungenfisch über Amphibien, Reptilien und Säuger bis zu den nichtmenschlichen und menschlichen Primaten verfolgen (Ploog, 1992). Der Stimmtrakt hat sich aus einem ursprünglich reinen Respirationsorgan unter dem Druck rivalisierender selektiver Kräfte in Bezug auf die Effizienz der Atmung, der Nahrungsaufnahme und der stimmlich-phonetischen Produktion spezialisiert. Bei den Primaten wurden vor allem die Voraussetzungen für die Phonation auf Kosten der Atmung verbessert. Beim Menschen hat darüberhinaus die anatomische Ausdifferenzierung des Supralaryngealtraktes einzigartige Bedingungen für die Artikulation von Sprachlauten geschaffen, allerdings zuungunsten von Kauen, Schlucken und Atmung (z.B. durch Inkaufnahme eines erhöhten Asphyxierisikos). Die wachsende Vielfalt vokaler Signale wurde von den Anfängen bis zu den nichtmenschlichen Primaten durch zunehmende Differenzierung und Beweglichkeit des Kehlkopfknorpelskelettes und zunehmende Anzahl und Differenzierung von Kehlkopfmuskeln ermöglicht. Der für die Sprachproduktion kritisch wichtige Neuerwerb beim Menschen liegt in der arteigenen Ausgestaltung des Supratrachealtraktes und der erhöhten Mobilität der Gesichtsmuskulatur (Ploog, 1992).

Das menschliche Neugeborene beginnt sein extrauterines Leben mit einem Stimmtrakt, der anatomisch dem des erwachsenen Schimpansen und des Neandertalers vergleichbar ist (Lieberman, 1984) und in dem die phonatorischen und artikulatorischen Möglichkeiten noch erheblich eingeschränkt sind. Er erlaubt jedoch dem Neugeborenen als obligatem Nasenatmer, mit vergleichsweise geringem Risiko gleichzeitig zu trinken und zu atmen (Lieberman, Crelin, & Klatt, 1972). Der Vokaltrakt ist beim Neugeborenen in seinen supralaryngealen Anteilen relativ kürzer als beim Erwachsenen und verläuft nicht rechtwinklig, sondern in einem flachen Bogen. Der Kehlkopf steht hoch und setzt sich in einem fast geradlinigen Tubensystem in den Nasenraum fort, das gegenüber dem Nahrungstrakt durch Gaumensegel, Zäpfchen und Epiglottis doppelt versiegelt wird. Die Transformation des Stimmtraktes mit dem Deszensus des Kehlkopfes beginnt bereits in den ersten drei Lebensmonaten und ist mit 4 bis 6 Monaten weitgehend abgeschlossen. Durch zunehmende Abwinkelung zwischen oberem Respirationstrakt und Mundhöhle und Verlängerung des Rachenraumes entsteht ein Zwei-Tuben-System. Der dadurch geschaffene Supralaryngealraum bietet die Voraussetzung, im Zusammenwirken mit der Zunge Vokale zu produzieren, und zwar den durch die Vokale /a/, /i/ und /u/ begrenzten Vokalraum, der allen menschlichen Sprachen gemeinsam ist (Kent & Murray, 1982; Lieberman, 1973; Lieberman, Crelin, & Klatt, 1972; Oller, 1980; Sasaki et al., 1977).

Neurobiologische Grundlagen der Lautproduktion

Die sprachliche Lautproduktion stellt die komplexeste motorische Leistung des Menschen dar, zu deren Evolution nicht nur der Neocortex, sondern auch beträchtliche Differenzierungen vor allem in den subcorticalen limbischen Strukturen und den limbisch-corticalen und cortical-limbischen Projektionen beigetragen haben (Armstrong, 1986; Ploog, 1992). Der neuromotorischen Steuerung der artspezifischen Vokalisationen bei den Säugern liegt ein einzigartiges hierarchisches System mit Subsystemen im unteren Hirnstamm, Mittelhirn, limbischen System und Neocortex zugrunde, das besonders detailliert bei den Totenkopfäffchen (Jürgens & Ploog, 1976; Jürgens, 1992) analysiert wurde.

Die phylogenetisch ältesten Strukturen (Subsystem I nach Jürgens, 1992) liegen in Medulla oblongata und lateralen Brückenanteilen und schließen die Formatio reticularis mit den für die Phonation erforderlichen motorischen Hirnnervenkernen (V, VII, IX, XII) und den Motoneuronen für die Atemmuskulatur ein. Auf dieser untersten Ebene werden die motorischen Subroutinen für die angeborenen Vokalisationsmuster koordiniert. Zur Auslösung der artspezifischen Vokalisationen bedarf es jedoch der nächst höheren Schaltstelle im Subsystem II im periaquädukten Grau und Tegmentum des Mittelhirns. Dieses erhält sensorische Afferenzen aus dem spinothalamen Trakt (z.B. Schmerzbahn), visuelle Afferenzen über den Colliculus superior, auditive Afferenzen über den Colliculus inferior und Afferenzen aus verschiedenen subcorticalen limbischen Strukturen, die an verschiedenen emotionalen Zuständen und Motivationslagen Anteil haben. Die Efferenzen verlaufen direkt zur Formatio reticularis und zu den Motoneuronen im unteren Hirnstamm. Die untere Ebene in Subsystem II ist somit in der Lage, auf externe sensorische Reize und auf innere Motivations- und Emotionszustände zu reagieren und entsprechende angeborene Lautmuster zu initiieren. Zu dem lautauslösenden Subsystem II gehört auch der vordere Gyrus cinguli des limbischen Cortex, der über eine direkte Verbindung zum zentralen Höhlengrau verfügt. Der Einschluß des limbischen Cortex ermöglicht die voluntative Kontrolle des stimmlichen Ausdrucks, d.h. die willkürliche Aktivierung oder Hemmung der angeborenen Vokalisationsmuster, bedingtes vokales Lernen und den instrumentellen Gebrauch von Vokalisationen.

Unter operanten Lernbedingungen können Rhesusaffen Lautstärke und Intensität ihrer Lautmuster verändern, jedoch nicht die Lautstruktur selbst (Sutton, 1979). Beim Menschen ist der vordere limbische Cortex auch am Sprachantrieb und an der Willkürkontrolle der sprachlichen Intonation beteiligt (Ploog, 1990).

Die beschriebenen neuroanatomischen Subsysteme und ihre Verschaltungen sind bei Primaten und beim Menschen weitgehend homolog und auch funktionell vergleichbar. Unterschiede bestehen vor allem im Subsystem III (Jürgens, 1992), das die unteren Gesichts-, Zungen- und Kehlkopfanteile der primärmotorischen Rinde mit ihren wichtigsten Afferenzen und Efferenzen (prämotorische und supplementärmotorische Rinde, Kleinhirn, ventrolateraler Thalamus, primäre somatosensorische Rinde, Putamen, Nucleus ruber und Pyramidenbahn) einschließt und der feinmotorischen Kontrolle der Vokalisationsstrukturen dient. Die Differenzierung des Gehirns schließt beim Menschen einige einzigartige Strukturen ein, die für das Verständnis der Evolution der Sprache und der Ontogenese der Vokalisationen beim Säugling kritisch wichtig sind.

1. Nur beim Menschen existiert eine direkte Verbindung von der primärmotorischen Rinde (Repräsentation von Kehlkopf, Rachen, Zunge, Lippen) zu den

motorischen Hirnnervenkernen im unteren Hirnstamm (Kuypers, 1958). Sie stellt die letzte Ausweitung der Pyramidenbahn dar und bildet die Voraussetzung für die willkürliche feinmotorische Kontrolle der Stimmlippen und Artikulatoren und damit der akustischen Struktur der Vokalisation. Sie ermöglicht das Erlernen neuer Lautstrukturen durch stimmliche Nachahmung und das Erfinden neuer Lautmuster (Jürgens, 1992; Ploog, 1990).

2. Der supplementär-motorische Cortex, der zur Koordination globaler motorischer Programme und motorischer Subroutinen beiträgt, ist auch schon bei Totenkopfäffchen als einziges cortikales Areal an der Produktion artspezifischer Vokalisationen beteiligt (Jürgens, 1984). Beim Menschen ist er für die Sprachproduktion unverzichtbar (Ploog, 1990).

3. Eine besondere Rolle für die audiovokale Kommunikation des Menschen spielt auch der präfrontale Cortex, in dem limbische Afferenzen aus den vorderen und dorsomedialen Thalamuskernen mit perzeptiven und kognitiven Informationen aus verschiedenen Assoziationsfeldern bearbeitet werden. Gegenüber den Primaten hat der vordere Thalamuskern mit seinen Projektionen in die präfrontale Rinde eine erhebliche neuronale Ausweitung und Differenzierung erfahren (Armstrong, 1986; Ploog, 1992).

4. Beim Menschen haben sich die beiden Hemisphären morphologisch und funktionell für sprachliche und andere höhere kognitive Fähigkeiten spezialisiert.

Auch bei Primaten gelang der Nachweis von Hemisphären-Asymmetrien (Heilbroner & Holloway, 1988). Beim Totenkopfäffchen wurden morphologische Asymmetrien im Planum temporale beschrieben, jedoch ohne nachweisbare funktionelle Asymmetrien (Hupfer, Jürgens, & Ploog, 1977). Die Annahme, daß es sich bei den Asymmetrien im Bereich des Gyrus temporalis superior um Vorläufer der Sprache handelt, findet allerdings nur in wenigen Studien Unterstützung, die auch eine funktionelle Spezialisierung nachweisen. So zeigt sich bei Makaken in Zusammenhang mit der anatomischen Asymmetrie eine funktionelle Spezialisierung für das kategorische Erkennen von artspezifischen Lautmustern (Heffner & Heffner, 1984), während rein akustische Unterscheidungen von artfremden Lautmustern nicht lateralisiert sind.

Beim Menschen sind die primären motorischen und sensorischen Rindenareale weitgehend symmetrisch organisiert, während sich die zugehörigen sekundären und tertiären Areale weitgehend spezialisiert haben. Das artspezifische Wahrnehmungssystem des Menschen schließt die sekundäre und tertiäre Hörrinde und das linke postzentrale Assoziationsareal, das klassische sensorische Sprachzentrum (Wernicke-Zentrum), ein, das ermöglicht, in akustischen Lautmustern phonetisch-phonologische Informationen der Sprache zu erkennen. An der Sprachproduktion ist das in der linken prämotorischen Rinde gelegene klassische motorische Sprachzentrum (Broca-Zentrum) wesentlich beteiligt, seine genauen Funktionen sind jedoch noch nicht ausreichend bekannt.

Über die Spezialisierung bestimmter Funktionen hinaus geht man heute davon aus, daß das Sprechen in elementaren Merkmalen von der Funktionsfähigkeit des gesamten lautproduzierenden Systems abhängt, insbesondere in Bezug auf Sprachantrieb, Sprachfluß, Prosodik, paralinguistische Merkmale und Kontrolle artikulatorischer Sequenzen.

Neurobiologische Entwicklungsprozesse im vorsprachlichen Alter

Beim menschlichen Säugling ist das vorsprachliche Alter eine Phase besonders raschen Hirnwachstums. Das Hirngewicht des Neugeborenen von 300 - 400 g hat sich bis zum Ende des ersten Lebensjahres mehr als verdoppelt (Bronson, 1982). Bereits beim Neugeborenen läßt die Hirnrinde ihren meist sechsschichtigen Aufbau erkennen, und die Migration der Neuronen in die Rindenschichten ist weitgehend abgeschlossen. Der Volumenzuwachs ist abgesehen von den neuronalen Reifungsprozessen zum großen Teil durch Zunahme von Gliazellen bedingt. Die neuronale Reifung betrifft mehrere wichtige Differenzierungsprozesse: Wachstum und Myelinisierung der Axone, Wachstum und Verzweigung der Dendriten, Synapsenbildung und histologische Differenzierungen der Nervenzellen.

Myelinisierung

Die Myelinisierung erhöht die Leitungsgeschwindigkeit, vermindert die Ermüdbarkeit der Nervenfasern und trägt damit zu ihrer funktionellen Reife bei (Bronson, 1982). Die Myelinisierungsprozesse im menschlichen Gehirn wurden seit Flechsig (1901) im Detail analysiert. Die Myelogenese-Zyklen für die einzelnen Bahnen variieren in Beginn und Dauer erheblich und folgen dabei einem geordneten Zeitplan. Im allgemeinen beginnt die Myelinisierung, sobald das entsprechende System angemessen stimuliert wird und seine Funktionen aufnimmt (Yakovlev & Lecours, 1967).

Besonders ausgeprägt sind die Unterschiede im Zeitplan zwischen den Modalitäten der sensorischen Afferenzen. So verläuft der myelogenetische Zyklus der Hörbahn biphasisch. Eine kurze, großenteils pränatale Phase (vom 4. Fetalmonat bis zum Ende des 3. Lebensmonats) führt zur Myelinisierung der präthalamischen Anteile, eine lange, überwiegend postnatale Phase (vom 10. Fetalmonat bis in das 5. Lebensjahr) zur Myelinisierung der thalamocorticalen Projektionen zur primären Hörrinde. Der Zyklus der Sehbahn verläuft dagegen monophasisch. In einer relativ kurzen perinatalen Phase werden fast gleichzeitig die präthalamischen visuellen Afferenzen (9. Fetalmonat bis Ende des 3. Lebensmonats) und die thalamocorticalen Projektionen zur Sehrinde (0. bis 4. Monat) myelinisiert. Die Myelinisierungszyklen stimmen recht genau mit dem Zeitplan der pränatalen und postnatalen sensorischen Stimulation in den beiden Modalitäten überein (Bronson, 1982).

Lecours (1975) hat eine Reihe aufschlußreicher Parallelen zwischen bestimmten myelogenetischen Zyklen als Parameter der funktionellen Reifung und der

Entwicklung einiger stimmlicher und sprachlicher Kompetenzen des Kindes aufgezeigt. Zu Beginn der präsyllabischen Gurr- und Explorationslaute im Alter von 2 bis 3 Monaten sind die motorischen Wurzeln der an der vokalen Produktion beteiligten Hirnnerven (V, VII, IX und XII) vollständig myelinisiert, ebenso wie die die Hirnnervenkerne umgebenden Hirnstammstrukturen und die präthalamischen visuellen, auditiven und somatosensorischen Afferenzen.

Zu Beginn des regulären Silbenplapperns im Alter von 6 bis 7 Monaten findet sich bereits eine teilweise Myelinisierung der corticobulbären Pyramidenbahn von der primären motorischen Rinde zu den motorischen Hirnnervenkernen, der thalamocorticalen Projektionen, der Assoziationsfasern zwischen primären und sekundären Rindenarealen und der langen Assoziationsbündel (Fasciculus arcuatus) zwischen den sekundären/tertiären sensorischen (Wernicke'sches Areal) und motorischen (Broca'sches Areal) Rindenarealen.

Wenn das Kind gegen Ende des ersten Lebensjahres beginnt, muttersprachenspezifische Lautstrukturen nachzuahmen und zu erlernen, sind die letztgenannten Myelinisierungsprozesse weitgehend abgeschlossen und weitere kritisch wichtige Bahnen sind in der Myelinisierung fortgeschritten: die postthalamisch-corticalen Projektionen der Hörbahn, die efferenten pyramidalen und extrapyramidalen Verbindungen zu den motorischen Hirnnervenkernen und die Rückkoppelungsbahnen für die propriozeptive Information zur Roland'schen Rinde.

Es ist dagegen bisher nicht gelungen, die über die Lautproduktion hinausgehenden semantischen und syntaktischen Sprachfähigkeiten wie den Beginn von Verständnis und Produktion erster bedeutungstragender Wörter und den Erwerb der Grammatik (den Spracherwerbsmechanismus LAD im engeren Sinn nach Chomsky, 1965) bestimmten Hirnstrukturen zuzuordnen. Die neuropathologische Evidenz weist auf die Bedeutung der sensorischen und motorischen Sprachzentren (Wernicke und Broca) der sprachdominanten Hemisphäre, ihre Assoziationsbahnen und weitere intra- und interhemisphärische Assoziationsbündel hin. Beim Sprechen und Verstehen von Sprache ist jedoch im Zusammenspiel mit den primären, sekundären und tertiären Rindenarealen auch das gesamte audiovokale Kommunikationssystem mit den limbischen, mesenzephalen und medullären Subsystemen beteiligt (Ploog, 1990).

Dendriten- und Synapsenbildung

Nach Huttenlocher (1979) wird die postnatale Entwicklung der Hirnrinde durch relative Abnahme der Neuronendichte, histologische Differenzierungen der Neuronen, Dendritenwachstum und Zunahme der Synapsendichte charakterisiert. Ein grobes indirektes Maß für die Rindenentwicklung ist die Rindendicke, über deren Entwicklung von 0 bis 6 Jahren Conel (1939-1967, zit. in Locke, 1990) detaillierte Daten erarbeitet hat. In Bezug auf die frühe Sprachentwicklung ist der Befund hervorzuheben, daß während des gesamten ersten Lebensjahres die Dicke der temporalen Rinde in besonderem Maße zunimmt und daß die motorische Rinde den relativ größten Dickenzuwachs im Alter von 6 Monaten erfährt.

Zwischen Dendriten- und Synapsenbildung auf der einen Seite und Stimulation bzw. Aktivität des betroffenen neuronalen Systems auf der anderen sind in der experimentellen neuropsychobiologischen Forschung hochinteressante Zusammenhänge nachgewiesen und analysiert worden (z.b. Greenough, Black, & Wallace, 1987), deren Darstellung jedoch den Rahmen der vorliegenden Arbeit sprengen würde.

Hemisphärenspezialisierung

Bei etwa 92% der Menschen ist die linke Hemisphäre für die sensorischen und motorischen Sprachfunktionen spezialisiert, bei 8% betrifft die Spezialisierung die rechte Hemisphäre oder ist nicht eindeutig zuzuordnen. Fast ebenso häufig ist der linken Hemisphäre die Händigkeit zugeordnet (Bryden & Saxby, 1986; Mitzdorf, 1990; Porac & Cohen, 1981). Annähernd 92% Prozent der Menschen sind Rechtshänder. Darüberhinaus wird der linken Hemisphäre des ausgereiften Gehirns eine Spezialisierung für bewußte und sprachlich vermittelte, sequentielle, logisch-deduktive und analytische Denkprozesse und für deklarative Lernprozesse zugeschrieben. Mit der rechten Hemisphäre werden dagegen visuell-räumliche Fähigkeiten, simultan-induktive, global-holistische und intuitive Integrationsfähigkeiten sowie prozedurale Lernprozesse assoziiert sowie das physiognomische Erkennen von Gesichtern und die Wahrnehmung von Musik und emotionalem Ausdruck (Mitzdorf, 1990; deSchonen & Mathivet, 1989).

Frühentwicklung der Hemisphärenspezialisierung. Die Diskussion um die Bedeutung der Hemisphärenspezialisierung für den Spracherwerb wurde lange Zeit durch die neuropathologischen Analysen und Hypothesen von Lenneberg (1967) bestimmt. Er nahm an, daß bei der Geburt des menschlichen Säuglings beide Hemisphären das gleiche Potential für einen normalen Spracherwerb haben, daß die Lateralisierung der Sprachfunktionen und anderer Fähigkeiten genetisch vorgegeben ist, sich jedoch erst allmählich ausbildet und erst nach der Geburt abgeschlossen wird, und daß entsprechend bis zur Pubertät die interhemisphärische Plastizität in Bezug auf den Spracherwerb langsam abnimmt.

Die Annahme der Equipotentialität der Hemisphären beim Neugeborenen wird heute durch eine wachsende Zahl von neurolinguistischen Befunden in Frage gestellt, die schon beim menschlichen Neugeborenen und Feten anatomische und funktionelle Spezialisierungen für die Sprache und andere Funktionen nachweisen (Bryden & Saxby, 1986; Dennis & Whitaker, 1977)

Beim menschlichen Säugling ist bereits ab der 27. Schwangerschaftswoche eine neuroanatomische Vergrößerung des linken Planum temporale, einem Bereich der oberen Temporalwindung innerhalb der Sylvi'schen Furche, nachweisbar (Witelson & Pallie, 1973). Auch nach der Geburt ist bei 88% der Säuglinge das der Sprachwahrnehmung zugeschriebene linke Planum temporale größer als das rechte

(Wada, Clarke, & Hamm, 1975). Auch funktionelle Spezialisierungen der linken Hemisphäre für die Wahrnehmung von Sprachlauten und der rechten Hemisphäre für nicht-sprachliche Geräusche und musikalische Töne wurden bei Neugeborenen mit Methoden des dichotomen Hörens (Best, Hoffman, & Glanville, 1982; Entus, 1977) oder der akustisch evozierten Potentiale (Molfese, Freeman, & Palermo, 1975) dokumentiert. Darüberhinaus finden sich indirekte Hinweise dafür, daß bei 5- bis 6-monatigen Säuglingen die amodale Integration von auditiven, visuellen und propriozeptiven phonetischen Informationen in der linken Hemisphäre lokalisiert ist (MacKain et al., 1983).

Bis heute ist unklar, in welchem Maße und in welcher Weise sprachliche Spezialisierung und Händigkeit miteinander verknüpft sind. Bei Säuglingen liegt der Anteil der "Rechtshänder" mit knapp 70% deutlich niedriger als beim Erwachsenen und ist weniger stabil (Bryden & Saxby, 1986). Bereits mit 1 Monat wird die rechte Hand häufiger bei gezieltem Berühren und Ausstrecken nach Gegenständen als bei ungezielter Aktivität benutzt (Young et al., 1983). Mit 5 Monaten wird das beidseitige Ausstrecken erfolgreich durch einhändiges, meist rechtshändiges Ausstrecken abgelöst (Bresson et al., 1977). Ramsay (1984) fand, daß einhändiges Ausstrecken nach einem Gegenstand im gleichen Alter (6 - 7 Monate) wie das reguläre Silbenplappern beginnt. Eine Stabilität der frühen Handpräferenzen von 6 bis 13 Monaten zeigte sich beim Ausstrecken, beim Manipulieren von Gegenständen und später bei bimanuellen Handlungen (Michel, Ovrzut, & Harkins, 1985).

Lange bevor der Säugling zur Wahrnehmung und Produktion der Sprache befähigt ist, finden sich bereits Anzeichen einer anatomischen und funktionellen sensorischen, expressiven und intermodal-integrativen Spezialisierung der beiden Hemisphären. Seine perzeptiven und kognitiven Integrationsfähigkeiten, in denen im vorsprachlichen Alter holistische Wahrnehmungsprozesse, prozedurale Lernprozesse und emotionale Bewertungsprozesse überwiegen, sind vermutlich vor allem der rechten Hemisphäre zuzuschreiben.

"Frühreife" des Säuglings in vorsprachlichen Integrationsprozessen

Bereits in den fünfziger und sechziger Jahren hatte die systematische Erforschung der Lernfähigkeiten im frühen Säuglingsalter zu einer Reihe von Erkenntnissen geführt, die ein neues Verständnis für die Entwicklung des Lernens im natürlichen Kontext der vorsprachlichen Eltern-Kind-Interaktionen ermöglichten (Papoušek, 1967; 1969; 1977; 1979; Papoušek & Papoušek, 1977a; 1982; 1984a).

Lange bevor der Säugling die Fähigkeit zur sprachlichen Symbolisation erwirbt, erreichen seine Lern- und Denkfähigkeiten eine differenzierte Ebene, die ihm erlaubt, seine frühen, überwiegend sensomotorischen Erfahrungen mit der Umwelt zu integrieren. Die vorsprachlichen Integrationsprozesse schließen basale, nicht bewußte Formen von Konzeptbildung, transmodaler Integration, Abstraktion und Symbolisation ein, die unabhängig von sprachlicher Kodierung ablaufen und die als Grundlage der lexikalischen Entwicklung zu betrachten sind.

Die frühkindliche Integration von Erfahrungen gründet sich auf die Fähigkeit des Säuglings, Bedingungszusammenhänge (Kontingenzen) zwischen eigenem Handeln und dessen Konsequenzen auf seiten der Umwelt zu entdecken und unter eigene Kontrolle zu bringen. Zahlreiche empirische Untersuchungen unterstützen die Annahme, daß das Beherrschen kontingenter Ereignisse bereits im frühen Säuglingsalter eng an innere Motivationsprozesse geknüpft ist und daß es gewissermaßen die Matrix bildet, aus der sich Intentionalität und zielgerichtetes Handeln entwickeln (Bruner, 1975; Papoušek, 1967; 1969; Watson, 1972).

Im vorsprachlichen Alter geht es beim Lernen primär um pragmatisches, prozedurales Lernen, um das "Know-how", das nachweislich früher und dauerhafter gespeichert wird als faktisches Wissen und das dem limbischen System und der rechten Hemisphäre zugeschrieben wird (Cohen & Squire, 1980). H. Papoušek (1967; 1969; 1977) konnte nachweisen, daß Säuglinge von vorausgegangenen Lernerfahrungen profitieren. Sie erlernen, *wie* man lernt, *wie* man etwas macht und *wie* man Erfahrungen integriert. Für die spätere Sprachkompetenz ist nach Auffassung von Sprachwissenschaftlern das prozedurale Einüben und Automatisieren von verschiedensten perzeptiven, motorischen und stimmlichen Teilfähigkeiten kritisch wichtig, um eine so rasche und mühelose Koordination zu ermöglichen, wie sie das Hören und Sprechen von Sprache erfordern (Lieberman, 1984; Studdert-Kennedy, 1983).

Je jünger der Säugling ist, umso mehr hängt der erfolgreiche Ablauf seiner Erfahrungsintegration von begünstigenden, z.T. kritischen Voraussetzungen in der Umwelt ab. Neugeborene Säuglinge lernen am besten, wenn sie sich in einem aktiv-aufmerksamen Wachzustand befinden, und wenn sie einfache, kontrastreiche und häufig wiederholte Anregungen bekommen, die in langsamem Tempo, mit ausreichenden Pausen und als kontingente Antworten auf ihr eigenes Verhalten angeboten werden (Papoušek, 1977). Derartige Voraussetzungen sind in der unbelebten Umwelt des Säuglings nur schwer zu finden, können aber umso eher von der sozialen Umwelt erfüllt werden.

Der Ablauf der frühen Erfahrungsintegration wird regelmäßig von beobachtbaren mimischen, stimmlichen, allgemeinmotorischen oder vegetativen Verhaltensformen begleitet, die einem aufmerksamen Beobachter als Signale wichtige Rückmeldung über die kindliche Informationsbearbeitung vermitteln.

Die natürlichen Alltagssituationen, in denen der Säugling gewöhnlich die günstigsten Bedingungen zum Lernen und Integrieren seiner Erfahrungen findet, sind die Interaktionen mit seinen vertrauten Bezugspersonen (Papoušek & Papoušek, 1982; 1984a).

Die Kenntnis von Lernentwicklung und Integrationsprozessen hat daher einen neuen Zugang zum Verständnis von vorsprachlicher Kommunikation und Sprachentwicklung im Kontext der frühen sozialen Interaktionen geöffnet.

Intuitive elterliche Didaktik in der vorsprachlichen Kommunikation

Die Analyse kommunikativer Prozesse bei Tier und Mensch erhielt entscheidende Impulse aus den Theorien der organismischen lebenden Systeme (Bertalanffy, 1968). Aus der Sicht der Systemtheorien ist es wichtig, sich einige Grundprinzipien der Kommunikation zu verdeutlichen. In der Informatik wird Kommunikation allgemein als Übermittlung von Information definiert. In Interaktionen zwischen lebenden Organismen kommen grundsätzlich alle Verhaltensformen als Informationsträger in Betracht, unabhängig davon, ob sie beabsichtigt oder unbeabsichtigt, willkürlich oder unwillkürlich, bewußt oder unbewußt ausgeübt werden. Ob Information übermittelt wird und welche Art von Information, hängt daher nicht allein von der Intention des agierenden Partners oder Senders ab, sondern von Prozessen der Aufmerksamkeit, der Wahrnehmung, des Verständnisses und der Reaktionsbereitschaft des wahrnehmenden Partners oder Empfängers (Shannon & Weaver, 1949; Smith, 1977).

In den neueren Interaktionskonzepten wird die Mutter-Kind-Beziehung als dyadisches System von aufeinander bezogenen Partnern verstanden, die sich in einem dynamischen Prozeß wechselseitiger Anpassungen einzeln und gemeinsam entwickeln (Kaye, 1982). Vokalisationen und Sprache entwickeln sich ihrerseits in dynamischen Wechselbeziehungen mit der Entwicklung von neuromotorischen, perzeptiven, integrativen, imitativen und kommunikativen Fertigkeiten (Fogel & Thelen, 1987; Papoušek & Papoušek, 1982, 1989a). Auch auf der Ebene verschiedener Subsysteme ist während der vorsprachlichen Kommunikation mit dynamischen Interaktionsprozessen zu rechnen. Zu den relevanten Subsystemen gehören die reziproken Beziehungen zwischen genetischen Prädispositionen und Erfahrung, zwischen neuromotorisch/neuroanatomischer Reifung und Einübung, zwischen stimmlicher Wahrnehmung und Produktion, und insbesondere zwischen den Lernbereitschaften des Säuglings und den Lehrbereitschaften des erwachsenen Kommunikationspartners.

Beim Menschen stellen die elterlichen Interaktionen mit dem Säugling ein System sui generis dar, das durch die polare Gegensätzlichkeit der Partner in ihren integrativen und kommunikativen Fähigkeiten und im Ausmaß der bereits integrierten Erfahrungen bestimmt wird (Papoušek, 1984a; Papoušek & Papoušek, 1979a, 1984a). Eine erfolgreiche Kommunikation zwischen dem Neugeborenen und den Eltern auf so divergenten Ebenen wie dem Schreien und der ausgereiften Sprache wäre vermutlich zum Scheitern verurteilt, wenn sich nicht die Eltern den eingeschränkten Voraussetzungen des Neugeborenen auf spezifische Weise anpassen würden. Verhaltensmikroanalysen der frühen Eltern-Kind-Interaktionen haben im elterlichen Kommunikationsverhalten zahlreiche Verhaltensänderungen aufgedeckt, die zur Kategorie der unbewußt gesteuerten Verhaltensformen gehören und die ohne rationale Kontrolle mit kurzer Latenz den rasch wechselnden

Erfordernissen der vorsprachlichen Kommunikation angepaßt werden (Papoušek, Papoušek, & Giese, 1984).

Viele empirische Analysen unterstützen heute die Annahme, daß die Lernbereitschaft und Lernfähigkeit des Neugeborenen in den vorsprachlichen Interaktionen komplementär durch intuitive elterliche Anpassungen ergänzt wird. Die elterlichen Anpassungen ermöglichen das prozedurale Erlernen und praktische Einüben der heranreifenden integrativen und kommunikativen Fähigkeiten und unterstützen es auf wirksame Weise (Papoušek & Papoušek, 1987). Aus dieser Sicht läßt sich die Kommunikation zwischen Eltern und Säugling als ein primäres didaktisches System charakterisieren, das elterliche Verhalten als "intuitive elterliche Früherziehung" (Papoušek, 1979; Papoušek & Papoušek, 1987; 1990b).

In der Literatur werden entsprechende didaktische Phänomene aus elterlichen Interaktionen mit Säuglingen und Kleinkindern im späten vorsprachlichen und beginnenden sprachlichen Alter beschrieben. Die Autoren kennzeichnen sie als "scaffolding" (Bruner, 1975), "tutoring" (Wood, 1989), "master-apprentice relation" (Fogel & Thelen, 1987; Rogoff, 1990), "parental framing" (Kaye, 1982), "instructive mode of parenting" (Bornstein, 1989), oder "guidance in development" (Rogoff, Malkin, & Gilbride, 1984). Sie umschreiben damit kleine didaktische Interventionen, die die noch begrenzten kognitiven Fähigkeiten des Kindes unterstützen und im konkreten Kontext der Interaktion erweitern. Um die Bedeutung der sozialen Interaktionen für die kognitive Entwicklung des Kindes zu erklären, entwickelte Vygotsky (1978) das Konzept von der "zone of proximal development". In der Zone der soeben in Entwicklung begriffenen Fähigkeiten können Kinder über die Grenzen ihrer bereits existierenden individuellen Kompetenzen hinaus handeln, wenn sie von einem erfahreneren Erwachsenen unterstützt werden. So werden Kinder befähigt, sich mit fortgeschritteneren Problemen auseinanderzusetzen, als ihnen ihre Fähigkeiten ohne solche Unterstützung erlauben würden. Im Rahmen solcher Interaktionen üben sie neue Fähigkeiten ein, die sie internalisieren und später auch unabhängig einsetzen können (Rogoff et al., 1984).

Papoušek und Papoušek (1987) haben in systematischen Analysen der vorsprachlichen Kommunikation den Nachweis erbracht, daß didaktische Verhaltensanpassungen der Eltern von den ersten Stadien der vorsprachlichen Kommunikation an zu finden sind und daß sie weitgehend durch transkulturell universelle, unbewußte Verhaltensbereitschaften gesteuert werden. Diese "intuitive kommunikative Didaktik" oder "intuitive elterliche Früherziehung" nimmt im Verlauf der vorsprachlichen Entwicklungsphase in komplementärem Bezug zu den sich entwickelnden Fähigkeiten und Grenzen des Kindes Gestalt an.

Psychobiologische Determinanten des mütterlichen Verhaltens

Aus psychobiologischer Sicht steht die Kommunikation bei allen Tierarten im Dienst der biologischen Adaptation und basiert auf aufeinander abgestimmten, angeborenen Verhaltensmustern und perzeptiven Dekodierungsmechanismen. Für den Menschen heißt dies, daß auch der Sprache, die vermutlich nicht erst in der Entstehung der Kulturen, sondern primär in der biologischen Adaptation eine entscheidende Rolle gespielt hat, eine artspezifische biologische Funktion zukommt. Daher ist die Annahme gerechtfertigt, daß auch die Sprache und ihre Vorläufer in der vorsprachlichen Kommunikation auf angeborenen Programmen beruhen, und daß in der Evolution nicht nur Prädispositionen auf seiten des heranwachsenden Säuglings selektiert wurden, sondern auch Prädispositionen auf seiten der sozialen Bezugspersonen, die im Sinne einer Co-Evolution ein spezifisch auf die Sprachentwicklung adaptiertes komplementäres und responsives Fürsorgeverhalten einschließen.

Die Annahme einer psychobiologischen Grundlage des mütterlichen Kommunikations- und Fürsorgeverhaltens, insbesondere der intuitiven kommunikativen Didaktik, läßt sich beim Menschen nicht direkt überprüfen. Interessante indirekte Aufschlüsse ergeben sich jedoch aus dem Artenvergleich.

Der menschliche Säugling gilt wegen seiner im Vergleich zu Primatenjungen verzögerten motorischen Entwicklung als *motorischer Spätentwickler* und ist unter den Säugern den Nesthockern vergleichbar ("sekundärer Nesthocker" nach Portmann, 1969). Wie bei Affen, Primaten und wenigen anderen Säugetierarten wächst der menschliche Säugling jedoch nicht in einem Wurf mit anderen gleichaltrigen Jungen, sondern direkt am Körper der Bezugsperson auf und wird deshalb als Tragling bezeichnet (Hassenstein, 1987). Traglinge haben im Vergleich zu typischen Nesthockern (Katzen, Hunde, Ratten) von Geburt an ein funktionsfähiges visuelles und audiovokales Kommunikationssystem und sind weniger auf olfaktorische und taktile Kommunikation angewiesen.

In einigen Punkten unterscheidet sich der menschliche Säugling in seinen Eigenschaften als Tragling jedoch auch gegenüber den Primatenjungen.

1. Der Verlust der Behaarung der Bezugsperson muß durch aktives Tragen bzw. Halten ersetzt werden. Die Notwendigkeit, den menschlichen Säugling zu halten, hat in der stammesgeschichtlichen Entwicklung eine adaptive Bedeutung für die artspezifische Differenzierung der Kommunikation erlangt. Das Gehaltenwerden begünstigt die Entwicklung des frühen kommunikativen Austausches in einer Zweierbeziehung mit wechselseitigem Blickkontakt, und dies vor allem in der Phase der vorsprachlichen Kommunikation, bis das Kind die ersten Wörter erlernt.
2. Der menschliche Säugling wird als "physiologische Frühgeburt" geboren (Prechtl, 1984). Die in Bezug auf seine neurophysiologische Reife verfrühte Geburt stellt stammesgeschichtlich einen Kompromiß dar zwischen der raschen Gehirnentwicklung und überdimensionalen Zunahme des Kopfumfanges beim Kind und den durch den aufrechten Gang gesetzten Grenzen des mütterlichen Beckenwachstums. Dies bedeutet, daß der Säugling in der frühen

postnatalen Phase in seinen noch unausgereiften Funktionen verstärkt auf kompensatorische Unterstützung und Fürsorge durch eine vertraute soziale Bezugsperson angewiesen ist.
3. Der menschliche Säugling ist im biologischen Vergleich in Bezug auf seine integrativen und kommunikativen Fähigkeiten ein *Frühentwickler*, der aus dem frühen dyadischen Austausch optimal profitieren kann, wenn dieser auf seine Fähigkeiten, Grenzen und Entwicklungsprozesse abgestimmt ist (Papoušek & Papoušek, 1984a).

Die Unmöglichkeit, beim Menschen die angeborenen Grundlagen der intuitiven kommunikativen Didaktik in gezielten Experimenten zu analysieren, erforderte indirekte Kriterien und Forschungsstrategien zur Verifizierung der Hypothesen. Aus psychobiologischer Perspektive ist die Annahme einer genetischen Grundlage der mütterlichen Verhaltensbereitschaften vor allem dann gerechtfertigt,

1. wenn sie die artspezifischen Formen der psychobiologischen Anpassung betreffen;
2. wenn sie einen hohen Grad an Universalität in Bezug auf Geschlecht, Alter und Kultur aufweisen;
3. wenn sie an die biologisch vorgegebenen Einschränkungen, Fähigkeiten und Reifungsprozesse des Kindes komplementär angepaßt sind;
4. und wenn sie auf intuitiver, nicht bewußter Ebene reguliert werden. In systematischen art- und kulturvergleichenden Analysen zeigte sich, daß diese vier Grundannahmen für alle bisher untersuchten mütterlichen Verhaltensformen aus dem Bereich der intuitiven kommunikativen Didaktik zutreffen (Papoušek & Papoušek, 1987; 1991b; Papoušek, 1994b).

Die Grundannahme von angeborenen Verhaltensprädispositionen erklärt noch nicht, welche Regulationsmechanismen der intuitiven kommunikativen Didaktik beim Menschen zugrundeliegen. Welche Rolle spielen insbesondere die psychoneuroendokrinologischen Veränderungen während Schwangerschaft, Geburt und Laktation? Welche Rolle spielt demgegenüber der direkte kommunikative Kontakt mit dem Säugling und welche Signale des Kindes und welche Modalitäten spielen eine Rolle? Welche Faktoren können die intuitive elterliche Kompetenz kurzfristig oder langfristig beeinträchtigen? Auf der einen Seite ist die Entdeckung und Beschreibung der intuitiven kommunikativen Didaktik im mütterlich-elterlichen Verhalten noch so neu, daß die Erforschung dieser wichtigen Fragen erst begonnen hat und die Lösung schwieriger methodischer Probleme erfordert. Auf der anderen Seite kann der Artenvergleich nur mit kritischen Einschränkungen herangezogen werden, da der Erwerb der Sprache in der stammesgeschichtlichen Entwicklung der Arten einen artspezifischen qualitativen Entwicklungssprung darstellt, für den es allenfalls Vorläufer, jedoch keine Äquivalente gibt.

Psychobiologische Regulation des mütterlichen Verhaltens bei Säugern

Die Regulation des mütterlichen Brutpflege-/Fürsorgeverhaltens wurde bei vielen Tierarten intensiv erforscht, insbesondere bei einigen Arten von Nesthockern (z.B. bei Mäusen, Ratten, Katzen und Hunden) und Nestflüchtern (z.B. bei Schafen und Ziegen). Eine adäquate Darstellung dieser umfangreichen Literatur geht über Thema und Rahmen der vorliegenden Arbeit hinaus. Die heutigen Kenntnisse lassen sich in folgenden Punkten zusammenfassen:

1. Das mütterliche Fürsorgeverhalten ist in seiner Steuerung beim Tier funktionell eng mit dem limbischen System verknüpft, das im allgemeinen in Vorgänge eingebunden ist, die das Überleben des Individuums und der Art gewährleisten. Neuroendokrinologische Korrelate wurden bei der Ratte vor allem in den Bereichen des *präoptico-hypothalamischen Kontinuums* und des *olfaktorischen Systems* mit seinen direkten Verbindungen zum präoptischen Areal, zum Hippocampus und zu den Amygdalae beschrieben (Nieuwenhuys, Voogd, & van Huijzen, 1991; Numan, McSparren, & Numan, 1990; Simerly & Swanson, 1986). Sie schließen u.a. die direkten östrogensensitiven Bahnen vom Nucleus präopticus medialis zum periaquädukten Höhlengrau (Fahrbach, Morell, & Pfaff, 1986), oxytocinerge Neuronensysteme (Jirikowski, Caldwell, Pilgrim, Stumpf, & Pedersen, 1989) und beta-endorphinerge Systeme (Keverne, 1988) in den genannten Hirnarealen ein.
2. Bereits bei Nagern ist für die Aufrechterhaltung des Brutpflegeverhaltens direkter Kontakt mit den Jungen notwendig und bedingt ausreichend für die Auslösung von Brutpflegeverhalten bei jungfräulichen und männlichen Ratten (Rosenblatt, 1975).
3. Das Brutpflegeverhalten der Säugetiere beschränkt sich auf relativ stereotype angeborene Verhaltensmuster, die vor allem den Bereichen Nestbau, Säugen, Transport und Wärmeregulation zuzuordnen sind. Die psychobiologische Arbeitsgruppe von Rosenblatt (Rosenblatt, 1975) hat die Regulation mütterlicher Verhaltensbereitschaften bei der Ratte systematisch erforscht und kommt zu einer Reihe interessanter Ergebnisse:

Die Bereitschaft zu mütterlichem Verhalten wird bereits 24 Stunden vor der Geburt in Zusammenhang mit einem Anstieg des Östrogenspiegels im Blut angeregt. Unmittelbar nach der Geburt hängt die Aufrechterhaltung des hormonell induzierten mütterlichen Verhaltens davon ab, ob unmittelbar ein Kontakt mit den Jungen erfolgt. Im weiteren Verlauf wird das mütterliche Verhalten überwiegend durch direkten Kontakt mit den Jungen ohne hormonelle Vermittlung durch Östrogen oder Prolactin aufrechterhalten, während hormonelle Regulationen weiterhin bei der Laktation eine Rolle spielen. Beim Übergang von der primär hormonellen zur kommunikativen Regulation des mütterlichen Verhaltens besteht eine kritische Periode besonderer Vulnerabilität.

Die Bereitschaft zu mütterlichem Brutpflegeverhalten läßt sich auf jungfräuliche und männliche Ratten sowohl durch Bluttransfusion von schwangeren Ratten übertragen als auch allein durch längeren Kontakt und Kommunikation mit den Jungen induzieren.

4. Die endokrinologische Regulation schließt bei der Ratte die ovariellen Hormone Oestrogen und Progesteron, die Hypophysenhormone Prolactin und Beta-Endorphin und das in hypothalamischen Kernen gebildete Oxytocin ein (Rosenblatt, Mayer, & Giordano, 1988). Oestrogen und Progesteron führen während der Schwangerschaft zu einer Sensibilisierung. Auf den pränatalen Oestrogenanstieg 24 Std. vor der Geburt reagiert das Muttertier mit hoher Bereitschaft zu mütterlichem Verhalten. Für Prolactin wird ein indirekter Wirkungsmechanismus angenommen, der die verhaltensinduzierende Wirkung des Oestrogens beeinflußt. Oxytocin ist ebenfalls für die Auslösung mütterlichen Verhaltens wirksam. Es wird angenommen, daß Beta-Endorphin an den frühesten perinatalen Verhaltensformen beteiligt ist, daß aber der Abfall des hohen zentralen Beta-Endorphin-Spiegels zur Zeit der Geburt für den Beginn des mütterlichen Verhaltens kritisch wichtig ist.

5. Für die Steuerung des Brutpflegeverhaltens nach der Geburt spielt bei allen untersuchten Arten die wechselseitige Kommunikation mit Hilfe aller funktionsfähigen sensorischen Modalitäten die zentrale Rolle. Darunter nimmt bei einigen Tierarten die olfaktorische Kommunikation eine herausragende Stellung ein.

6. Brutpflegeverhalten, Kommunikation und neurophysiologische Regulation von überlebenswichtigen Funktionen wie Temperaturregulation, Nahrungsaufnahme und Urin- und Kotausscheidung bilden eine untrennbare Einheit.

Olfaktorische Regulation des mütterlichen Verhaltens bei Säugern

Auch bei der Ratte ist an der kommunikativen Regulation das olfaktorische System maßgeblich beteiligt, und diese Kommunikation verläuft wechselseitig (Blass, 1986).

Für neugeborene Rattenjungen gilt es, gleich zu Beginn eine Reihe überlebenswichtiger Aufgaben zu bewältigen, sich zum Nest hin zu orientieren, den Wärmehaushalt zu regulieren, Kontakt mit dem Muttertier zu finden und zu halten und die Zitzen zum Saugen zu finden. Bei allen genannten Funktionen sind olfaktorische Reize entscheidend. Der Geruch des Nestes ermöglicht die Orientierung zur Geruchsquelle und hat darüberhinaus eine direkte beruhigende Wirkung. Das Nest gibt das Setting für die Entwicklung der olfaktorischen Kontrolle über das Verhalten. Der Geruch trägt auch kritisch zur thermalen Selbstregulation durch das charakteristische Zusammendrängen der Jungen im Wurf ("huddling") bei, wenn die Mutter das Nest verläßt. Der spezifische Geruch von Fruchtwasserspuren auf den Zitzen erleichtert ihre Lokalisation für das erste Saugen. Geruch und Temperatur der Mutter und das mütterliche Lecken im Anogenitalbereich aktivieren das katecholaminerge System der Jungen, was wiederum die Geruchskonditionierung beschleunigt und Saugverhalten auslöst.

Auch das mütterliche Erkennen der eigenen Jungen wird durch Geruch gesteuert, vor allem in Zusammenhang mit dem anogenitalen Lecken, das bei den Jungen die Blasen- und Darmentleerung stimuliert. Geruchskontakt mit den Jungen führt zum Leckverhalten, das rückwirkend als periorale taktile Stimulation beim Muttertier die Ausschüttung von Prolaktin induziert. Prolactin stimuliert nicht nur die Milchproduktion sondern auch das mütterliche Eß- und Trinkverhalten. Hyperphagie und Hyperdipsie des Muttertieres haben die Ausscheidung der sog. "Caecotrophe" in das Nest zur Folge, deren charakteristischer Geruch wiederum die Jungen anzieht. Das anogenitale Lecken dient rückwirkend auch dem Wasserhaushalt des säugenden Muttertieres, das den stimulatorisch entleerten Urin trinkt. Die taktile und olfaktorische Stimulation beim anogenitalen Lecken löst weitere mütterliche Verhaltensformen aus wie die für das Säugen charakteristische Körperhaltung ("crouching") oder die Bereitschaft, die Jungen zum Nest zurückzuholen ("retrieval") (Stern & Johnson, 1989).

Geruch dient bei vielen Säugern der Orientierung und der Identifikation zwischen Muttertier und Jungen, z.B. bei Albinoratten, Kätzchen, Hunden und Schafen. Bei einigen Arten ist der Geruch sogar die einzige Modalität, um eine wechselseitige Orientierung und frühe Bindung zu etablieren. Bei Ziegen (Gubernick, 1981) und Schafen (Poindron, Levy, & Krehbiel, 1988) erfolgt eine Geruchskonditionierung oder Prägung auf seiten des Muttertieres durch Lecken unmittelbar nach der Geburt. Diese Konditionierung bestimmt die Akzeptanz des eigenen Jungen und das Abweisen von fremden Jungen. Bei vielen anderen Arten dagegen wird eine primäre Bindung und wechselseitiges Erkennen über andere Modalitäten erreicht, vor allem über Gesichtssinn und Gehör (z. B. bei Enten und Gänsen).

Psychobiologische Regulation des mütterlichen Verhaltens beim Menschen

Der Mensch gehört wie die nicht-menschlichen Primaten zu den *mikrosmatischen* Arten (Schaal & Porter, 1991). Trotzdem trägt auch beim Menschen der Geruch zum sozialen Erkennen und Differenzieren bei (durch Informationen über Alter, Geschlecht, Individualität, Verwandtschaft, Reproduktionsphase und Gesundheitszustand), womöglich auch zur frühesten Entwicklung der Mutter-Kind-Beziehung.

Brustwarze und Warzenhof sind eine hochspezialisierte Hautregion, deren funktionelle Aktivität auf Schwangerschaft und Laktationszeit begrenzt ist und die durch Sekretion von ekkrinen und apokrinen Schweißdrüsen, Talgdrüsen und Montgomery-Drüsen eine spezifische chemische Signatur (einen "olfaktorischen Fingerabdruck") erzeugen. Diese olfaktorische Signatur wird offenbar von Neugeborenen als angenehm wahrgenommen (Makin & Porter, 1989) und führt zu raschem olfaktorischem Lernen und Erkennen der Mutter am Geruch. Auch künstliche Duftstoffe können in dem gleichen funktionellen Gefüge wie die biologischen

Duftstoffe wirken und auf gleiche Weise psychobiologische Bedeutung erlangen (Schaal & Porter, 1991).

Acht Tage alte menschliche Neugeborene zeigen eine Vorliebe für die Stilleinlage der Mutter gegenüber einer anderen laktierenden Frau (MacFarlane, 1975; Schaal et al., 1980). Dabei ist das menschliche Neugeborene fähig, den charakteristischen Geruch der Bezugsperson mit dem gesamten Kontext der Anregungen über andere Kommunikationskanäle zu assoziieren und zu integrieren. Beim menschlichen Neugeborenen unterliegt die Identifikation und das frühe Vertrautwerden mit der Mutter bei weitem nicht nur dem Geruch, sondern in besonderem Maße der auditiven Modalität aufgrund der pränatalen Erfahrungen mit der mütterlichen Stimme (Fifer & Moon, 1989).

Auch Mütter, Väter und andere Personen können nach auffallend kurzer "Expositionszeit" das Neugeborene durch Riechen am Kopf oder an einem getragenen Hemdchen erkennen (Porter, Cernoch, & McLaughlin, 1983; Schaal et al., 1980). Es gibt jedoch keine gezielten Untersuchungen zu der Frage, ob die olfaktorischen Signale des Säuglings mütterliche Verhaltensbereitschaften induzieren und ob durch die olfaktorische Stimulation spezifische Erregungsmuster und Regulationsmechanismen in der präopticothalamischen Achse ausgelöst bzw. aktiviert werden.

Bemerkenswert ist auch, daß der natürliche individuelle Geruch des Neugeborenen in den meisten Kulturen offenbar nicht gewürdigt wird. In 94% von 126 untersuchten ethnischen Gruppen wird in den Geburtsritualen die Vernix sofort abgerieben und häufig durch Einreiben mit individuell indifferenten Duftstoffen ersetzt (Schiefenhövel & Sich, 1983).

In einer kritischen Literaturübersicht über psychoneuroendokrinologische Steuerungsmechanismen der mütterlichen Responsivität beim Menschen kommen Fleming und Corter (1988) zu dem vorsichtigen Schluß, daß möglicherweise hormonelle Faktoren zu der beobachtbaren erhöhten perinatalen Responsivität der Mutter beitragen und die Mutter für die ersten Kontakte mit dem Neugeborenen besonders empfänglich machen. Nach der frühen postnatalen Phase gebe es dagegen keinen ausreichenden Anhalt für neuroendokrinologische Regulationsmechanismen; die mütterliche Responsivität werde vielmehr durch das Verhalten des Kindes und zahlreiche psychosoziale Faktoren bestimmt.

An der Auslösung mütterlicher Verhaltensbereitschaften ist offenbar beim Menschen die abgerundete Konfiguration des Kopfes, das sog. "Kindchenschema" (Hassenstein, 1987) maßgeblich beteiligt. So wird z.B. die Bereitschaft zur intuitiven kommunikativen Didaktik gegenüber älteren schwer geistig behinderten Menschen gehemmt, obwohl sie noch auf die basalen präverbalen Kommunikatikonsformen angewiesen sind (Papoušek & Papoušek, 1992). Das Schreien des Neugeborenen gilt nach Bowlby als typisches angeborenes Bindungsverhalten (Bowlby, 1969), das spezifisches Fürsorgeverhalten auf seiten der sozialen Umwelt auslöst. Bei Rhesusäffchen führt die typische dunkle Fellfärbung beim Säugling zu mütterlichem Verhalten bei weiblichen Artgenossen.

In einzigartiger Weise wird jedoch beim Menschen die vorsprachliche Kommunikation von den ersten Interaktionen an durch wechselseitigen Blickkontakt, stimmlichen Austausch und mütterliche Sprache in einer spezifisch angepaßten Sprechweise geprägt. Die Auslösung und Steuerung dieser intuitiven Verhaltensbereitschaften auf seiten der Mutter ist abhängig von der Responsivität des Säuglings und von der Fähigkeit und Bereitschaft der Bezugsperson, sich intuitiv auf das Kind mit seinen Signalen einzulassen. Einige der elterlichen Verhaltensbereitschaften sind schon früh in der Ontogenese im Alter von 2 bis 4 Jahren nachweisbar (Sachs, 1977). Bei in Gefangenschaft aufwachsenden Schimpansen hat sich gezeigt, daß zur vollen Ausprägung der mütterlichen Kompetenz vor allem eine unmittelbare "hands-on"-Erfahrung mit einem Schimpansensäugling im jugendlichen Alter kritisch wichtig ist (Bard, 1994).

Die Erforschung der Determinanten der intuitiven kommunikativen Kompetenz und ihrer Störungen beim Menschen hat erst begonnen und ist eine der wichtigen Aufgaben für die künftige entwicklungspsychobiologische und entwicklungspsychopathologische Forschung, die auch zum besseren Verständnis der vorsprachlichen Kommunikation und ihrer Bedeutung für den Spracherwerb beitragen kann.

Vorläufer der Sprache in Phylogenese und menschlicher Ontogenese

Die wachsende Evidenz über die Rolle der intuitiven elterlichen Didaktik in der frühen menschlichen Ontogenese gewinnt in Bezug auf die neuere psychobiologische Forschung an Bedeutung. Wichtige Vorläufer der Sprache finden sich im Tierreich weit verbreitet, unter Säugern und Vögeln und sogar unter Insekten. So erreicht die Kommunikation bei der Honigbiene mit ihrem noch relativ einfachen Strickleiternervensystem in ihren Schwänzeltänzen bereits eine erstaunliche Komplexität, die einfache Formen von Abstraktions- und Symbolisationsfähigkeiten einschließt (von Frisch, 1965). Erwachsene Schimpansen entwickeln eine Ebene der symbolischen Repräsentation, die ihnen - entsprechende menschliche Instruktionen vorausgesetzt - unter günstigen Bedingungen sogar erlaubt, eine Zeichen- oder Gebärdensprache zu erlernen (Rumbaugh & Savage-Rumbaugh, 1978). Den Schimpansen fehlt jedoch ein geeigneter Stimmtrakt für sprachliche Artikulationen ebenso wie die dem menschlichen Säugling eigene Motivation zu stimmlichem Lernen und Nachahmen (Papoušek & Papoušek, 1989b). Dagegen sind verschiedene Singvogelarten mit besonders günstigen Voraussetzungen für komplexe und differenzierte Lautproduktionen, Lautnachahmung und stimmliches Lernen ausgestattet (Nottebohm, 1975). Sie unterscheiden sich von den Säugern jedoch sowohl im peripheren Stimmapparat (Syrinx) wie auch im strukturellen Aufbau des zentralen Vokalisationssystems. Außerdem lassen ihre integrativen Fähigkeiten die höheren Ebenen der Symbolisation und Abstraktion vermissen. Interessanterweise gibt es bis heute im Tierreich keine Evidenz dafür, daß die frühe Ontogenese der kommunikativen Fähigkeiten bei Jungtieren irgendeiner Art von seiten der sozialen Umwelt auf artspezifische Weise unterstützt wird.

Nur in der Evolution des Menschen haben sich die kommunikativen und integrativen Vorläufer der Sprache zu einem einzigartigen System hin fortentwickelt, das so komplexe wechselseitige Kommunikationsprozesse wie den sprachlichen Dialog ermöglicht (Papoušek, 1985; 1985c). Der Bauplan des menschlichen Stimmtraktes erfüllt die kritischen Voraussetzungen für die Artikulation von Sprachlauten (Lieberman, 1984). Die Ausweitung des Pyramidaltraktes in Bezug auf die an der Lautbildung beteiligten Motoneuronen ermöglicht die voluntative Kontrolle von Phonation und Artikulation, stimmliches Lernen und stimmliche Nachahmung neuer Lautstrukturen (Jürgens, 1992), die Ausweitung der corticalen Assoziationsfelder die Planung serieller komplexer Lautfolgen. Hochentwickelte nicht-sprachliche Integrationsfähigkeiten erlauben dem Menschen, das spezifisch ausgeweitete neuroanatomische Potential adaptiv und kreativ auszunutzen (Studdert-Kennedy, 1983).

Angeborene Programme für die artspezifische Wahrnehmung und Bearbeitung sprachlicher Merkmale sind schon beim Neugeborenen in Funktion (Fifer & Moon, 1989). In seinen integrativen Fähigkeiten ist der menschliche Säugling ein Frühentwickler, der zum Erkunden und zum Informationsaustausch mit der Umwelt motiviert ist (Papoušek & Papoušek, 1977a; 1984a). Darüberhinaus wird er in einer sozialen Umwelt aufgezogen, die das Auftauchen und Einüben von sprachlich relevanten Fähigkeiten fördert und motiviert ist, ihre Erfahrungen didaktisch wirksam mit ihm zu teilen (Papoušek & Papoušek, 1987).

Beschreibung des Forschungsvorhabens

Zielsetzung

Die vorliegende Arbeit hat zum Ziel, die audiovokale Kommunikation des menschlichen Säuglings im vorsprachlichen Alter in ihren spezifischen strukturellen Erscheinungsformen und Entwicklungsprozessen zu beschreiben, ihre Grundlagen und Determinanten zu analysieren und ihre Funktionen in Bezug auf die beginnende sprachliche Entwicklung zu untersuchen. Die Arbeit weicht in der Zielsetzung von den traditionellen Aufgaben und Methoden der Psycholinguistik ab. Es ging nicht um isolierte phonetisch-phonologische Analysen der gesamten kindlichen Vokalisationsentwicklung oder um die Erfassung von repräsentativen Meilensteinen der Entwicklung. Hierüber informieren die neueren detaillierten Analysen von Stark und Mitarbeitern (Stark & Bond, 1985; Stark et al., 1982), Oller (1980; 1986), Koopmans-van Beinum und van der Stelt (1986), Holmgren und Mitarbeitern (Holmgren et al., 1986) und Vihman und Mitarbeitern (Vihman, Ferguson, & Elbert, 1986). Ebenso wenig ging es um isolierte linguistische Analysen der elterlichen Sprechweise zum Kind. Diesbezüglich sei auf die von Snow und Ferguson (1977) und Raffler-Engel und Lebrun (1976) herausgegebenen Bücher verwiesen.

Es ging vielmehr um die systematische Erarbeitung eines methodischen Inventars, das erlaubt,

1. strukturelle und funktionelle Wechselbeziehungen zwischen Säuglingslauten und elterlichem Sprachangebot zu erfassen,
2. Säuglingslaute und elterliches Sprachangebot in Beziehung zu anderen Verhaltensformen und zum unmittelbaren Kontext der Interaktion zu untersuchen, und
3. die Entwicklungsprozesse der vorsprachlichen Kommunikation zwischen dem 2. und 15. Monat zu analysieren.

In den frühen siebziger Jahren war das Studium der stimmlichen Kommunikation zwischen Eltern und Säugling noch gleichbedeutend mit der Untersuchung einer unbekannten Tierart. Der Mangel an angemessenen Methoden war in Bezug auf das frühe Säuglingsalter besonders ausgeprägt. Als interessanter Ausweg aus diesem Dilemma bot sich an, bewährte Methoden der Ethologie und Psychobiologie aufzugreifen und in Bezug auf die spezifischen Fragestellungen weiterzuentwickeln und zu ergänzen. Dem Vorhaben kamen technische Neuerungen entgegen, die seinerzeit erstmals eine nicht nur brauchbare, sondern auch erschwingliche audiovisuelle Dokumentation und Reproduktion von Verhaltensbeobachtungen ermöglichten (Papoušek & Papoušek, 1981a, b). Spontane Interaktionen zwischen Eltern und Kind konnten so unter quasi natürlichen Bedingungen beobachtet und für nachfolgende Analysen in Bild und Ton festgehalten werden. Techniken der

Verhaltensmikroanalyse wurden entwickelt, die ermöglichten, mit hoher zeitlicher Auflösung das Wechselspiel zwischen kindlichen und elterlichen Verhaltensformen zu entschlüsseln und die oft flüchtigen intuitiven Verhaltensanpassungen der Eltern zu identifizieren und zu messen (Papoušek & Papoušek, 1977a; 1981a; b; c).

Den Kern der Untersuchungen bildeten Beobachtungen und audiovisuelle Dokumentation von spontanen Zwiegesprächen und Spielsituationen in einem wohnlich eingerichteten Beobachtungsraum. Das Hauptvorhaben wurde als eine prospektive Längsschnittuntersuchung von 18 Mutter-Kind-Paaren vom 2. bis 15. Lebensmonat mit monatlichen Untersuchungsabständen konzipiert. Wesentliche Teile dieses Vorhabens wurden noch nicht publiziert und werden daher in der vorliegenden Arbeit in Methodik und Ergebnissen ausführlich dargestellt.

Ergänzende, bereits publizierte Arbeiten

Die Hauptstudie (*Tabelle 1:* 1) wurde wegen des allgemeinen Mangels an Untersuchungen über das Vorsilbenalter (0 bis 5 Monate) durch eine Reihe gezielter Untersuchungen zu bestimmten Fragestellungen ergänzt. Die Tabelle gibt einen Überblick der publizierten Arbeiten. Die ergänzenden Auswertungen von Spontaninteraktionen betreffen die Analyse reziproker stimmlicher Nachahmungsprozesse (2), interaktiver Lautspiele (3) und rhythmischer Stimulationsformen (4).

Die Entdeckung intuitiver mütterlicher Verhaltensanpassungen in den frühen Interaktionen der Hauptstudie (1) leitete über zur Frage nach deren Grundlagen und forderte zu vergleichenden Untersuchungen in Bezug auf das elterliche Geschlecht und auf Kultur und Sprachgemeinschaft heraus. Die Anpassungen im Kommunikationsverhalten wurden bei 14 Müttern und 14 Vätern während Interaktionen mit ihren Säuglingen im Alter von 2, 3 und 4 Monaten vergleichend untersucht (5). In einer transkulturellen Vergleichsstudie wurden die Interaktionen von Müttern mit einer Intonationssprache (16 kaukasisch-amerikanische Mütter) und mit einer Tonsprache (16 mandarin-chinesische Mütter) mit ihren 2- und 4-monatigen Säuglingen analysiert (6).

Trotz der Universalität der spezifischen elterlichen Verhaltensanpassungen zeigte sich in allen untersuchten Stichproben eine ausgeprägte interdyadische Variabilität. Um den Beitrag von mütterlichen und kindlichen Merkmalen zur Varianz der vorsprachlichen Kommunikationsstrukturen voneinander zu trennen, wurden Mütter bzw. Kinder in Interaktion nicht nur mit den eigenen, sondern - nach dem Round-Robin-Verfahren - auch mit mehreren fremden Partnern vergleichend untersucht (7).

Die Entdeckung eines spezifisch an das Vorsilbenalter angepaßten Ammensprachenregisters verlockte zu einer systematischen experimentellen Vergleichsuntersuchung von drei Sprechregistern: "Konversation mit einem Erwachsenen", "Lehren einer Fremdsprache" und "Zwiegespräch mit einem Säugling" (8).

Die Identifikation früher stimmlicher Grundmuster im Vokalisationsrepertoire von Säuglingen und Eltern zog ergänzende experimentelle Playbackstudien nach sich, um die Signaleigenschaften der kindlichen (9, 10) und elterlichen (11) Kommunikationsmuster zu überprüfen und die Responsivität verschiedener Gruppen von Versuchspersonen zu erfassen.

Tabelle 1: Untersuchungen zur vorsprachlichen Kommunikation zwischen Eltern und Kind

Art der Studie	Stichprobe N	Alter	Fokus der Studie	Publikationen
1 Spontaninteraktion	18 dt M	2-15	Intuitives mütterl. Verhalten, Kommunikation	Papoušek & Papoušek, 1977a; 1979b; 1981c; 1987; 1984a; b; Papoušek et al., 1984; 1986
2 Spontaninteraktion	18 dt M	2-5	Reziproke Nachahmung	Papoušek & Papoušek, 1989b
3 Spontaninteraktion	14 dt M 14 dt V	2-4	Interaktive Lautspiele	Papoušek et al. 1987b
4 Spontaninteraktion	16 dt M	3	Rhythmische Stimulation	Koester, Papoušek, & Papoušek, 1989
5 Spontaninteraktion	14 dt M 14 dt V	3	Sprechweise, Mütter/Väter	Papoušek et al. 1985; 1987a
6 Spontaninteraktion	16 am M 16 ch M	2, 4 2, 4	Sprechweise transkulturell	Papoušek, 1987; Papoušek & Papoušek, 1991a; 1994; Papoušek et al., 1991
7 Spontaninteraktion mit eigenem/fremden Partner(n)	16 dt M	3	Sprechweise interdyadische Variabilität	Papoušek & Papoušek, 1987
8 Rollenspiel mit fiktiven Partnern	6 ch W		Sprechregister	Papoušek & Hwang, 1991
9 Playback von kindlichen Vokalisationen	45 dt M 20 dt V 9 dt K 20 dt E	2	Responsivität, Stimmungsbarometer	Papoušek, 1989; 1992; Papoušek & Papoušek, 1994a
10 Playback von kindlichen Vokalisationen	16 ch M 16 am M	2	Responsivität, Nachahmung,, Spontanantwort, Attribution	Papoušek, 1992; Papoušek & Papoušek, 1994a
11 Playback von elterlicher Sprechmelodik	28 am S	4	Einfluß auf Blickverhalten	Papoušek et al., 1990

N = Größe der Stichprobe; Alter: des Kindes in Monaten; dt = deutsch; am = amerikanisch; ch = chinesisch; M = Mütter; V = Väter; W = Weibliche chinesische Studentinnen; K = Kinder; E = Erwachsene (Nicht-Eltern); S = Säuglinge

Stichprobe der Hauptstudie

Die Mitarbeit der Familien wurde auf gleiche Weise wie in den ergänzenden Untersuchungen gewonnen: die im Geburtenregister der Lokalzeitung angezeigten Familien wurden angeschrieben, schriftlich über das Vorhaben informiert und anschließend telefonisch um Mitarbeit gebeten. Die Bereitschaft zur Teilnahme war im allgemeinen überraschend hoch. Absagen (unter 10%) waren überwiegend durch Berufstätigkeit der Mütter, Umzug oder schlechte Verkehrsverbindungen bedingt. In die Untersuchung aufgenommen wurden 18 gesunde, termingerecht geborene Säuglinge (8 Jungen, 10 Mädchen; 14 Erstgeborene, 4 Zweit- und Drittgeborene) aus Normalfamilien, nach weitgehend komplikationsfreiem Schwangerschafts- und Geburtsverlauf. Von den Eltern hatten 12 Väter und 6 Mütter eine abgeschlossene Hochschulausbildung, 4 Väter und 9 Mütter einen Fachhochschulabschluß, 2 Väter hatten handwerkliche Berufe, 3 Mütter waren ohne abgeschlossene Berufsausbildung. Die Mütter waren zur Zeit der Untersuchung nicht berufstätig.

Vorgehen

Die Mütter wurden mit ihrem Säugling in monatlichen Abständen in einen wohnlich eingerichteten Beobachtungsraum eingeladen und gebeten, sich "so wie zu Hause" mit ihrem Baby zu unterhalten oder mit ihm zu spielen, und dabei wo möglich das Zusammensein mit dem Kind ungestört und unbeschwert zu genießen. Nach einer Aufwärm- und Gewöhnungsphase entspannten sich Mutter und Kind gewöhnlich ohne Schwierigkeiten. Mit den Aufnahmen wurde begonnen, wenn sich das Kind - nach Möglichkeit gesättigt und ausgeschlafen - in einem aktiven, zufriedenen Wachzustand befand. Die Dauer der Aufnahmen wurde dem Alter angepaßt: sie betrug von 2 bis 5 Monaten drei Minuten, von 7 bis 15 Monaten zwanzig Minuten, von denen sechs Minuten für die Analysen ausgewählt wurden.

Auch Kontext und Setting wurden dem Alter und motorischen Entwicklungsstand des Kindes angepaßt. Von 2 bis 5 Monaten befand sich das Kind auf einer Matratze in Tischhöhe in Rückenlage. Vom 7. Monat an wurde die Matratze durch eine 100x80 cm große Matte ersetzt, die auf 3 Seiten durch ein 20 cm hohes Gitter geschützt war und auf der das Kind Bewegungsfreiheit zum Umdrehen, Robben, Sitzen und Hochstützen hatte. Vom 11. Monat an saß das Kind im Hochstühlchen. Sobald es frei gehen konnte, durfte es sich frei im Raum bewegen. An Spielzeugen wurden Mutter und Kind vier Spielzeugtiere (Ente, Frosch, Fisch und Schildkröte) und zwei abwaschbare Bilderbücher angeboten.

Für die sehr zeitaufwendigen Auswertungen wurden die Aufzeichnungen von 8 Untersuchungszeitpunkten ausgewählt: 2, 3, 5, 7, 9, 11, 13 und 15 Monate.

Für die Videoaufnahmen stand eine speziell für die Zwecke der Verhaltensmikroanalyse entwickelte Videoanlage (JVC-Spulengerät mit 1" Bändern, schwarz/weiß) mit eingeblendetem Zeitcode und Einblendung einer oszillographischen Aufzeichnung der stimmlichen Signale zur Verfügung (Papoušek & Papoušek, 1981b).

In den frühen Altersstufen wurde vom Nebenraum aus durch eine Glasscheibe gefilmt, in späterem Alter wegen der größeren Mobilität der Kinder mit einer im Beobachtungsraum befindlichen ferngesteuerten Kamera. Parallel wurde der Ton für die auditiven und akustischen Analysen mit Lavalier Mikrophon auf einem Tonbandgerät (Revox 77) bei maximaler Bandgeschwindigkeit von 19 cm/sec aufgenommen und mit Hilfe akustischer Signale mit der Videoaufnahme synchronisiert.

Methoden der Vokalisationsanalyse

Probleme traditioneller Auswertungsverfahren

Eines der ungelösten Probleme beim Studium der stimmlichen Kommunikation betrifft die Analyse der vorsprachlichen Säuglingslaute, deren "Unverständlichkeit" eine besondere methodische Herausforderung darstellt. Bis heute haben sich keine allgemein anerkannten Methoden durchgesetzt. In der älteren Literatur wurden die vorsprachlichen Vokalisationen in lautbeschreibenden Kategorien wie "Lallen" (Stern & Stern, 1928), "Gurren" und "Plappern" (Lewis, 1936) oder "Babbeln" (Lenneberg, 1967) von den späteren Sprachlauten abgegrenzt. Sie haben sich in der klinischen Literatur bis heute erhalten (Herzka, 1979). Frühere phonetische Transkriptionen, z.B. mit dem Internationalen Phonetischen Alphabet IPA (Irwin, 1947), und andere linguistische Methoden, die auf den Kategorien ausgereifter Sprachen basieren, sind allein schon wegen der anfänglichen anatomischen Unterschiede im Stimmtrakt (S. 22) unangemessen und unverläßlich (Holmgren et al., 1986). Sie werden den Säuglingslauten in ihrer strukturellen und funktionellen Eigengesetzlichkeit nicht gerecht. Schon Wundt (1904) hatte betont, daß ein Erwachsener nur solche Sprachlaute vollkommen korrekt zu hören vermag, die er selbst richtig erzeugen kann.

In neueren Untersuchungen bemüht man sich, jede Nomenklatur zu vermeiden, die nur innerhalb eines reifen linguistischen Systems interpretierbar ist. Man spricht statt dessen von "vokalartigen" und "konsonantartigen Lauten" (Kent & Murray, 1982; Papoušek & Papoušek, 1981e) oder von "Vokanten" und "Klosanten" (Martin, 1981; Stark & Bond, 1985). Anstelle von Zuordnungsversuchen zu Transkriptionssymbolen wird die Auswertung basaler Artikulationsmerkmale als angemessener und verläßlicher bevorzugt. Koopmans-van Beinum und van der Stelt (1986) klassifizieren die kindlichen Laute aufgrund der zugrundeliegenden phonatorischen und artikulatorischen Bewegungen. Auch Holmgren und Mitarbeiter (1986) erzielten bei der Analyse basaler Artikulationsmerkmale eine deutlich bessere Reliabilität als bei phonetischer Transskription. Im ersten Schritt differenzieren sie glottale von supraglottalen Artikulationen. Danach werden Vokanten nach Zungenstellung (vorn, mitte, hinten), Lippenrundung und Nasalierung kategorisiert, Klosanten nach Artikulationsstelle und -modus, d.h. nach Ort und Ausmaß der Striktur.

Die auditiven Auswertungen wurden gelegentlich durch akustische Analysen ergänzt, die sich vor allem zur Quantifizierung prosodischer Merkmale wie Grundfrequenz, Dauer und Rhythmus eignen (Delack & Fowlow, 1978; Holmgren et al., 1986; Papoušek, 1992; Papoušek & Papoušek, 1981d; Papoušek & Sandner, 1981). Spektralanalysen wurden zur Messung der Resonanzeigenschaften und Formantstruktur der Vokanten eingesetzt (Kent & Murray, 1982; Stark & Bond, 1983). Akustische Analysen haben den Vorteil größerer Objektivität und Quantifizierbarkeit, erklären jedoch, abgesehen von den Vokanten, nicht die komplexen Beziehungen zwischen präverbalen Lautstrukturen und Sprachlauten. Oller (1986; Oller & Eilers, 1992) entwickelte eine interessante infraphonologische Methode, die die Zuordnung von akustischer Deskription und phonetischer Transkription spezifiziert und den Ähnlichkeitsgrad zwischen vorsprachlichen Lauten und ausgereiften Sprachlauten objektiv analysiert.

EDV-gesteuerte akustische Analyseprogramme wurden auch für die Analyse des Säuglingsschreiens entwickelt. Sie sind jedoch wegen der im allgemeinen hohen Grundfrequenz, Geräuschhaftigkeit, geringen Intensität und Frequenzvariabilität der Säuglingslaute für die Auswertung der meisten präsyllabischen Vokalisationen nur bedingt geeignet.

Der eigene methodische Ansatz

Die genannten Methoden zur Analyse von Säuglingslauten wurden bisher nur isoliert vom Kontext und von den Äußerungen des Partners eingesetzt. Zur Erforschung der stimmlichen Kommunikation galt es jedoch, Methoden zu entwickeln, die die Wechselbeziehungen zwischen elterlicher Sprache und Säuglingslauten und ihre Beziehungen zu anderen Verhaltensformen und zum Kontext zu untersuchen erlauben. Wir gingen von der Beobachtung aus, daß elterliche Sprechweise und Säuglingslaute trotz aller Unterschiede auffallende gemeinsame Merkmale haben, die wir - neutral in Bezug auf die Sprache - als "musikalische Elemente" bezeichnet und analysiert haben (Papoušek, 1981; Papoušek & Papoušek, 1981d; e). Vor allem für das Vorsilbenalter hat sich die Auswertung von Melodik, Stimmlage und Stimmqualität, von Lautstärke und Betonung, Tempo und Rhythmus als unersetzbare Grundlage für eine angemessene Beschreibung der stimmlichen Äußerungen beider Partner und für das Verständnis ihrer Wechselbeziehungen erwiesen (Papoušek & Sandner, 1981).

Für die Analyse der stimmlichen Kommunikation wurden je nach Fragestellung auditive und akustische Verfahren, musikalisch und linguistisch orientierte Methoden, qualitative bewertende und quantitativ messende Verfahren unter Einsatz von Sonagrammen und EDV-Programmen, und Tonband- und Videoanalysen wahlweise kombiniert und gezielt eingesetzt. Nachfolgend werden nur die in der Längsschnittstudie verwandten Methoden beschrieben.

Auswertung der Säuglingslaute

Qualitativ bewertende Verfahren. Um das interaktive Vokalisationsrepertoire vollständig zu erfassen, wurden sämtliche während der Interaktion mit der Mutter erzeugten Laute mit Ausnahme von Schreien, Mißbehagenslauten und vegetativen Lauten (Schluckauf, Niesen, Husten, Atemgeräusche) analysiert. Die Stichprobe umfaßte insgesamt 6650 kindliche Laute neben 14888 mütterlichen Äußerungen, d.h. pro Kind und Altersstufe von 2 bis 7 Monaten durchschnittlich 30.9 Vokalisationen und von 9 bis 15 Monaten 63.2 Vokalisationen.

Nach intensivem Vortraining in der Beurteilung von Säuglingslauten kodierten zwei Auswerter mit phonetischer bzw. musikalischer Ausbildung unabhängig voneinander die gesamte Stichprobe (kappa = .73). Bei Nicht-Übereinstimmung war nach gemeinsamer Überprüfung mit wenigen Ausnahmen eine übereinstimmende Festlegung möglich. Die Übereinstimmung wurde von 81.3% bei der primären Auswertung im zweiten gemeinsamen Durchgang auf 93.7% erhöht.

In Anlehnung an die in den Vokalisationsstadien vorherrschenden Vokalisationsformen (Oller, 1980; Stark, 1981) wurden die Laute zunächst nach *Vokalisationstypen* kategorisiert (*Tabelle 2*). Für die Erfassung des aktuellen *interaktiven Wortschatzes* wurde die Anzahl der während der Gesamtaufnahmezeit von ca. 20 Minuten erkennbaren unterschiedlichen Protowörter und Wörter gezählt. Der interaktive Gesamtwortschatz schloß neben dem aktuellen Wortschatz den Wortschatz der vorausgehenden Altersstufen ein, soweit er sich vom aktuellen Wortschatz unterschied. Neben dem Wortschatz wurde die Gebrauchshäufigkeit von Wörtern bzw. Protowörtern als Anteil des Vokalisationsrepertoires ermittelt. Wörter wurden vor allem nach zwei Kriterien definiert: (1) deutlich artikulierte, verstehbare Wörter aus dem Muttersprachenlexikon; und (2) erkennbarer Bedeutungszusammenhang mit dem Interaktionskontext. Als Protowörter zählten dagegen falsch oder undeutlich artikulierte wortähnliche Vokalisationen mit deutlich erkennbarem Bedeutungszusammenhang.

Die type-token-Relation wurde für die Altersstufe 15 Monate ermittelt. Sie ergab sich als Quotient aus Anzahl verschiedener Wörter (Wortschatz) und Gesamthäufigkeit von Wörtern während der Beobachtungszeit. Wörter und Protowörter traten vor allem in den folgenden vier Kontexten auf:

1. spontanes Benennen eines Gegenstands im Fokus der Aufmerksamkeit (Mutter zeigt auf die Zehen des Kindes, Kind benennt: /eha/. Oder: Kind zeigt auf ein Bild im Bilderbuch und benennt es. Oder: Kind horcht auf das Vorbeifahren eines Unfallautos und sagt /tatitadi/.);
2. Nachahmung eines mütterlichen Wortmodells (Mutter: *'Wo ist Papa?'* Kind schaut nach der Tür und sagt /papa/.);
3. sinngemäße Assoziation mit einer Geste oder Handlung (Kind zeigt auf einen Gegenstand und sagt /da/. Oder: Kind wirft ein Spielzeug weg und sagt /vä/.);

4. die Mutter versteht die Vokalisation des Kindes als Wort, ahmt sie nach oder kommentiert sie (Mutter spricht über die Eisenbahn. Kind sagt /bvm/. Mutter: *'Brumm, ja, so macht das Auto.'*).

Tabelle 2: Auditive Kodierung von Vokalisationstypen

Lauttyp	Merkmale
Grundlaute	kurze, phonierte Laute in entspannter Mittelstellung ohne Vokalähnlichkeit, auch kurze Anstrengungslaute
Vokalartige Laute	vokalähnliche Laute mit bestimmbarer Tonhöhe und Resonanz, ohne und mit glottalen Artikulationen /h/, / /, einzeln oder in Ketten
Melodisch modulierte Laute	vokalartige Laute mit deutlich wahrnehmbarer melodischer Kontur, mit und ohne hintere konsonantartige und glottale Artikulationen ("Gurren")
Explorative Laute	spielerisches Erproben von ausgedehnten melodischen Modulationen, Stimmregistern (Quietschen, Brummen), Lautstärken (Kreischen, Flüstern); Prusten; Lautspiele mit Lippen, Atem, Spuckebläschen, Fingern oder Spielzeug im Mund
Emotionale Vokalisationen	Lachen, Juchzen, Weinen, Quengeln
Vorsilben	Verbindung von konsonantartigen und vokalartigen Elementen, aber noch ohne Ähnlichkeit mit kanonischen Silben, meist Verbindungen von vokalartigen Lauten mit Glides oder undeutlich artikulierten Plosiven, Nasalen und Frikativen, einzeln oder in Ketten
Reguläre Silben	typische Konsonant-Vokal-Verbindungen (CV oder VCV) mit hörbarer Silbenqualität, einzeln oder in monosyllabischen Ketten
Alternierende Silben	Silbenfolgen mit wechselnden Konsonanten und hörbarer Silbenqualität
Jargon	meist undeutlich artikulierte alternierende Silbenfolgen mit ausgeprägter sprachähnlicher Intonation, ohne erkennbare lexikalische Bedeutung, gelegentliche Anklänge an sprachliche Wendungen
Protowörter	falsch oder undeutlich artikulierte wortähnliche Laute mit erkennbarem Bedeutungszusammenhang
Wörter	deutlich artikulierte, verstehbare Wörter aus dem Lexikon der Muttersprache oder Kindersprache
Weitere Differenzierung von Protowörtern und Wörtern in:	
Objekt-/Personennamen	Namen für Gegenstände oder Personen /ente/ /mama/
Interaktionswörter	auf Handlungen, Ereignisse oder kommunikative Gesten

Parallel zu den Vokalisationstypen wurden *basale Merkmale der Artikulation* analysiert. So wurde primär zwischen offenen (vokalartigen) und geschlossenen (konsonantartigen) Lautelementen und zwischen Vokalisationen mit und ohne melodische Modulation differenziert. Die vokalartigen Lautelemente wurden nach Zungenstellung und -höhe unterschieden: *high front, mid front to central, low front*, *high back* und *low back.* Die konsonantartigen Laute wurden nach Artikulationsstelle (vorn, mitte, hinten) und nach Artikulationsmodus (Plosive, Frikative, Nasale, Glides, Laterale und Trills) kategorisiert. Melodische Modulationen wurden kodiert, wenn die Vokalisationsdauer gemäß Sonagramm länger als 100 msec betrug und eine melodische Kontur auditiv wahrnehmbar war. Vier Kategorien wurden unterschieden: 1. unmarkierte Grundkontur mit fallender Endkontur; 2. deutlich wahrnehmbare steigend-fallende oder fallende Kontur; 3. steigende oder fallend-steigende Kontur; 4. ausgedehnte Kontur mit komplexerem Verlauf. Die Übereinstimmung zwischen den Auswertern lag für die einzelnen Merkmalskategorien zwischen kappa = .69 und kappa = .84.

Quantitative akustische Verfahren. Ergänzend wurden Sonagramme (Kay Elemetrics 7800) zur Messung von Dauer, Silbendauer, Artikulationstempo, maximaler und minimaler Grundfrequenz, Äußerungsumfang und Stimmumfang der kindlichen Vokalisationen durchgeführt. Die akustischen Daten wurden für die Analyse reziproker Nachahmungssequenzen und für die Analyse des stimmlichen Ausdrucks und seiner akustischen Korrelate benutzt (ausführliche Beschreibung der Methoden, Reliabilitäten und Daten s. Papoušek, 1992; 1989b).

Auswertung der mütterlichen Sprechweise

Auch für die Auswertung der elterlichen Äußerungen galt es, Methoden zu entwikkeln, die den Besonderheiten der Sprechweise zum Säugling in den verschiedenen Entwicklungsphasen gleichermaßen gerecht werden. Die in der Literatur beschriebenen Analysen des Babytalk-Registers waren fast ausschließlich von linguistischen Methoden geprägt und betrafen vor allem Vokabular, syntaktische Struktur und Phonologie (Raffler-Engel & Lebrun, 1976; Snow & Ferguson, 1977). Diese Einseitigkeit verdeckte lange Zeit die besonderen Merkmale der Ammensprache im Vorsilbenalter.

Quantitative akustische Messungen. Die eigenen strukturellen Analysen der elterlichen Sprechmelodik basierten auf auditiven, sonagrafischen und EDV-gestützten Methoden. Die melodischen Konturen wurden auditiv kategorisiert; ihre akustischen Merkmale (minimale, maximale, mittlere Grundfrequenz, Stimmumfang und Äußerungsumfang, Steilheit und Dauer der Kontur) wurden an Sonagrammen ausgemessen (Papoušek et al., 1987a) oder mit speziellen Grundfrequenzanalyseprogrammen automatisch ausgewertet (Papousek et al., 1991; Papoušek & Sandner, 1981).

Für die Längsschnittstudie wurden in sechs Altersstufen (3, 5, 7, 9, 13 und 15 Monate) die ersten 50 Äußerungen jeder Mutter sonagrafiert (Kay Elemetrics Sonagraph 7800, Frequenzumfang 0 bis 2000 Hz, Bandbreite 11.3 Hz). Die Sonagramme dienten zur Ausmessung von Zeitstruktur und Frequenzmerkmalen der Grundfrequenzkonturen. Die Parameter sind in *Tabelle 3 A* und *B* aufgeführt. Einhundert Äußerungen wurden von einem zweiten Auswerter unabhängig ausgemessen. Die Reliabilität betrug r = .95 für die Frequenzmessungen, r = .97 für die Dauer. Die mittlere Abweichung lag bei 1.5% für die Frequenz und bei 0.2% für die Dauer. Die in Hertz gemessenen Frequenzen wurden für die statistischen Berechnungen in eine lineare, der musikalischen Tonleiter entsprechende Halbtonskala

Tabelle 3: Merkmale des intuitiven mütterlichen Kommunikationsverhaltens

Qualitative Kodierung (Skala von 1 - 5)	Quantitative Kodierung	r
A Linguistische Struktur der mütterlichen Sprechweise		
	Äußerungsrate (MV/min)	
	Sprechrate (Silben/min)	
Deutliche Artikulation	Deutliche Artikulation (% MV)	.80**
Wortlautwiederholung	Wortlautwiederholung (% MV)	.43
Grammatisch vollständige Sätze	Äußerungen ohne sprachl. Information (% MV)	-.97**
	- nachahmungsfördernd (% MV)	
	- konversationsfördernd (% MV)	
	- spielfördernd (% MV)	
Einfache Syntax	Äußerungsdauer (msec)	-.54*
	Silbenzahl/Äußerung	-.55*
Monologisches Erzählen	Äußerungsdauer	.72**
Musikalische Anregungen	Musikalische Anregungen (% MV)	.84**
Fragen		
Aufforderungen		
Loben		
Verbieten		
Kindersprachenvokabular		
	Flüstern (%)	
B Prosodische Struktur der mütterlichen Sprechweise		
Langsames rhythmisches Sprechen	Silbendauer (msec)	.68**
	Artikulationstempo (Silben/sec)	-.64**
Erhöhte Stimmlage	Fo max/Interaktion (Hz)	.67*
	Fo max/Äußerung (Hz)	.83**
	Fo min/Äußerung (Hz)	.64*
	Fo min/Interaktion (Hz)	.26
Erweiterter Stimmumfang	Stimmumfang (Halbtöne)	.64*
	Fo max/Interaktion (Hz)	.73**
Verstärkte Intonation	Äußerungsumfang (Halbtöne)	.69**
	Fo max/Äußerung (Hz)	.68**
Melodische Gesten	Melodische Gesten (% MV)	.68**
Wiederholen der Melodik	Wiederholen der Melodik (% MV)	.68**
Variationen der Melodik	Variationen der Melodik (% MV)	.58*
	- Steigerung (% MV)	
	- Abschwächung (% MV)	
	- Spielerisches Variieren (% MV)	
Lautstärkenkontraste		
	Hervorheben von Wörtern (% MV)	

C Responsivität gegenüber kindlichen Vokalisationen		r
Dialogartiges Abwechseln	Sprecherwechsel /min	.58*
	Anteil kindl. Vokalisationen in Pausen (% KV)	.66**
Kontingentes Beantworten	Kontingentes Beantworten (% MV)	.74**
Nachahmungen (gesamt)	Nachahmungen (% MV)	.80**
- korrekt artikuliert		
- lautspielerisch		
- empathisch		
- Wortnachahmung	Wortnachahmung (% MV)	.92**
- syntaktisch erweitert		
Modelle zum Nachahmen (gesamt)	Modelle zum Nachahmen (% MV)	.80**
- korrekt artikuliert	- Vokale, Konsonanten, Silben (% MV)	.80**
- lautspielerisch		
- empathisch	- Melodik (% MV)	.65*
- Wortmodelle	- Wortmodelle (% MV)	.65*
"Verstehen" der kindlichen Laute		
- als "als-ob"-Gesprächsbeitrag		
- als Ausdruck des Befindens		
- als nonverbale Mitteilung einer Absicht		
- als sprachliche Mitteilung	"Verstehen" als Wort (% MV)	.91**
D Kontexte der intuitiven mütterlichen Früherziehung		
Unterstützen von Befinden und Aufnahmebereitschaft	Fokus Befindlichkeit (% MV)	.87**
Unterstützen von Blickkontakt	Fokus Blickkontakt (% MV)	.92**
Anregen von Vokalisationen	Fokus Vokalisation (% MV)	.45
Anregen mimischen Verhaltens	Fokus Mimik (% MV)	.90**
Anregen motorischen Verhaltens	Fokus Motorik (% MV)	.78**
Ausrichten der Aufmerksamkeit auf Objekte	Fokus Objekt (% MV)	.67**
- kindlichem Interesse folgen		
- kindliches Interesse lenken		
- Spiel mit Objekten		
Kommunikative Routinen	Zeigen und Benennen (% MV)	.53*
Interaktive Spielchen	Spielchen (% MV)	.79**
- Traditionelle Spielchen		.75**
- Idiosynkratische Spielchen		.63*
E Interaktionsstil		
Einfühlsam-warm		
Freudig-erregt		
Ungeduldig-ablehnend		
Passiv-beobachtend		
Signalgeleitet-responsiv		
Anregend-bestimmend		
Zudringlich-überfahrend		
Spielbereit		
Lehrbereit		

% MV = Prozent der mütterlichen Vokalisationen; % KV = Prozent der kindlichen Vokalisationen; MV/min = Anzahl mütterl. Vokalisationen pro Min. r = Spearman Rank Correlation Coefficient.
(* p <.01; ** p < .001)

umgerechnet (Bezug Kammerton a' = 440 Hz). Die Ergebnisse werden jedoch zurückgerechnet in Hertz angegeben, aus Gründen der Vergleichbarkeit mit Daten der Literatur.

Zur Berechnung der mittleren Silbendauer wurde die Dauer jeder Äußerung durch ihre Silbenzahl geteilt. Das Artikulationstempo ergab sich aus dem Quotient von Silbenzahl sämtlicher Äußerungen und Gesamtvokalisationszeit. Der Stimmumfang entsprach der Differenz von maximaler und minimaler Grundfrequenz der Gesamtstichprobe der Äußerungen einer Mutter, der Äußerungsumfang ergab sich aus der Differenz von maximaler und minimaler Grundfrequenz der einzelnen Äußerung.

Qualitativ bewertende Verfahren. Parallel zu den akustischen Analysen wurde für die Längsschnittstudie ein qualitatives Kodierungsverfahren entwickelt, dessen Reliabilität und Validität durch die akustischen Messungen und durch exakte Häufigkeitsbestimmungen einzelner Verhaltensmerkmale überprüft wurde. Die während der Interaktion beobachteten Merkmale des mütterlichen Kommunikationsverhaltens wurden mit Hilfe von 5-Punkte-Skalen nach Häufigkeit (fehlend-selten-wiederholt-häufig-vorherrschend) bzw. Ausprägungsgrad (fehlend-schwach ausgeprägt/selten-mäßig ausgeprägt-stark ausgeprägt/selten-stark ausgeprägt) kodiert. Tabelle 3 gibt in Spalte 1 einen Überblick über die Verhaltenskategorien, mit Hilfe derer relevante Merkmale der linguistischen (A) und prosodischen Struktur (B) der mütterlichen Sprechweise, der Responsivität gegenüber kindlichen Vokalisationen (C), des Sprachinhalts (D) (als Indikator für die Ausrichtung der mütterlichen Aufmerksamkeit) und des Interaktionsstiles (E) ausgewertet wurden (ausführliches Auswertungsmanual s. Anhang). Entsprechende Verhaltensmerkmale, die parallel und unabhängig mit quantifizierenden Verfahren ausgewertet wurden, sind in Spalte 2 von *Tabelle 3* aufgeführt, zusammen mit den Korrelationen zwischen qualitativen und quantitativen Datenerhebungen.

Auswertung der Nachahmung

Reziproke Nachahmung von Artikulationsmerkmalen. In den Altersstufen 3, 5 und 7 Monate wurde eine detaillierte Analyse der wechselseitigen stimmlichen Angleichungsprozesse durchgeführt. Auf der Grundlage von auditiven und sonagrafischen Auswertungen wurden aufeinanderfolgende mütterliche und kindliche Vokalisationen (in Kind-Mutter- und Mutter-Kind-Sequenzen) in Bezug auf 4 prosodische Artikulationsmerkmale (Tonhöhe, melodische Kontur, Dauer, Rhythmus) und auf 4 sprachliche Artikulationsmerkmale (vokalartige, konsonantartige, silbenartige Elemente, Wort) miteinander verglichen und auf Ähnlichkeiten untersucht. Aus den Daten wurden der Anteil kindlicher Vokalisationen in Nachahmungssequenzen, die relativen Häufigkeiten von Kind-Mutter- und von Mutter-Kind-Nachahmungssequenzen und die relative Häufigkeit der nachgeahmten Artikulationsmerkmale berechnet (*Tabelle 3C*). (Ausführliche Beschreibung von Methodik und Reliabilitäten s. Papoušek & Papoušek, 1989b).

Mütterliches Modellverhalten. In allen Altersstufen wurde das mütterliche Modell- und Nachahmungsverhalten in Qualität und Häufigkeit erfaßt. Als Modellvokalisationen wurden 1. dem kindlichen Vokalisationsrepertoire entsprechende Vokalisationen ohne lexikalische Bedeutung und 2. durch exakte Artikulation oder Intonation hervorgehobene Wörter definiert, die die Mutter mit oder ohne explizite Aufforderung zum Nachahmen vorführt (*Tabelle 3C*). Sie wurden nach Vokalisationstyp (Melodie, Vokal, Konsonant, Silbe/Silbenkette, Protowort, Wort) und Funktion (korrekt artikuliertes Sprachlautmodell, Lautspiel, empathische Einfühlung, bedeutungstragendes Wort) weiter differenziert und teils quantitativ (in Prozent der mütterlichen Vokalisationen) bestimmt, teils global in Bezug auf die Ausprägung eingeschätzt.

Mütterliches Nachahmungsverhalten. Stimmliche Nachahmungen eines vorangegangenen Säuglingslautes wurden zum einen quantitativ (in Prozent der kindlichen Vokalisationen) erfaßt, zum anderen vor allem nach der vorherrschenden Funktion differenziert (korrektives sprachlautbezogenes Feedback, Lautspiel, empathische Einfühlung, Nachahmen als bedeutungstragendes Wort, syntaktisch expansives Nachahmen) (*Tabelle 3C*).

Auswertung des Interaktionskontextes

Um die kommunikativen Funktionen der mütterlichen und kindlichen Äußerungen in Bezug auf den Interaktionskontext zu untersuchen, wurden die strukturellen Vokalisationsanalysen durch Sprachinhaltsanalysen und Verhaltensmikroanalysen nicht-stimmlicher Verhaltensformen ergänzt. Dabei zeigte sich, daß sich eine relativ begrenzte Zahl umschriebener, einfach strukturierter Interaktionskontexte (Interak- tionsrahmen) trotz aller individuellen Vielfalt auffallend regelmäßig und häufig wiederholen. Sie zentrieren sich im ersten Halbjahr vor allem auf Befindlichkeit, Blickverhalten, Vokalisationen, Mimik und motorische Verhaltensformen des Kindes. Im zweiten Halbjahr werden sie zunehmend durch Kontexte abgelöst, die durch das wachsende Interesse des Kindes für Gegenstände und Personen in der Umwelt bestimmt werden, sowie durch seine zunehmenden integrativen und kommunikativen Kompetenzen.

Die Kontexte werden vielfach bereits im Inhalt der mütterlichen Äußerungen reflektiert, der den Fokus der mütterlichen Aufmerksamkeit anzeigt. Die wichtigsten Komponenten der Interaktionsrahmen sind jedoch auf der einen Seite Signale der Befindlichkeit, Aufmerksamkeit und Verhaltensbereitschaften des Kindes, auf der anderen Seite die nicht-stimmlichen intuitiven Verhaltensanpassungen der Mutter, mit denen sie den jeweiligen Kontext unwillkürlich zu einem Einübungsrahmen gestaltet, in dem das Kind sein Verhalten entfalten, erproben und integrieren kann. Die häufigsten Kontexte der intuitiven Früherziehung schließen ein: *"Unterstützen der affektiven Verhaltensregulation"* durch Beruhigen und Trösten bzw. Anregen der Aufmerksamkeit, *"Unterstützen des Blickkontaktes"*, *"Anregen zum stimmlichen Dialog"*, *"kontingentes Belohnen"*, *"Anregen mimischer Reaktionen"*,

"Anregen gezielter motorischer und gestischer Verhaltensformen", "Gemeinsames Ausrichten der Aufmerksamkeit auf Gegenstände, Personen und Handlungen", "Interaktive Spielchen", "Kommunikative Routinen", und *"Einüben kontextbezogener Wörter" (Tabelle 3D).* (Ausführliche Beschreibung der Kontexte und ihrer Auswertung s. Papoušek et al., 1991).

Statistische Datenbearbeitung

Schwerpunkt und Ziel der vorliegenden Arbeit liegen in einer möglichst umfassenden, aber überwiegend deskriptiven Bestandsaufnahme kindlicher und mütterlicher Verhaltensmuster, die zum Verständnis der vorsprachlichen Kommunikationsprozesse und ihrer Bedeutung für den Spracherwerb beitragen können. Der Hauptbeitrag liegt in der Identifikation und strukturellen Analyse von interaktiven Verhaltensparametern, die lange Zeit der wissenschaftlichen Aufmerksamkeit entgangen waren.

Die mikroanalytische Vorgehensweise führt zu einer großen Zahl von Parametern der kindlichen Vokalisationsentwicklung und von Verhaltensmustern auf seiten der Mutter in Bezug auf die linguistischen und prosodischen Aspekte der Sprache, auf die mütterliche Responsivität gegenüber kindlichen Vokalisationen und auf die Gestaltung des Interaktionskontextes. Dabei wurde wegen der besonderen Zielsetzung und Aufwendigkeit der Analysen auf interaktionsunabhängige Evaluationen von weiteren wichtigen Einflußgrößen bezüglich des Spracherwerbs verzichtet: auf Einflußgrößen wie Entwicklungsquotient des Kindes, Intelligenzquotient und Ausbildungsgrad der Eltern, Häufigkeit von dyadischen Interaktionen im Alltag, häusliches Milieu, Interaktionen mit anderen Bezugspersonen, mütterliche Einstellung, Erziehungserfahrung, u.a..

Die Arbeit resultiert in komplexen Verhaltensprofilen, die sowohl individuell als auch altersbedingt variieren. Zu der individuellen Variabilität tragen auch die relativ kurzen Aufnahmezeiten bei, in denen nicht immer das gesamte Verhaltensrepertoire von Mutter und Kind zur Geltung kommen konnte. Die Stichprobe ist - gemessen an dem Aufwand der Verhaltensmikroanalysen - ungewöhnlich groß, jedoch - bezogen auf die Aufnahmezeiten und gemessen an der Anzahl der Variablen und an der hohen individuellen Variabilität - bei weitem zu klein. Eine Reduktion der Variablen mit Hilfe von Faktoren- oder Clusteranalysen ist wegen der Begrenztheit der Stichprobe nicht angemessen.

In Bezug auf die Zielsetzung und die Datenstruktur bietet eine Beschränkung auf deskriptive Statistiken zunächst den sinnvollsten Weg. Darüber hinausweisende Verfahren werden ebenfalls nur deskriptiv und nicht inferenzstatistisch eingesetzt und interpretiert. Folgende Verfahren wurden eingesetzt: 1. Mittelwert und Standardabweichung im Querschnitt jeder Altersstufe für sämtliche Variablen; 2. Mittelwertvergleiche in Bezug auf das Alter des Kindes mit Hilfe von univariaten einfaktoriellen Varianzanalysen, Trendanalysen und paarweisen Altersstufenvergleichen (nach Duncan); 3. Spearman Rangkorrelation.

In einem systemischen Forschungsansatz scheiden für die Zusammenhangsanalyse von kindlichen und mütterlichen Verhaltensparametern alle auf linearen Modellen beruhenden Verfahren aus. Die Verhaltensformen sind Teil eines dynamischen, in Entwicklung begriffenen Interaktionssystems und lassen sich weder als prädiktive Faktoren noch als abhängige Zielvariablen auf sinnvolle Weise isolieren. Insbesondere ist es ohne interaktionsunabhängige Variablen nicht möglich, aus den summarischen Interaktionsdaten allein mütterliche und kindliche Prädiktorvariablen voneinander zu trennen. Aufwendige interaktionsanalytische Modellverfahren mit Hilfe von Zeitserien- und Kontingenzanalysen oder loglinearen Methoden erlauben zwar, für einzelne Interaktionen den Einfluß beider Partner und ihrer Wechselbeziehung auf den Interaktionsablauf getrennt zu ermitteln; diese Verfahren sind aber nur für wenige, einander ausschließende Verhaltensparameter anwendbar (Bakeman & Gottman, 1987; Sackett, 1987).

Trotz der derzeit nicht lösbaren methodischen Probleme wird der Versuch unternommen, Zusammenhänge zwischen vorsprachlicher Kommunikation im Vorsilben- und Silbenalter und Beginn des Spracherwerbs im engeren Sinn explorativ zu analysieren und zu beschreiben. Von den möglichen Zielvariablen (wie z.B. Sprachverständnis, kommunikative Fähigkeiten, pragmatische Fähigkeiten) wurde der interaktive Wortschatz der Kinder mit 15 Monaten als Zielvariable ausgewählt, nicht zuletzt wegen der Vergleichsmöglichkeiten mit entsprechenden Daten in der Literatur. Die Stichprobe wurde nach der Größe des Wortschatzes mit 15 Monaten in drei gleich große Gruppen von je 6 Mutter-Kind-Paaren aufgeteilt. Der interaktive Wortschatz betrug im Mittel in Gruppe A 4.8 Wörter (sd 3.3); in Gruppe B 13.4 Wörter (sd 3.3); in Gruppe C 29.0 Wörter (sd 9.9). Die Gruppe mit dem niedrigsten Wortschatz (relativ später Sprachbeginn) wurde mit der Gruppe mit dem höchsten Wortschatz (relativ früher Sprachbeginn) in Bezug auf mütterliche und kindliche Verhaltensformen im Vorsilbenalter, Silbenalter und beginnenden Sprachalter verglichen (Mann-Withney U-Test). Die gleichen Verhaltensformen würden über die Gesamtstichprobe mit dem Wortschatz mit 15 Monaten korreliert (Pearsson Moment-Produkt-Korrelation). Die Daten für die mütterlichen Verhaltensformen wurden zuvor über die jeweils drei Beobachtungen im Vorsilbenalter (2, 3 und 5 Monate) und Silbenalter (7, 9 und 11 Monate) bzw. über die beiden Beobachtungen zu Beginn des ersten Lebensjahres (13 und 15 Monate) gemittelt.

Von den Grundlauten zum ersten Wort: Entwicklung des interaktiven Lautrepertoires

Untersuchungsergebnisse: Vokalisationsrepertoire vom 2. bis 15. Monat

Vokalisationsrate

Die kindliche Vokalisationsrate schwankte zwischen 2 und 15 Monaten um einen Gesamtmittelwert von 10.4 Vokalisationen pro Minute (sd 5.6) ohne signifikante Unterschiede zwischen den Altersstufen, jedoch mit einer hohen individuellen Streubreite zwischen 5.2 pro Minute (sd = 3.7) und 16.7 pro Minute (sd = 4.6). Die individuelle Vokalisationsbereitschaft schwankte von Aufnahme zu Aufnahme in Abhängigkeit von Befindlichkeitszustand und Interaktionsbereitschaft des Kindes. Die individuellen Unterschiede waren vom zweiten zum dritten Halbjahr annähernd stabil (r = .55*), nicht jedoch vom ersten zum zweiten und vom ersten zum dritten Halbjahr. Die Mädchen vokalisierten mit 9.5 Lauten pro Minute (sd 5.0) geringgradig weniger als die Jungen mit 11.6 Lauten pro Minute (sd 6.1) (Unterschied n.s.).

Vokalisationstypen

Die Entwicklung der präsyllabischen Vokalisationstypen und der Silben und Wörter ist in den *Abbildungen 1* und *2* dargestellt. Die *Abbildungen 3* und *4* illustrieren für die einzelnen Altersstufen, welcher Anteil der Kinder die jeweiligen Lauttypen benutzte.

Die *Grundlaute* waren mit 2 Monaten der vorherrschende Lauttyp (47.9%; sd 21.5%). Sie fielen vom 2. bis 15. Monat linear ab (p <.0001). Die erste signifikante Abnahme erfolgte bereits zwischen 2 und 3 Monaten, weitere Abnahmen lagen zwischen 3 und 7 und zwischen 5 und 15 Monaten. Die *vokalartigen Laute* folgten einem ähnlichen altersabhängigen Verlauf (p= <.0001) mit einem frühen Maximum im 2. Monat (26.7%; sd 11.9%) und signifikantem Rückgang vom 2. bis 5. Monat. Die *melodisch modulierten Laute* erreichten im 3. Monat ihr Maximum (26.7%; sd 10.3%) und ließen von da an einen flachen, aber signifikanten Abwärtstrend ohne Stufen zwischen benachbarten Altersgruppen erkennen (p <.0001). Die *explorativen Laute* nahmen nach den ersten Vorboten im 2. Monat steil zu und wurden im 5. Monat zum vorherrschenden Lauttyp (30.6%; sd 25.8%). Danach fielen sie zwischen dem 5. und 7. Monat sehr rasch, danach langsam und kontinuierlich ab und waren mit 15 Monaten nur noch sporadisch zu finden (4.1%; sd 4.1%). Die *emotionalen stimmlichen Äußerungen* machten im Gesamtmittel nur 7.4% der Vokalisationen aus, wiesen aber große individuelle Unterschiede auf (sd 12.3%).

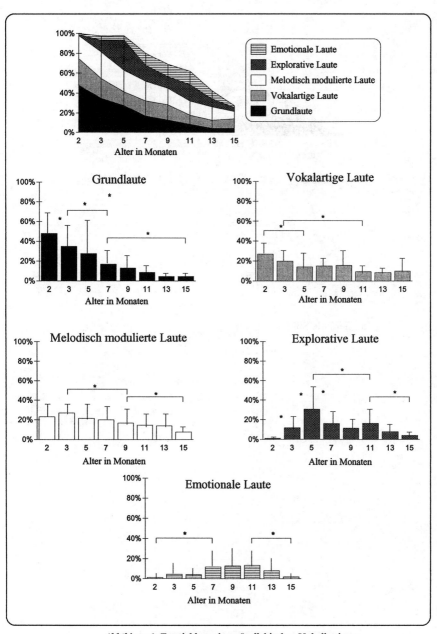

Abbildung 1: Entwicklung der präsyllabischen Vokalisationen
(mittlere % der kindlichen Vokalisationen)

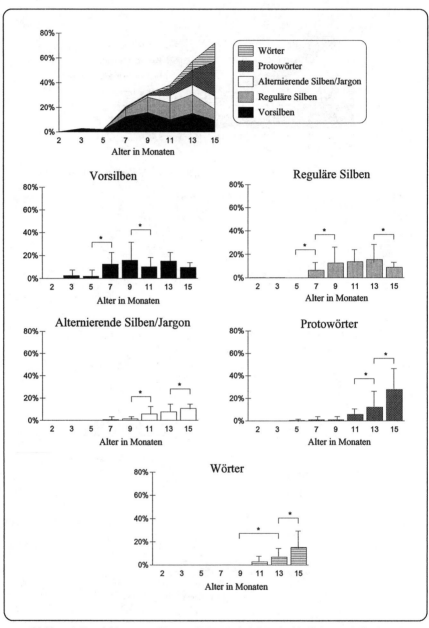

Abbildung 2: Entwicklung von Silben und Wörtern (mittl. % der kindlichen Vokalisationen)

Sie kamen vom 7. bis 11. Monat signifikant häufiger vor (Maximum im 11. Monat mit 13.4%; sd 11.6%) als in den vorausgehenden und nachfolgenden Monaten.

Mit 7 Monaten begann nach sporadischen Vorboten im ersten Halbjahr relativ plötzlich eine neue Phase, die durch eine rasche Zunahme von Vorsilben und regulären Silben und ersten Protowörtern bereichert wurde (*Abbildung 2* und *4*). Die Summe der präsyllabischen Lauttypen beherrschte jedoch das interaktive Lautrepertoire weiterhin bis zum 11. Monat, und selbst im 15. Monat machte sie noch ein Drittel der Vokalisationen aus (*Abbildung 1*).

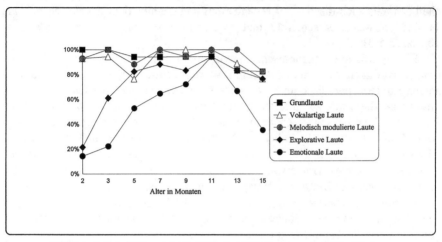

Abbildung 3: Entwicklung der präsyllabischen Vokalisationen: Anteil der Kinder

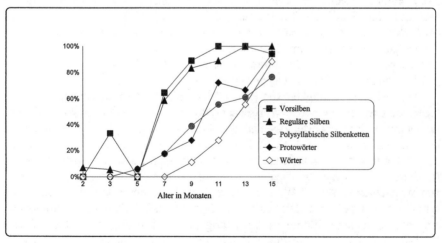

Abbildung 4: Entwicklung von Silben und Wörtern: Anteil der Kinder

Die *Vorsilben* nahmen zwischen 5 und 7 Monaten signifikant von 1.9% (sd 5.1%) auf 12.5% (sd 10.1%) zu. Die *regulären Silben* zeigten im 7. Monat einen ersten signifikanten Anstieg (6.3%; sd 7.7%), einen weiteren im 9. Monat (12.5%; sd 14.0%). Der Anteil der regulären Silben am interaktiven Vokalisationsrepertoire war aber auch im zweiten Halbjahr im Mittel überraschend niedrig und trat keineswegs als vorherrschende Vokalisationsform in Erscheinung. Maximal wurden durchschnittlich nur 15.5% (sd 13.1%, im 13.Monat) erreicht, wobei einzelne Kinder während der Interaktion bis zu 50% kanonische Silben produzierten.

Alternierende Silben und *Jargon* folgten einem quadratischen Trend: sie tauchen erstmals sporadisch mit 7 Monaten auf und nahmen deutlich zwischen 9 und 11 und nochmals zwischen 13 und 15 Monaten zu (auf 5.8%; sd 5.0% bzw. 10.8%; sd 5.0%).

Ein signifikanter quadratischer Trend ergab sich auch für die mittlere Gebrauchshäufigkeit von Protowörtern und Wörtern. *Protowörter* erschienen bei einzelnen Kindern sporadisch im 5., 7. und 9. Monat und nahmen danach im Gruppenmittel von Altersstufe zu Altersstufe sprunghaft bis auf 27.7% (sd 18.2%) zu. Erste *Wörter* tauchten bei einzelnen Kindern mit 9 Monaten im Repertoire auf, nahmen vom 11. bis 13. Monat allmählich und bis zum 15. Monat sprunghaft auf 15.2% (sd 15.2%) zu. Unter den Protowörtern und Wörtern gingen *Interaktionswörter* den Personen- und Objektnamen voraus. Sie wurden von einzelnen Kindern vom 5. bis 9. Monat sporadisch benutzt und stiegen bis zum 15. Monat auf 25.7% (sd 18.3%).

Personen-/Objektnamen folgten um 2 Monate später, vom 7. bis 11. Monat sporadisch bei einzelnen Kindern und danach in einem relativ steilen Anstieg bis auf 17.2% (sd 20.5%) mit 15 Monaten.

Der *Gesamtwortschatz* blieb bis zum 11. Monat im Mittel sehr niedrig (0.3 bis 3.6 Wörter) und nahm erst zwischen 11 und 13 Monaten und zwischen 13 und 15 Monaten signifikant auf 8.2 Wörter (sd 5.4) bzw. 16.9 Wörter (sd 11.6) zu (*Abbildung 5*). Der Wortschatz an Interaktionswörtern bildete sich sowohl bei einzelnen Kindern wie auch im Gesamtmittel um 2 Monate früher als der Wortschatz an Personen- und Objektnamen (mit 13 Monaten 5.2, sd 3.8; gegenüber 2.9, sd 2.6; mit 15 Monaten 9.9; sd 7.2; gegenüber 6.9; sd 6.2).

Die Gebrauchshäufigkeit von Protowörtern und Wörtern im interaktiven Lautrepertoire und der interaktive Wortschatz (Anzahl unterschiedlicher Wörter) ließen im Gruppenmittel erwartungsgemäß gleichlaufende signifikante Alterstrends erkennen (*Abbildung 2* und *5*). Auf individuelle Kinder bezogen stimmten Gebrauchshäufigkeit und Wortschatz jedoch nicht in allen Fällen miteinander überein. Im Extremfall brachte ein einzelnes Kind mit 15 Monaten einen sehr kleinen aktiven Wortschatz von nur 3 Wörtern in der Kommunikation sehr effektiv zum Einsatz (53 mal; type-token Relation = .06; Wortgebrauch 72% der Vokalisationen); ein anderes benutzte Wörter ebenso häufig (52 mal), hatte jedoch den 6-fachen Wortschatz (18 Wörter; type/token Relation = .35; Wortgebrauch 58.2% der KV). Ein drittes machte nur sehr selten von Wörtern Gebrauch (6mal; Wortgebrauch

35.3% der KV), hatte aber immerhin einen aktiven Wortschatz von 6 Wörtern (type/token Relation = 0.50).

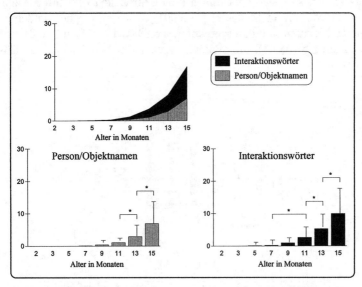

Abbildung 5: Entwicklung des interaktiven Wortschatzes (Anzahl verschiedener Wörter)

Insgesamt waren Wortschatz und Wortgebrauch sehr stark gestreut: der Gesamtwortschatz schwankte interindividuell im Alter von 15 Monaten zwischen 0 und 45 Wörtern (Interaktions- und Person/Objekt-Wortschatz je zwischen 0 und 26), die Gebrauchshäufigkeit variierte zwischen 0 und 79.2% der Vokalisationen für sämtliche Protowörter und Wörter, zwischen 0 und 72.0% für Interaktionswörter und zwischen 0 und 63.9% für Person/Objektnamen.

Artikulationsmerkmale

Im kindlichen Lautrepertoire nahm der mittlere Anteil von Lauten mit vokalartigen, konsonantartigen und/oder melodischen Modulationen vom 2. bis 15. Monat signifikant zu (*Abbildung 6*). Laute mit *vokalartigen Elementen* herrschten in allen Altersstufen vor und stiegen linear von anfangs 67.1% (sd 10.8%) auf 89.4% (sd 10.8%; p <.0001). Laute mit *melodischen Modulationen* fanden sich im Repertoire von 2-Monatigen in 29.6% der Laute (sd 20.7%), sie nahmen bis zum 5. Monat signifikant zu (53.8%; sd 28.4%), und stiegen erneut zwischen 7 und 13 Monaten bis auf 76.1% an (sd 17.3%; p <.0001). Laute mit *konsonantartigen Elementen* waren im Alter von 2 Monaten noch sehr selten (11.4%; sd 11.3%), sie nahmen bis zum 5. Monat bereits auf 41.2% zu und erreichten nach weiteren signifikanten Zuwächsen zwischen 5 und 11 und zwischen 9 und 15 Monaten 72.3% (sd 19.8%) im 15. Monat (p <.0001).

Unter den *vokalartigen Elementen* überwogen durchgehend bei weitem die Artikulationsmerkmale *zentral-mitte vorn* und *tief vorn* (Abbildung 7). Während diese von 5 bis 15 Monaten stetig abnahmen (von 67.0%; sd 25.1% mit 5 Monaten auf 42.3%; sd 20.6% mit 15 Monaten; p <.0001), wuchsen die tief vorderen Vokale von 2 bis 15 Monaten stetig an (von anfangs 6.8%; sd 12.6% auf 46.8%; sd 14.0% mit 15 Monaten; p <.0001). Anteilmäßig verschob sich dabei das Verhältnis der

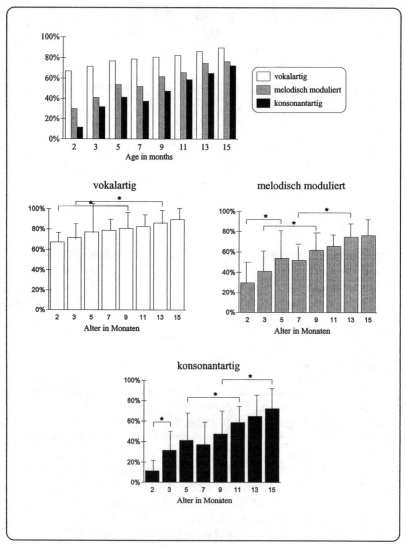

Abbildung 6: Entwicklung basaler artikulatorischer Merkmale
(mittlere % der kindlichen Vokalisationen)

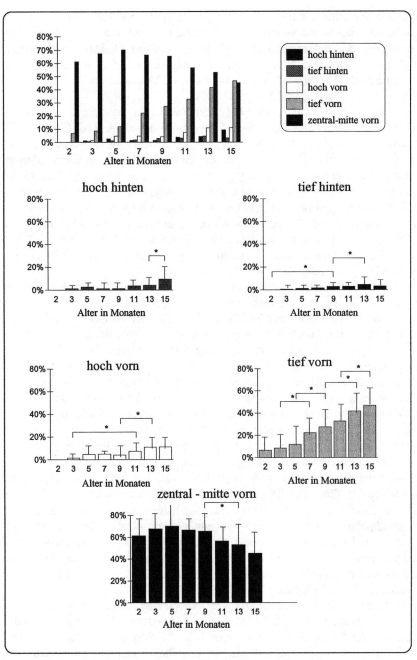

Abbildung 7: Entwicklung vokalartiger Elemente: Zungenhöhe und Zungenstellung
(mittlere % der kindlichen Vokalisationen)

Vokanten von zentral-mitte vorn / / zugunsten tief vorn (/a/). Hohe vordere und hintere Vokanten waren vergleichsweise selten, tauchten aber bereits wiederholt in den Vokalisationen der explorativen Phase auf. Ein signifikanter Anstieg fand sich bei den *vorderen hohen* Vokanten (/e/, /i/) zwischen 9 und 13 Monaten auf insgesamt 11.3% (sd 11.8%), bei den *hinteren oberen* Vokanten (/u/) zwischen 13 und 15 Monaten auf insgesamt 9.5% (sd 11.6%).

Unter den *konsonantartigen Elementen* überwogen zunächst die *hinteren* Klosanten, die mit 5 Monaten ihren Höhepunkt erreichten (36.5%; sd 28.6%) (*Abbildung 8*). Wie aus den Abbildungen 10 bis 13 hervorgeht, waren dies vor allem glottale Frikative (/h/) und die für die "Gurrlaute" typischen velopharyngealen Artikulationen, weiche Plosive (/g/), Nasale (/ng/) und Trills (/r/). Die glottalen und frühen velopharyngealen Artikulationen nahmen bereits nach dem 5. und bis zum 15. Monat signifikant ab. Mittlere und vordere Klosanten tauchen sporadisch vom 2. Monat an auf. Die *mittleren* Klosanten steigen kontinuierlich bis auf M = 49.4% an (sd 23.5%), mit besonders steilem Zuwachs vor dem 13. Monat. Die *vorderen* Klosanten zeigten einen kontinuierlichen Zuwachs bis auf 27.8% (sd 18.4), mit dem Hauptzuwachs vor dem 9./11. Monat.

Eine Differenzierung der Klosanten nach dem *Artikulationsmodus* (*Abbildung 9*), ergab, daß im ersten Halbjahr und bis zum 9. Monat die *Frikative* überwogen (Maximum im 5. Monat mit 32.0%; sd 24.4%). Den Hauptanteil der Frikative machten in diesen Altersstufen hintere (überwiegend glottale, z.B. /h/) Klosanten aus (*Abbildung 10*). Vordere Frikative stiegen erst zwischen 7 und 11 Monaten signifikant an, mittlere Frikative zwischen 5 und 9 und zwischen 9 und 13 Monaten. Der nächst häufige Artikulationsmodus bestand aus *Plosiven*, die sporadisch mit 2 Monaten auftauchten und vom 7. Monat an rasch und stetig bis auf 46.4% (sd 22.7%) anstiegen (Abbildung 9). Ein besonders starker Zuwachs fand sich zwischen 11 und 13 Monaten. Unter den präsyllabischen Plosiven überwogen die hinteren und vorderen, während im 2. Halbjahr die mittleren (dentalen) Plosive einen steilen Anstieg erfuhren (*Abbildung 11*). *Nasale* kamen in den präsyllabischen Lauten vergleichsweise selten, aber regelmäßig vor, vor allem als hintere Nasale (*Abbildung 12*). Einen deutlichen signifikanten Zuwachs erfuhren die vorderen und mittleren (bilabialen und apikalen) Nasale zwischen 9 und 11 Monaten. *Trills* waren durchgehend selten, waren aber regelmäßig vor allem als hintere Trills schon in der Phase der Gurrlaute zu finden, als bilabiale Trills in der explorativen Phase. *Glides* waren ebenfalls selten, der Hauptanstieg lag zwischen 13 und 15 Monaten. *Laterale* waren sporadisch bei einem Teil der Kinder, vor allem zwischen 7 und 13 Monaten zu finden (*Abbildung 9*).

Unter den *melodischen Konturen* überwog gleichbleibend die *Grundkontur* mit einem Gesamtmittel von 23.5% (sd 13.6%) (Abbildung 13). Deutlich modulierte *steigend-fallende* Konturen nahmen vom 2. bis 15. Monat stetig zu bis auf 26.9% (sd 17.9%), mit signifikanten Anstiegen zwischen 2 und 5 und zwischen 5 und 7

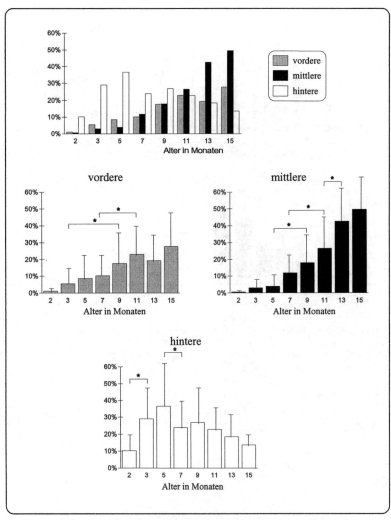

Abbildung 8: Entwicklung konsonantartiger Elemente: Artikulationsstelle
(mittl. % der kindlichen Vokalisationen)

Monaten. *Steigende* Konturen nahmen ebenfalls bereits im ersten Halbjahr allmählich auf 8.7% (sd 9.6%) zu und zeigten zwischen 13 und 15 Monaten nochmals einen signifikanten Anstieg von 12.8% (sd 7.7%) auf 21.3% (sd 19.9%). *Komplexe,* mehrfach auf- und absteigende Konturen waren insgesamt seltener, nahmen im 5. Monat auf 5.3% (sd 6.2%) und nochmals im 11. Monat auf 8.3% (sd 4.5%) zu.

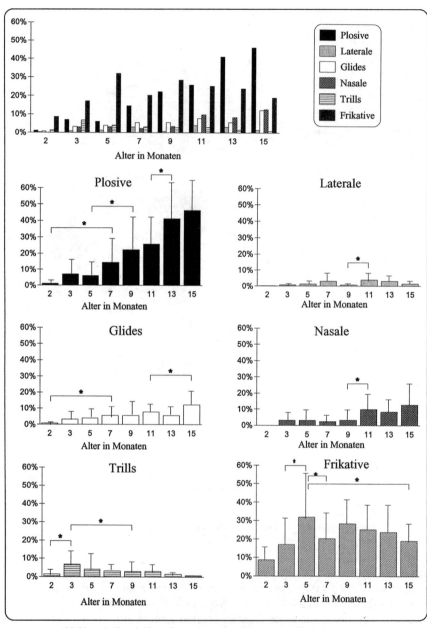

Abbildung 9: Entwicklung konsonantartiger Elemente: Artikulationsmodus (mittl. % der kindlichen Vokalisationen)

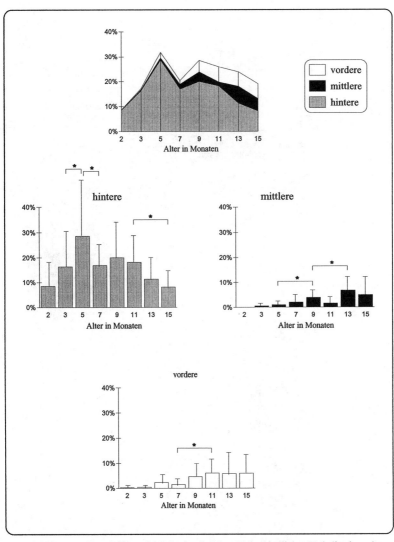

Abbildung 10: Entwicklung der Frikative (mittlere % der kindlichen Vokalisationen)

"Meilensteine" und "Stadienkonzepte" der Vokalisationsentwicklung

Die Daten über das interaktive Lautrepertoire von 18 gesunden Säuglingen von 2 bis 15 Monaten stimmen trotz der relativ begrenzten Vokalisationsstichproben mit dem in der Literatur beschriebenen Entwicklungsablauf erstaunlich gut überein. *Tabelle 4* gibt einen Überblick, in welchem Alter die einzelnen Vokalisationstypen von welchem Anteil der Säuglinge produziert wurden (s. auch *Abbildung 3* und *4*).

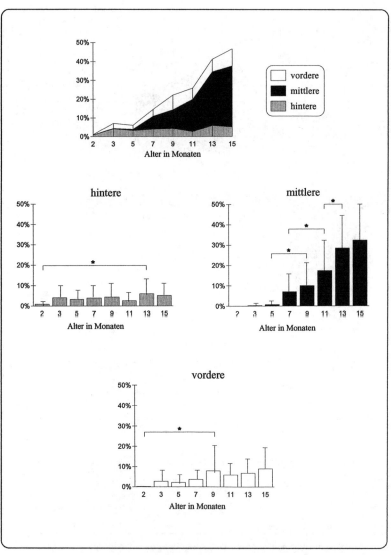

Abbildung 11: Entwicklung der Plosive (mittlere % der kindlichen Vokalisationen)

Es fällt auf, daß die Vokalisationsformen, selbst in der optimalen Altersstufe (rechte Spalte: Alter mit maximaler durchschnittlicher Häufigkeit), nicht immer von allen Säuglingen produziert wurden. Dies beruht nicht nur auf individuellen Unterschieden im Entwicklungstempo, sondern auch auf der Kürze der Aufnahmezeit, in der die Kinder nicht immer in gleichem Maße vokalisationsbereit waren und daher möglicherweise nicht ihr gesamtes Repertoire zur Geltung kam.

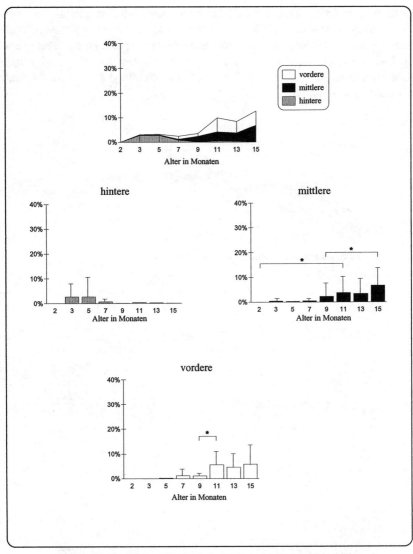

Abbildung 12: Entwicklung der Nasale (mittl. % der kindlichen Vokalisationen)

In *Tabelle 4* wird im Auftreten und zeitweisen Vorherrschen der einzelnen präsyllabischen, syllabischen und frühlexikalischen Vokalisationstypen eine deutliche Sequenz erkennbar. Diese Sequenz spiegelt vor allem eine wachsende Kontrolle über basale Mechanismen der Phonation und Artikulation und eine zunehmende Sprachähnlichkeit der Vokalisationen wieder. Der einfachen Stimmgebung in den Grund- und vokalartigen Lauten mit Kontrolle von Atmung und Stimmlippenaktivität folgen frühe Frequenzmodulationen und primitive glottale und velare Artikulationen in den melodisch modulierten Lauten, und spielerisches Erproben von Dauer, Intensität, Melodik und Klangfarbe in den explorativen Lauten (*Tabelle 5 A*). Dabei werden auch die Resonanzeigenschaften der zentralen und vorderen Vokale ausgelotet und ein breites Potential von supralaryngealen Lautbildungen und Vorsilben ausprobiert.

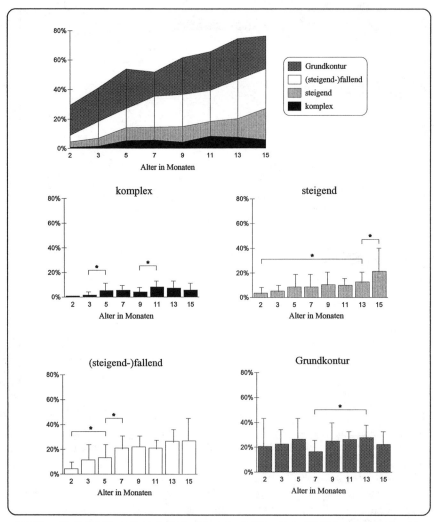

Abbildung 13: Entwicklung der melodischen Konturen (mittlere % der kindlichen Vokalisationen)

Tabelle 4: Entwicklung des interaktiven Lautrepertoires (% der Kinder)

Vokalisationsform	Alter der Kinder in Monaten								Alter bei max. Häufigkeit
	2	3	5	7	9	11	13	15	
Grundlaute	100	100	94	94	94	94	83	82	2
Vokalartige Laute	93	94	77	100	100	100	89	76	2
Melodisch moduliert	93	100	88	100	94	100	100	82	3
Explorative Laute	21	61	82	88	83	94	83	76	5
Emotionale Laute	14	22	53	65	72	94	67	35	11
Vorsilben	0	33	23	65	89	89	89	94	9
Reguläre Silben	7	6	0	59	83	89	94	94	13
Alternierende Silben	0	0	0	18	39	55	61	76	15
Protowörter	0	0	6	18	28	72	67	94	15
Wörter	0	0	0	0	11	28	76	88	15

Stadienfolge nach Kent & Murray, 1982; Oller, 1980; Stark, 1981

    Stimmgebung

        Frühe Modulationen

            Exploration des Stimmtraktes

                Reguläre Silben

                    Alternierende Silben

                        Protowörter

                            Wörter

Stadienfolge nach Koopmans-van Beinum & van der Stelt, 1986

    Ununterbrochene Phonation

        Unterbrochene Phonation

            Phonation mit einer artikulatorischen Bewegung

                Variation der Stimmgebung

                      Wiederholte artikulatorische Bewegung

                        Bedeutungstragende Wörter

Stadienfolge nach Holmgren et al., 1986

    Glottale Artikulationen

        Supratracheale Artikulationen

Die präsyllabischen Laute werden allmählich von den Silbenlauten abgelöst, die als universelle minimale rhythmische Einheit allen lebenden Sprachen gemeinsam sind (*Tabelle 5 B*) (Oller und Eilers, 1992). Die kanonischen Silben weisen auf die zunehmende Beherrschung rhythmisch wiederholter Konsonant-Vokal-Verbindungen hin, während in den alternierenden Silbenfolgen Silbenkombinationen, Konsonantencluster und überlagerte Betonungs- und Intonationsmuster eingeübt werden.

Parallel dazu erscheinen sowohl Protowörter mit idiosynkratischen Laut-Bedeutungs-Assoziationen und Wörter mit muttersprachenspezifischen phonetischen Kontrasten und konventionellen Laut-Bedeutungs-Assoziationen, aber auch melodische und rhythmische Phrasen, die gewissermaßen als Vorstufen des Singens erprobt werden (*Tabelle 5 C*) (Papoušek & Papoušek, 1981e).

Tabelle 5: Stadienspezifische Einübung artikulatorischer Fähigkeiten

A Vorsilbenstadium: "Gurren"	Einübung universeller Artikulationsmerkmale
Stimmhafte Grundlaute	Phonation
Vokalartige Laute	Resonanz
Melodisch modulierte Laute	Frequenzmodulation, konsonantartige Modulation
Explorationslaute	Frequenzumfang, Intensität, Klangfarbe, Dauer/Rhythmus, Modulationen mit Lippen, Zunge, Speichel, Fingern im Mund u.a.
B Silbenstadium: "Plappern"	**Einübung der universellen Grundeinheit der Sprachen "Minimal rhythmic unit"**
Vorsilben	Konsonant-Vokal-Verbindung
Reguläre Silben	Universelle Sprachlautkontraste (bes. Plosive)
Silbenwiederholungen	Segmentierung der Stimmgebung zeitlich-rhythmische Regularität
Silbenkombinationen	Wechsel von Sprachlautkontrasten
Jargon	Phrasierung, Betonung, Prosodik der Muttersprache
C Einwortstadium	**Einübung der Phonologie der Muttersprache**
Protowörter	muttersprachenspezifische Lautkontraste Lautkontraste als Bedeutungsträger (Phoneme) + idiosynkratische Assoziation von Lautmuster und Bedeutung
Wörter	+ konventionelle Assoziation von Lautmuster und Bedeutung
Einwortsätze	+ Satzintonation

Wie *Tabelle 4* verdeutlicht, stimmen die Daten über das interaktive Lautrepertoire weitgehend mit den Stadien der Vokalisationsentwicklung überein, wie sie in neueren Untersuchungen unabhängig voneinander definiert und beschrieben wurden (Holmgren et al., 1986; Kent & Murray, 1982; Koopmans-van Beinum & van der

Stelt, 1986; Oller, 1980; Roug, Landberg, & Lundberg, 1989; Stark, 1980). Diese unterscheiden sich von der vorliegenden Studie durch kleinere Fallzahlen, aber größere, vom Kontext isolierte Lautstichproben.

Von den meisten Autoren werden vor dem Stadium der bedeutungstragenden Protowörter und Wörter fünf vorsprachliche Stadien der Vokalisationsentwicklung unterschieden:

1. Stimmgebung ("Phonation", Oller, 1980);
2. frühe Modulationen ("Gurrlaute", Lewis, 1936; "Cooing", Stark, 1978; "Gooing", Oller, 1980);
3. Exploration des Stimmtraktes ("Spiel mit der Stimme", Stark, 1980 und Papoušek & Papoušek, 1981e; "Expansion", Oller, 1980; Stark & Bond, 1985);
4. reguläre Silben ("kanonische Silben", Oller, 1986; "repetitives Silbenplappern", Stark, 1980);
5. alternierende Silben ("variegated babbling ", Stark, 1980; "zweite Expansion", Stark & Bond, 1985; "Jargon", Menn, 1978; "Spiel mit komplexen Lautmustern", Papoušek u. Papoušek, 1981e).

Holmgren und Mitarbeiter (1986) zeigten in Längsschnittstudien bei 8 Säuglingen, daß ein Stadium überwiegend glottaler Artikulationen im ersten Halbjahr um die 30. Woche relativ abrupt durch ein Stadium überwiegend supraglottaler Artikulationen abgelöst wird. Koopmans-van Beinum und van der Stelt (1986) analysierten die phonatorischen und artikulatorischen Grundbewegungen mit Hilfe eines eigenen Transkriptionssystems und fanden in Pilotstudien eine systematische Abfolge

1. von ununterbrochener Stimmgebung während eines Atemzyklus;
2. von unterbrochener Stimmgebung während eines Atemzyklus (1. Meilenstein);
3. Stimmgebung mit einer artikulatorischen Bewegung (2. Meilenstein);
4. Stimmgebungsvariationen; und
5. und wiederholte Artikulationsbewegungen während eines Atemzyklus (3. Meilenstein).

Diese Stadiensequenz bestätigte sich in einer nachfolgenden Untersuchung von 70 Säuglingen auf der Grundlage von gezielten Befragungen der Mütter.

Die systematische Abfolge präverbaler Vokalisationsstadien wird auf einen angeborenen Reifungsplan zurückgeführt, der in seiner Abfolge im wesentlichen nicht durch Art und Umfang der Umweltstimulation beeinflußt wird und in bestimmten Meilensteinen die Fortschritte der neuromotorischen Reifung anzeigt (Locke, 1983; 1990).

Das Konzept der Stadien oder Meilensteine in der Vokalisationsentwicklung hat vor allem in der klinischen Frühdiagnostik Anklang gefunden. Es verleitet zu der Annahme, aus frühen Meilensteinen seien verläßliche Voraussagen über die Sprachentwicklung möglich (Coplan et al., 1982; Herzka, 1979). Die eigenen

Daten über das interaktive Lautrepertoire werfen jedoch die Frage auf, wie sinnvoll es ist, an diesem Konzept festzuhalten. Auch andere Autoren betonen zum einen die Schwierigkeit, beim individuellen Kind Beginn und Dauer der einzelnen Stadien genau festzulegen (Stark, 1981) und zum anderen der individuellen Variabilität innerhalb der einzelnen Stadien gerecht zu werden (Kent & Murray, 1982). Es fehlen Untersuchungen, die die Berechtigung eines Stadienkonzeptes nach angemessenen Kriterien systematisch überprüfen: Invarianz der Stadienfolge, Integration und Konsolidierung beim Übergang von Lauten eines Stadiums in das folgende, und Einheitlichkeit des Lautrepertoires innerhalb eines Stadiums (Kent & Murray, 1982). Darüberhinaus fehlt es an prospektiven Untersuchungen mit ausreichend großen Stichproben, die - von den Meilensteinen ausgehend - den weiteren Verlauf der Sprachentwicklung erfassen und damit verläßliche Grundlagen für die Prognose und Frühdiagnostik der Sprachentwicklung schaffen.

Gerade im interaktiven Lautrepertoire, in dem die funktionellen und kommunikativen Aspekte der Vokalisationen weitaus mehr als in den Monologen zum Tragen kommen, treten die Meilensteine kaum hervor. Dies gilt insbesondere für die regulären Silben, die in der Interaktion mit der Mutter relativ selten sind und meist als Einzelsilben vorkommen, in ihrer typischen Form monologisch-monomaner Silbenketten jedoch den Dialog gewöhnlich unterbrechen und die Mutter zum Zuhören ohne aktives Eingreifen bewegen. Die Übergänge vom Vorherrschen einer Vokalisationsform zur nächsten sind fließend. Die einzelnen Vokalisationsformen erreichen zwar in einer bestimmten Altersspanne einen relativen Höhepunkt und sind hier bei (fast) allen Kindern zu finden. Sie sind jedoch nicht auf diese Altersspanne begrenzt, sondern werden fast ausnahmslos über die gesamte Beobachtungszeit hin beibehalten. Sie tauchen in Form sporadischer Vorläufer schon früh im Lautrepertoire auf, beherrschen in einer "konzentrierten Periode" (Stark, 1981), einer Art Einübungsphase, vorübergehend das Repertoire und erfahren anschließend eine Konsolidierung, Differenzierung oder Integration in komplexere Vokalisationsmuster oder neue kommunikative Funktionen.

So diente z.B. die Silbe /da/ bei einem Mädchen aus der Stichprobe zum Erproben einer Reihe von interessanten Funktionen. Mit 7 Monaten tauchte /da/ sporadisch als undeutlich artikulierte Vorsilbe auf, mit 9 Monaten als gut artikulierte Einzelsilbe, während sie nach Angaben der Mutter in Monologen auch in Silbenketten produziert wurde. Mit 11 Monaten beherrschte die Silbe als Einzelsilbe das interaktive Lautrepertoire: das Kind benutzte sie als stimmliche Geste mit differenzierbaren Intonationskonturen, um unterschiedliche Absichten auszudrücken, und fügt sie sinngemäß in verschiedene Routinespielchen wie *"Geben und Nehmen"*, *"Wegwerfen und Aufheben"* und *"Verstecken und Finden"* ein. Auch mit 13 und 15 Monaten blieb /da/ die beherrschende Vokalisationsform: mit 13 Monaten wurde sie in Form von Doppel- und Einzelsilben zur Hauptkomponente eines selbsterfundenen interaktiven Spielchens mit der Mutter mit offensichtlichen Regeln und Variationen; mit 15 Monaten schließlich wurde /da/ mit steigender

Melodie als Geste des Bezugnehmens zum Abfragen von Namen benutzt. Erst nach Einübung dieser verschiedenen kommunikativen Funktionen kam es bei diesem Kind zu einer raschen Zunahme des Wortschatzes.

Gelegentlich greifen Kinder auf primitivere Lautformen zurück, um neue kommunikative Funktionen einzuüben, z.B. auf die Grundlaute, die einige Säuglinge mit differenzierbaren melodischen Konturen zum Einüben der intentionalen Kommunikation und stimmlichen Gesten benutzen (Löffler, 1994; Papoušek & Papoušek, 1981e) (S. 163). Die zeitlichen und funktionellen Wechselbeziehungen zwischen artikulatorischen und kommunikativen Funktionen der Vokalisationen wurden bisher kaum erforscht. Erste Hinweise aus eigenen und anderen Beobachtungen zeigen, daß ein Fortschritt im kommunikativen Bereich oft mit einem zeitweisen Rückschritt im artikulatorischen Bereich erkauft wird (Stark, Bernstein, & Demorest, 1983). Zu einer "Regression" auf primitivere Lautformen kommt es beispielsweise auch bei besonderen Anforderungen an den kindlichen Organismus: wenn die Aufmerksamkeit des Kindes durch Entwicklungsfortschritte im Bereich der Motorik in Anspruch genommen ist, wenn die integrativen Fähigkeiten des Kindes in fremder Umgebung voll beansprucht werden, oder aber auch bei beeinträchtigtem Allgemeinbefinden und Erkrankung.

Faßt man die vorliegende empirische Evidenz zusammen, so zeichnet sich eine allgemeine Regel ab: das Kind muß einen Vokalisationsmechanismus beherrschen, bevor es ihn auf einer neuen, komplexeren Ebene konsolidieren, differenzieren oder in neue artikulatorische oder funktionelle Verhaltensmuster integrieren kann (Koopmans-van Beinum & van der Stelt, 1986). Je genauer und kontextbezogener analysiert wird, umso deutlicher wird die zeitliche und funktionelle Kontinuität zwischen den präsyllabischen und syllabischen Vokalisationsstadien und zwischen den syllabischen und frühlexikalischen Stadien (Elbers & Ton, 1985; Koopmans-van Beinum & van der Stelt, 1986; Vihman, Ferguson, & Elbert, 1986). Dies hat sich auch in den eigenen Daten deutlich bestätigt.

Statt der Ausrichtung auf Meilensteine und Reifungsplan ist heute die Frage nach den Prozessen und Mechanismen der neuropsychobiologischen Entwicklung in den Mittelpunkt des Interesses gerückt. Es geht um die Frage, wie der angeborene neuroanatomische Reifungsplan und die Lernerfahrungen des Kindes im interaktiven sozialen Kontext zusammenwirken, um durch Einübung und Automatisierung von Teilfunktionen Fortschritte in der Vokalisationsentwicklung zu ermöglichen und schließlich den Übergang von einer Ebene der Kompetenz zur nächstfolgenden zu bewirken (Locke, 1990). Diese Frage verlangt einen systemischen Ansatz, der erlaubt, die fördernden und limitierenden Kontrollvariablen zu analysieren, Partialfähigkeiten in Subsystemen aufzuspüren und die Wechselbeziehungen zwischen artikulatorischen und kommunikativen Funktionen der Lautentwicklung, zwischen ihren perzeptiven und produktiven Aspekten und zwischen Sprachangebot, Interaktionskontext und Lautrepertoire zu erfassen. Besonders wichtig ist es dabei, die in der bisherigen Forschung vernachlässigten Wechselbeziehungen zwischen der kindlichen Vokalisationsentwicklung und dem mütterlichen Kommunikationsverhalten in die Beobachtungen und Analysen einzubeziehen. Ein solcher Ansatz schließt ein, daß dem sprachlichen Angebot in der vorsprachlichen Kommunikation auf neue Weise Rechnung getragen wird.

Vokalisationsentwicklung im natürlichen Kontext der vorsprachlichen Kommunikation: Prozedurales Einüben sprachrelevanter Fähigkeiten

In den folgenden Kapiteln werden die eigenen Analysen der stimmlichen Kommunikation in Zusammenhang mit wichtigen neueren Befunden über die frühe Sprachwahrnehmung und Nachahmung des Kindes, über vorsprachliche Lern- und Denkfähigkeiten und über die intuitiven elterlichen Verhaltensanpassungen dargestellt und diskutiert. Es wird der Versuch unternommen, zu konzeptualisieren, was noch schwierig direkt zu belegen ist, nämlich die Relevanz der frühen vorsprachlichen Kommunikation für den Erwerb komplexer sprachlicher Fähigkeiten. Partialfähigkeiten von potentieller sprachlicher Relevanz werden auf der Basis von Verhaltensmikroanalysen der Mutter-Kind-Interaktion identifiziert und in ihren zeitlichen und funktionellen Zusammenhängen mit den mütterlichen Verhaltensanpassungen beschrieben. Dabei wird versucht, die natürlichen Interaktionskontexte, die natürlichen Rahmenbedingungen aufzuspüren und zu operationalisieren, die dem Kind für das prozedurale Erlernen artikulatorischer, perzeptiver, integrativer und kommunikativer Fähigkeiten in der Kommunikation mit der Mutter angeboten werden.

Die verschiedenen Bereiche der vorsprachlichen prozeduralen Lernprozesse sind in *Tabelle 6* zusammengestellt. Sie werden in den folgenden Kapiteln analysiert und diskutiert. Sie repräsentieren vor allem die Erfahrungen des ersten Lebensjahres und sind heutigen Kenntnissen nach in ihren Grundformen weitgehend unabhängig von der konkreten Muttersprache und Kultur universell zu finden. Die eigentliche Sprachentwicklung, die das "Curriculum" des zweiten und dritten Lebensjahres bestimmt, öffnet weitere Bereiche prozeduralen Lernens, erfordert jedoch zunehmend auch deklaratives Lernen und Integration von datenbasierten und sprachspezifischen Informationen in Bezug auf Wortschatz, Phonologie und Grammatik der Muttersprache.

Kontrollieren von Grundmechanismen der Lautbildung

Frühe Stimmgebung

Zu Beginn seines extrauterinen Lebens ist das menschliche Neugeborene bereits wie neugeborene Primaten mit einem potenten stimmlichen Signal ausgestattet, dem Schreien (Newman, 1985). Seiner akustischen Struktur und Signalfunktion nach ist der Schrei typischerweise nicht Teil des interaktiven Lautrepertoires in den frühen Zwiegesprächen und wurde deshalb nicht in die vorliegenden Analysen einbezogen. Der Schrei wirkt als Distanz- und Alarmsignal, das darauf angelegt ist, die soziale Umwelt bei Bedarf auch über größere Entfernung hinweg zu alarmieren (Literaturübersicht s. Papoušek, 1984 b; 1985 a; b). Er löst beim Hörer psychische

Erregung und einen meßbaren Anstieg von Blutdruck, Herzfrequenz und Schweißsekretion aus und weckt ein Bedürfnis, dem Schreien durch rasches Eingreifen ein Ende zu setzen (Boukydis & Burgess, 1982; Lester, 1985). Im interaktiven Nahbereich jedoch ist der Schrei für das menschliche Ohr schwer zu ertragen. Auch seine kommunikativen Signalfunktionen sind begrenzt, da er nur über den Grad des kindlichen Mißbehagens, nicht aber über dessen Ursachen informiert (Murray, 1979).

Tabelle 6: Bereiche prozeduralen Lernens in Kontexten der spontanen vorsprachlichen Kommunikation

1. Vorsprachliche Vokalisationsentwicklung
Kontrollieren von Grundmechanismen der Phonation und Artikulation
Spielen und kreatives Erproben des stimmlichen Potentials
Kontrollieren kanonischer Silbenfolgen
Abwechseln von Zuhören und Vokalisieren
Stimmliches Nachahmen
Intersensorisches Verknüpfen von Lautwahrnehmung und Lautproduktion

2. Integrieren von Erfahrungen in den Interaktionsrahmen der vorsprachlichen Kommunikation
Vertrautwerden mit dem mütterlichen Verhalten
Entdecken und Kontrollieren von Kontingenzen im dyadischen Kontext
Gemeinsames Ausrichten der Aufmerksamkeit auf die Umwelt
Integrieren von gemeinsamen Erfahrungen mit Objekten und Handlungen
Explorieren, Konzeptualisieren, Symbolisches Repräsentieren
Gemeinsames Bezugnehmen auf Handlungen, Gegenstände und Personen

3. Wahrnehmen und Integrieren des mütterlichen Sprachangebots
Ausrichten der Aufmerksamkeit auf die Muttersprache
Entdecken und Bearbeiten von strukturellen Einheiten in der sprachlichen Umwelt
Entdecken von Bedeutungszusammenhängen zwischen Spracheinheiten und Interaktionskontext
Vorsprachliches Entdecken und Bearbeiten sprachlicher Information

4. Entwicklung der stimmlichen Kommunikationsfähigkeiten
Instrumenteller Gebrauch von Lauten zum Beeinflussen des Partners
Kommunikativer Gebrauch von Lauten zum Mitteilen von Gefühlen, Bedürfnissen und Absichten
Assoziativer Gebrauch von Protowörtern und Wörtern in Bezug auf Handlungen, Gegenstände oder Personen im Kontext
Symbolischer Gebrauch von Wörtern zum kontextunabhängigen Benennen von Handlungen, Gegenständen und Personen

Verschiedene Autoren neigen dazu, den Schrei als "primäres und einziges kommunikatives Signal" oder als "Sprache" des Neugeborenen überzubewerten (Lester, 1985). Sie postulieren, daß sich aus dem Schrei kontinuierlich alle späteren Vokalisationsformen entwickeln (Stark, Rose, & McLagen, 1975; Wolff, 1969). Für eine solche Annahme fehlt es jedoch an empirischen Belegen. Dagegen spricht, daß Schreien und ruhige Vokalisationen unterschiedliche Verhaltensformen auf seiten der Eltern auslösen. Eltern haben die Neigung, das Schreien durch eher ablehnende Äußerungen ("Tu nicht weinen") mit beruhigender, fallender Melodik zu übertönen

(Papoušek & Papoušek, 1984a; 1990a). Ruhige Vokalisationen dagegen entlocken sie dem Kind mit ansteigender, anregender Melodik und unterstützen sie durch aufmerksames Zuhören, kontingentes Belohnen oder Nachahmen (S. 95) (Papoušek, 1993).

Das Schreien ist ein angeborenes Signal, in dem das Neugeborene überraschende stimmliche Kompetenzen hören läßt, die es aber in den ruhigen Vokalisationen von Grund auf neu erwerben und einüben muß. Das eher unscheinbare ruhige Lautrepertoire des Neugeborenen schließt eine Vielfalt leiser, kurzer Geräusche - zufällige akustische Begleitprodukte autonomer Reflexe (Stark, Rose, & McLagen, 1975) - und die relativ gut abgrenzbare Gruppe der stimmhaften Grundlaute ein (Abbildung 14 A) (Papoušek & Papoušek, 1981e; "quasi-resonant nuclei" nach Oller, 1980). Sie entstehen als unauffällige Begleitprodukte der Ausatmung, bei inaktiver Mittelstellung des Stimmtraktes ohne artikulatorische Bewegung. Durch Aktivierung der Stimmbänder bei der Ausatmung wird ein kurzer Laut mit erkennbarer Tonhöhe gebildet. Mund- und Rachenraum können noch nicht als Resonanzraum ausgenutzt werden (S. 23), so daß die spektralen Energien unter 1200 Hz liegen (Oller, 1980). Die relative Hochstellung des Kehlkopfes in Bezug auf Gaumensegel und Uvula bedingt die häufige Nasalierung der Grundlaute. Aufgrund ihrer direkten Zuordnung zu den Ausatmungsphasen sind sie oft in atemsynchronen Sequenzen zu hören.

Frühe Modulationen

Die Grundlaute sind trotz ihrer Unauffälligkeit für die weitere Lautentwicklung in zweierlei Hinsicht interessant. Einerseits sind sie in Zwiegesprächen mit den Eltern die ersten stimmlichen Signale, die über das kindliche Befinden Aufschluß geben. Andererseits bilden sie die stimmliche Matrix, aus der die weiteren phonatorischen und artikulatorischen Fähigkeiten hervorgehen. Zunächst scheint es darum zu gehen, im Zusammenspiel von Atemmuskulatur, subglottalem Atemdruck und Stimmbandaktivierung eine effiziente Phonation einzuüben (Lieberman, 1984). Innerhalb der ersten 6 bis 8 Wochen differenzieren sich die Grundlaute zu resonanten vokalartigen Lauten ("fully resonant nuclei" nach Oller, 1980; "Vokanten" nach Martin, 1981), die länger, kräftiger, wohltönender und musikalischer klingen und eine bessere "signal-to-noise-ratio" (Nutzschall-Störschall-Verhältnis) erkennen lassen (*Abbildung 14 C*). Diese Veränderungen laufen mit dem beginnenden Deszensus des Kehlkopfes parallel.

Im 2. und 3. Monat erlaubt eine verbesserte phonatorische Kontrolle bereits erste Modulationen der Grundfrequenz (*Abbildung 14 B* und *C*). Die Ähnlichkeit mit *zentralen* und *mittleren* bis *unteren vorderen* Vokalen nimmt zu, und es kommt zu Anklängen an *hintere* (velare) Artikulationen in Form von unvollständigen Verschlußlauten, Nasalen und Trills (Oller, 1980; Roug et al., 1989) Die "primitiven Artikulationen" (Ollers & Eilers, 1992) hängen womöglich auch mit der anatomischen Hochstellung des Kehlkopfes und engen Nachbarschaft von Epiglottis und weichem Gaumen in den ersten Lebensmonaten zusammen (Kent & Murray, 1982; Lieberman et al., 1972). Diese Modifikationen zeigen an, daß sich der obere Stimmtrakt an der Formung der Laute zu beteiligen beginnt. Die typischen Lautketten dieser Phase werden in der Literatur lautbeschreibend als "Gurren" (Taubenlaute, engl. "cooing" oder "gooing" nach Oller, 1980) klassifiziert.

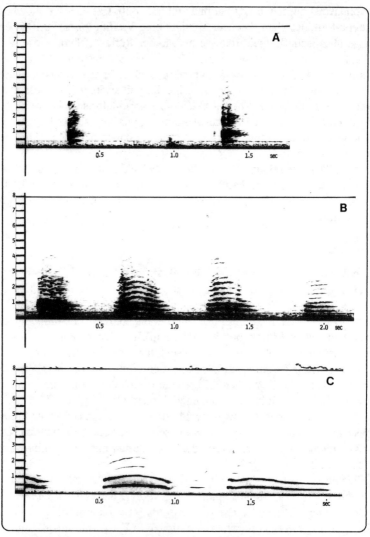

Abbildung 14: Atemsynchrone Sequenzen von vokalartigen Lauten (Sonagramme)
A: mit 4 Wochen, B: mit 6 Wochen, C: mit 8 Wochen.
Mit dem Alter wird die Stimmgebung reiner, länger und melodisch moduliert.

Spielen und kreatives Erproben des stimmlichen Potentials

Die Phase der Gurrlaute geht gleitend in eine Phase der stimmlichen Expansion (Oller, 1980; Stark, 1981) oder des Spiels mit der Stimme über (Lewis, 1936; Papoušek & Papoušek, 1981e), in der ein hoher Anteil an explorativen Lauten auffällt. Der Säugling beginnt abwechselnd zu quietschen oder zu brummen, zu kreischen oder zu flüstern, und vokalisiert einmal in kurzem Stakkato, einmal in lang ausgezogenen vokalartigen Lauten mit ausgeprägter Frequenzmodulation. Zur Bereicherung des Repertoires werden verschiedenste Mittel ausgenutzt: ein Überschuß von Speichel, Fingerspiel mit den Lippen, ein Spielzeug oder Finger im Mund, die ersten Zähnchen oder prustendes Ausstoßen von Luft durch die geschlossenen Lippen ("Rasberries", Oller, 1980 oder bilabiale bzw. labiolinguale Trills).

Es scheint darum zu gehen, das resonatorische und artikulatorische Potential des Stimmapparates, vor allem des oberen Stimmtraktes, Zug um Zug mit der anatomischen und neuromotorischen Reifung auszuloten und Kontrolle über hohe und tiefe Stimmregister und über die Modulation von Melodik, Dauer, Intensität und Klangfarbe der Stimme zu gewinnen (Oller, 1986; Papoušek & Papoušek, 1981e; Papoušek, 1981). Nach Roug und Mitarbeitern (1989) exploriert das Kind in dieser Phase die periodischen und nichtperiodischen Schallquellen des Stimmtraktes. Zlatin (1975) spricht von explorativem phonetischem Verhalten. Der kreativ explorative Umgang mit der eigenen Stimme geht eindeutig über das relativ fixe angeborene Verhaltensrepertoire der Primaten hinaus.

Den Eindruck des spielerischen Explorierens und Einübens gewinnt man vor allem aus der Neigung des Kindes, primär zufällige Lautproduktionen erneut hervorzubringen und mit Ausdauer, Eifer und Vergnügen zu wiederholen und zu variieren. Angestrengtes, ausdauerndes Bemühen beim Hervorbringen bestimmter Lautmuster und deutliche Zeichen von Freude über die erzielten Lautprodukte weisen auf eine primäre innere Motivation hin, die mit der stimmlichen Aktivität verknüpft ist (Papoušek & Papoušek, 1981e). Das Vokalisieren aus purer Freude am Vokalisieren (Lewis, 1936), Vokalisieren um des Vokalisierens willen ohne kommunikative Absichten (Oller, 1980) oder das Spiel mit der Stimme (Stark, 1981) zeigt sich besonders deutlich in kindlichen Monologen vor dem Einschlafen, nach dem Aufwachen oder beim Explorieren von Spielzeug (Kuczaj, 1983; Papoušek & Papoušek, 1981e; Weir, 1962). Hier wird die Stimme für den Säugling zu einem beliebten Spielzeug, das auch unabhängig von der Anwesenheit der Eltern ständig verfügbar und in seinen kreativen Möglichkeiten unerschöpflich ist (Papoušek et al., 1987b).

Das Spiel mit der Stimme findet jedoch auch in die vorsprachlichen Interaktionen Eingang, indem sich Mutter oder Vater durch Lautimitationen und dem kindlichen Repertoire entnommene Lautmodelle aktiv an interaktiven Lautspielchen beteiligen (S.107, Papoušek et al., 1987b). Darüberhinaus bietet die Mutter dem Kind in ihrem Sprechverhalten ein anschauliches Modell für einen spielerisch-schöpfe-

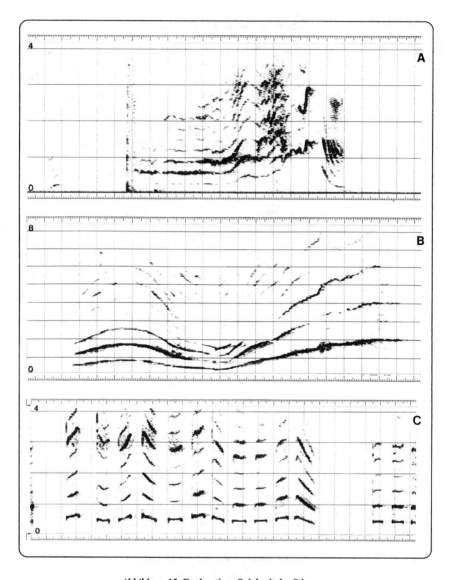

Abbildung 15: Exploratives Spiel mit der Stimme:
Erproben von Stimmumfang und melodischer Modulation in auf- und abgleitenden Konturen.
A: mit 4 Monaten unregelmäßige Stimmführung mit Vibration und abrupten Registerwechseln;
B: mit 13 Monaten perfekt kontrollierte, kontinuierliche Glissandi über mehr als zwei Oktaven;
C: mit 10 Monaten Segmentierung der Ausatmungsphase für die Silbenartikulation,
reguläres Silbenplappern /dadadada/. Die Regelmäßigkeit der Silben und die Überlagerung
der Silbenketten mit einer globalen melodischen Kontur lassen die artikulatorische Kontrolle erkennen.

rischen Umgang mit der Stimme. Sie wiederholt ihre eigenen stimmlichen Äußerungen nicht monoton, sondern neigt dazu, ihre Vokalisationen in abgestuften Variationen von Stimmlage, Tempo, Rhythmus oder Lautstärke teils zu steigern, teils abzuschwächen, teils neu zu kombinieren, spielerisch zu verfremden oder in neue Zusammenhänge zu bringen (Papoušek & Papoušek, 1981e; Papoušek et al., 1987b).

Die zunehmende Expertise, die das Kind beim Wiederholen bestimmter Lautmuster an den Tag legt, läßt sich anschaulich an den Grundfrequenzkonturen demonstrieren, an denen sich die feinmotorische Koordination und phonatorische Kontrolle indirekt ablesen läßt (*Abbildung 15*). Beim spielerischen Erproben des Stimmumfangs produziert das Kind ausgedehnte auf- und abgleitende melodische Konturen mit zum Teil beträchtlich verlängerter Ausatmungsphase und stimmlicher Expansion bis auf 2 bis 3 Oktaven innerhalb einer ununterbrochenen Phonation. Dabei ist die Stimmführung anfangs unregelmäßig und enthält Vibrationen, abrupte Registerwechsel, harmonische Brüche und Geräuschbeimengungen (*Abbildung 15 A*). Die erreichte Expertise zeigt sich in perfekt kontrollierten, kontinuierlichen Glissandi und ähnlich geglätteten, reinen melodischen Konturen (*Abbildung 15 B*) wie in den einfacheren Melodien der späten Gurrlaute (*Abbildung 14 C*).

Eine wichtige Grundlage für die frühe Kontrolle und Automatisierung bestimmter Lautmerkmale liegt offenbar darin, daß dem normal hörenden Kind die Produkte seiner artikulatorischen Bewegungen als auditive Rückkoppelung unmittelbar zugänglich sind. Darüberhinaus scheinen visuelle Stimulation (mit den sichtbaren Artikulationsbewegungen) und propriozeptives Feedback für Auslösung und Aufrechterhaltung der präsyllabischen stimmlichen Aktivität eine ähnlich große Rolle zu spielen wie die auditive Stimulation und das auditive Feedback (Legerstee, 1990).

Der Säugling findet in dieser Phase reichlich Gelegenheit, sein Lautrepertoire zu erweitern und die Kontrolle über weitere wichtige Artikulationsmerkmale zu gewinnen: vor allem über die musikalischen Elemente der Vokalisation wie Melodik, Betonung, Lautstärke, Dauer und Rhythmus. In den Artikulationen herrschen nach wie vor glottale Verschlußlaute / / und hintere Frikative /h/ vor. Neu entstehen rhythmische Sequenzen von glottalen Verschlußlauten in Verbindung mit vokalartigen Lauten (Holmgren et al., 1986; Koopmans-van Beinum & van der Stelt, 1986), d.h., Vokalisationen, in denen die Ausatmungsphase wiederholt durch eine, wenn auch noch unreife, artikulatorische Bewegung unterbrochen wird.

Parallel zu diesen Entwicklungen dehnt sich der Vokalraum, gemessen an den Formant-Frequenzen, allmählich aus (Holmgren et al., 1986). Es bleibt jedoch bei der Dominanz von *zentralen* und *mittleren* bis *tiefen vorderen* Vokalen, deren Produktion durch eine einfache Öffnungsbewegung des Unterkiefers ohne zusätzliche Zungenbewegung möglich ist. Stark und Mitarbeiter beschreiben eine Phase besonders intensiver Vokantproduktionen unmittelbar vor dem Einsetzen der regulären

Silben (Stark et al., 1982). Lieberman (1980) zeigte mit Hilfe von Formant-Messungen, daß viele der frühen Vokanten bereits ein adäquates spektrales Formantenmuster erkennen lassen, daß jedoch die absoluten Formant-Frequenzen aufgrund der relativen Kürze des oberen Stimmtraktes weit außerhalb der Streubreite liegen, die man in der reifen Sprache von Erwachsenen findet.

Der spielerische Umgang mit der Stimme erreicht zwar gegen Ende des ersten Halbjahres einen ersten Höhepunkt, begleitet jedoch die weitere Vokalisationsentwicklung bis weit in das zweite Lebensjahr hinein und schließt zunehmend komplexere Lautstrukturen ebenso wie frühe sprachliche Strukturen und musikalische Muster ein (Kuczaj, 1983; Papoušek, 1981; Papoušek & Papoušek, 1981e). Auch in linguistischen Konzepten über die vorsprachliche Entwicklung wird heute zunehmend anerkannt, daß spielerisches Einüben und Automatisieren in Interaktion mit den genetischen Programmen und anatomisch-neuromotorischen Reifungsprozessen auf allen Ebenen der Lautentwicklung eine wichtige Rolle spielt (Ferguson & Macken, 1983; Lieberman, 1984; Locke & Pearson, 1990; Oller, 1981).

Kontrollieren regulärer Silbenfolgen

Das Auftreten von repetitiven Silbenfolgen oder regulären Silben im allgemeinen Lautrepertoire (*/mamama/ /daedaedaedae/*) ("kanonische" Silben nach Oller, 1986) wird in der Literatur einhellig als wichtigster Meilenstein in der Vokalisationsentwicklung betrachtet (Bates, O'Connell, & Shore, 1987; Holmgren et al., 1986; Koopmans-van Beinum & van der Stelt, 1986; Oller, 1980; Roug et al., 1989). In ihrer typischen Form monosyllabischer Silbenketten beginnen sie relativ abrupt zwischem dem 6. und 11. Monat (meist im 7. oder 8. Monat), das allgemeine Lautrepertoire und insbesondere die Monologe des Säuglings zu beherrschen. Auch in der vorliegenden Stichprobe stieg der Anteil der Säuglinge, die kanonische Silben produzierten, zwischen 5 und 7 Monaten abrupt von 0 auf 59% an (*Abbildung 4*).

Im Rahmen des interaktiven Lautrepertoires ist der Wechsel jedoch weniger markant. So erreichten in der eigenen Längsschnittstudie Vorsilben und reguläre Silben zusammen mit 7 Monaten im Mittel nur 20% der Laute, und sie werden überwiegend als Einzelsilben produziert (*Abbildung 2*). Den eigenen Beobachtungen nach hat das Silbenplappern seine Domäne in den kindlichen Monologen (Papoušek & Papoušek, 1981e), während es einen in Gang befindlichen Dialog eher unterbricht, indem es die Mutter veranlaßt, sich zurückzusetzen und - meist interessiert oder belustigt, aber ohne aktives Eingreifen - zuzuhören. Wie *Abbildung 20* zeigt, sank die mütterliche Sprechrate im 7. und 9. Monat im Mittel deutlich ab (S. 93), während die kindliche Bereitschaft zum Monologisieren anstieg (mit 9 Monaten 40.0% (sd 24.7%) der Vokalisationen in monologischen Lautsequenzen).

Bei den regulären Silben handelt es sich um wohlgeformte Silben, die wahrnehmbar und meßbar eine Konsonant-Vokal-Struktur aufweisen (Kent & Bauer, 1985) und aus infraphonologischer Sicht als Silben reifer Sprachen akzeptabel sind

(Oller, 1986). Sie stellen die minimale rhythmische Einheit dar, die allen menschlichen Sprachen gemeinsam ist. Typischerweise werden sie zunächst in rhythmischen monosyllabischen Ketten geäußert. Das Auftreten der kanonischen Silben schließt einen markanten Wechsel von überwiegend glottalen zu supraglottalen Artikulationen (Holmgren et al., 1986) und die Einübung neuer Artikulationsmodi (überwiegend vollständige Verschlußlaute) (*Abbildung 9*) und Artikulationsstellen (überwiegend labiale und alveodentale Artikulationen) (*Abbildung 8*) ein.

Die Artikulation von regulären Silben erfordert ein systematisches Paaren von Verschlußlaut und Vokal, die Koordinierung einer artikulatorischen Verschluß- und Öffnungsbewegung - von Lippen (/ba/ oder /ma/), Zungenspitze und Alveolarrand (/da/) oder Gaumensegel und hinterer Rachenwand (/ga/) - mit einer Aktivierung der Stimmbänder und Änderung der Zungenstellung, die die vokaltypischen Resonanzen (Formanten) bedingt. Studdert-Kennedy (1989) betont, daß die Vorliebe für vordere Verschlußlaute und zentrale/vordere Vokale in den frühen Silbenfolgen nicht zufällig sei. Die Verschluß- und Öffnungsbewegung lasse sich bei diesen Lauten durch eine einfache Bewegung des Unterkiefers ohne zusätzliche Zungenbewegung bewerkstelligen. So sind z.B. der vordere Vokal /ä/ und der apikale Konsonant /d/ wegen ihrer nahezu kongruenten Zungenposition besonders leicht zu verknüpfen (Kent & Murray, 1982). Die Koordination dieser noch relativ einfachen Artikulationsbewegung mit Atmung und Stimmbandaktivierung wird nach Studdert-Kennedy (1989) durch das rhythmische Oszillieren des Unterkiefers erleichtert, das ein Minimum an aktiver Kontrolle über Verschlußstelle und Zungenstellung erfordere. Bei den Primaten sind Kieferbewegungen die einzigen Artikulatoren, die bereits unter corticobulbärer Kontrolle stehen (Ploog, 1990). Möglicherweise sind dies auch beim menschlichen Säugling die ersten feinmotorischen Artikulationsbewegungen, für die die corticobulbären Bahnen ausgereift sind (S. 27).

Die Analyse der Silbenentwicklung vom ersten sporadischen Vorkommen bis zum regulären Silbenplappern, das die artikulatorischen und akustischen Kriterien reifer Sprachlaute erfüllt, läßt die zunehmende Beherrschung und Automatisation der komplexen feinmotorischen Koordination erkennen (*Abbildung 15 C*).

Das scheinbar diskontinuierlich abrupte Auftreten der regulären Silben setzt neueren phonetischen Untersuchungen nach die Integration mehrerer Partialfähigkeiten voraus, die in der vorausgehenden Expansionsphase einzeln und mehr oder weniger sporadisch erprobt werden (Holmgren et al., 1986; Koopmans-van Beinum & van der Stelt, 1986):

1. das Erzeugen von Konsonant-Vokal-Verbindungen mit vollständigen, meist vorderen und mittleren Verschlußlauten;
2. das Segmentieren der Stimmgebung während einer Ausatmungsphase;
3. und die Kontrolle zeitlich-rhythmischer Regularität.

Die Vokalisationsbewegungen in den kanonischen Silben stehen zeitlich und womöglich auch funktionell mit dem Auftreten rhythmischer Stereotypien in der allgemeinmotorischen Entwicklung in Zusammenhang (Kent & Murray, 1982). Thelen (1981) analysierte rhythmische motorische Stereotypien im Säuglingsalter als eine wichtige normale Übergangsform zwischen unwillkürlichen, unkoordinierten und gezielten, koordinierten Bewegungsabläufen. Die regulären Silben entwickeln sich am Ende des 7. Monats fast gleichzeitig mit dem Beginn der linkshemisphärischen Kontrolle über rhythmische motorische Aktivitäten (Locke, 1990), mit rhythmischen Handaktivitäten (Thelen, 1981), mit einhändigem, überwiegend rechtsseitigem Ausstrecken der Arme (Ramsay, 1984), aber auch mit wichtigen Meilensteinen in der motorischen Aufrichtung, dem freien Sitzen und Krabbeln (van der Stelt & Koopmans-van Beinum, 1986). Im Hirnwachstum (gemessen am Kopfumfang) erreicht die relative Zunahme mit 6 bis 7 Monaten ein Maximum (Lampl & Emde, 1983). Die temporale Rindendicke erfährt mit 6 Monaten ihren relativ größten Zuwachs (Conel, zit. in Locke, 1990). Die kortikalen intra- und interhemisphärischen Assoziationsbündel myelinisieren zwischen 5 und 6 Monaten (Lecours, 1975), und die direkten Bahnen von der primärmotorischen Rinde zu den Motoneuronen im unteren Hirnstamm sind teilweise myelinisiert.

Diese Studien weisen auf einen zeitlichen Zusammenhang zwischen dem Auftreten der regulären Silben und wichtigen Schritten in den neuromotorischen und neuroanatomischen Reifungsprozessen hin, insbesondere in den Prozessen der linkshemisphärischen Spezialisierung und dem Übergang von limbischen zu neocorticalen Steuerungsmechanismen (S. 27f) Weitere Untersuchungen sind erforderlich, um diese Zuordnungen vor allem auch in Bezug auf ihre individuelle Variabilität in größeren Stichproben zu analysieren.

Das Silbenplappern scheint jedoch nicht ausschließlich an den Stimmtrakt und an die motorische Reifung der sprachspezifischen phonatorischen und artikulatorischen Produktionsmechanismen gebunden zu sein (Petitto & Marentette, 1991). Zwei taubgeborene Säuglinge, die mit ihren tauben Eltern in der vorsprachlichen Kommunikation eine Gebärdensprache (ASL - American Sign Language) erlebten, befanden sich, als sie mit 10 Monaten erstmals untersucht wurden, bereits voll im Silbenstadium: während sie in der vokalen Entwicklung weit hinter ihren hörenden Altersgenossen zurückblieben, "plapperten" sie mit den Händen. Von 10 bis 14 Monaten entsprachen 32% bis 71% ihrer Handaktivitäten analogen Silbeneinheiten der Gebärdensprache; sie wurden fast zur Hälfte rhythmisch wiederholt. Der Beginn des ASL-Plapperns lag in einem anderen ähnlichen Fall zwischen 6 und 7 Monaten (Newport & Meier, 1986). Hochgradig hörgeschädigte Säuglinge, die in einer sprechenden Umwelt aufwachsen, entwickeln je nach Resthörvermögen und Zeitpunkt einer Hörgeräteversorgung u.U. nur eine rudimentäre Fähigkeit zum Silbenplappern, und diese mit großer zeitlicher Verzögerung (Oller & Eilers, 1988). Die frühen Erfahrungen mit relevanten strukturellen Einheiten einer natürlichen Sprache (ob in der akustischen oder optischen Modalität) sind demnach für den normalen Beginn und Ablauf und für die Modalität des Silbenplapperns maßgeblich (Studdert-Kennedy, 1989). Die Parallelitäten im zeitlichen Auftreten, in Struktur und Gebrauch von regulären Silben und "manuellem Plappern" weisen auf eine überraschende Flexibilität der Hirnstrukturen in Bezug auf die expressive Modalität der zu erlernenden Sprache hin (Petitto & Marentette, 1991).

Von den regulären Silben zu Protowörtern und Wörtern

Auf die Phase der stereotypen kanonischen Silben folgt nach Stark (1980; Stark et al., 1982) eine zweite Expansionsphase, die durch die Alternation bzw. Kombination verschiedenartiger Konsonanten und Silben gekennzeichnet ist. Nach Mitchell & Kent (1990) beginnen repetitive reguläre Silben und alternierende Silbenfolgen fast gleichzeitig im kindlichen Repertoire, ebenso wie sich auch die ersten Protowörter und Wörter in Wechselbeziehung mit dem Silbenplappern entwickeln (Elbers & Ton, 1985). Diese neueren Beobachtungen werden durch die eigenen Daten über das interaktive Lautrepertoire unterstützt (*Abbildungen 2 und 4, Tabelle 4*).

In der Phase der zweiten Expansion bleibt trotz einer größeren Vielfalt von Konsonanten und vermehrtem Auftreten von *hohen* und *hinteren* Vokalen eine Vorliebe für *vordere* und *zentrale* Vokale gegenüber *hinteren* Vokalen und für *tiefe* gegenüber *hohen* Vokalen bestehen (*Abbildung 7*) (Kent & Bauer, 1985), ebenso wie für Plosive, Frikative, Nasale und Glides (91% nach Roug et al., 1989) gegenüber Lateralen, Trills und anderen selteneren Artikulationsmodi (*Abbildung 9*).

Im interaktiven Lautrepertoire der eigenen Untersuchung stiegen vom 7. bis 15. Monat die melodisch modulierten Vokalisationen an, darunter vor allem solche mit komplexen und steigenden Konturen. *Tiefe vordere* Vokale nahmen auf Kosten *zentraler* Vokale zu und es kam zu einem höheren Anteil von *vorderen* und *hinteren* Vokalen. Unter den Konsonanten kam es zur Zunahme von überwiegend alveodentalen und labialen Plosiven, vorderen und mittleren Nasalen und vorderen und mittleren Frikativen, d.h. gegenüber dem ersten Halbjahr zu einer zunehmenden Präferenz von vorderen und mittleren gegenüber hinteren Konsonanten. Auffallend war der relativ geringe Prozentsatz von regulären und alternierenden Silben neben dem Fortbestehen eines nur langsam zurückgehenden Anteils von präsyllabischen Vokalisationen und einem rasch wachsenden Anteil von Protowörtern und Wörtern.

In die Phase der zweiten Expansion fallen interessante Differenzierungen wie das Spielen mit musikalischen Phrasen oder rudimentäres Singen (Papoušek & Papoušek, 1981e), die frühe lexikalische Entwicklung und der *Jargon* (Menn, 1978) mit reichhaltigen, oft undeutlich artikulierten Silbenkombinationen, in dem satzähnliche Intonationsmuster und Abwechseln von betonten und unbetonten Silben eingeübt werden (Oller, 1980).

Entgegen der früheren traditionellen Auffassung einer strengen Diskontinuität zwischen dem phonetischen Repertoire des Silbenplapperns und der frühen

Sprachentwicklung (Jakobson, 1941), gibt es heute überzeugende empirische Belege für die zeitliche, phonetische und funktionelle Kontinuität zwischen beiden Phasen (Elbers & Ton, 1985; Oller & Eilers, 1982; Vihman et al., 1986). Auch Locke (1990) betont die Ähnlichkeiten im Repertoire des Silbenplapperns und des frühen Wortschatzes, für deren Erklärung er drei Mechanismen heranzieht:

1. die Beibehaltung von Teilen des syllabischen Lautrepertoires als Inventar für die ersten Wörter (Vokabular der Kindersprache, Locke, 1985; Vihman & Miller, 1988);
2. das erst sehr viel spätere Einüben und Erlernen von schwieriger artikulierbaren und selteneren Konsonanten, Konsonantenclustern und phonologischen Sequenzen der Muttersprache;
3. und das allmähliche Verschwinden von Phonemen aus dem Silbenplappern, die in der Muttersprache nicht kontrastiv genutzt werden.

Elbers & Ton (1985) haben bei einem Kind die Wechselbeziehungen zwischen kindlichen Plappermonologen und früher lexikalischer Entwicklung sehr genau analysiert und nachgewiesen, daß das Kind in seinen Monologen die artikulatorischen und phonologischen Probleme der Muttersprache gewissermaßen spielerisch bearbeitet. Es konsolidiert dabei sein Wortrepertoire, indem es neuerworbene Wortformen praktiziert. Es übt die Unterscheidungsmerkmale der neuerworbenen Wörter und es bereitet neue phonetische Formen vor, die danach ohne viel Anstrengung in neuen Wörtern eingesetzt werden.

Studdert-Kennedy (1989) weist auf die besondere Rolle der Sprachwahrnehmung für die Lautproduktionen dieser Phase hin. Während 6- bis 8-monatige Säuglinge noch ohne Schwierigkeit phonetische Kontraste aus unterschiedlichen Sprachen differenzieren, spezialisieren sich ihre phonetischen Wahrnehmungsfähigkeiten mit 10 Monaten auf die Kontraste der Muttersprache (Werker & Lalonde, 1988; Werker & Tees, 1984). In dieser Phase erkennt und speichert das Kind Silbenfolgen als Bedeutungseinheiten und entdeckt kontrastive Funktionen feiner muttersprachenspezifischer Lautvarianten. Es spezialisiert sich in der Wahrnehmung zunächst auf relevante Lautkontraste der Muttersprache und es erkennt Äquivalenzen und Verschiedenheiten zwischen eigenen Lautprodukten und gehörter Sprache als Grundlage für die sprachliche Imitation (Studdert-Kennedy, 1989). Die perzeptive Ausrichtung des Kindes auf die phonetischen Besonderheiten der Muttersprache ist die Voraussetzung dafür, daß sich bereits in den Plappermonologen von 8- bis 10-monatigen Säuglingen bestimmte Klangstrukturen der Muttersprache abbilden (S. 114) (Boysson-Bardies, Halle, Sagart, & Durand, 1989; Ichijima, 1987).

Meilenstein des Silbenplapperns im Kontext der intuitiven mütterlichen Strategien. In der Zeit des Übergangs zu den kanonischen und alternierenden Silben wechseln die Mütter ihre kommunikativen Strategien auf mehrfache Weise. In ihren stimmlichen Anregungen nehmen musikalische Stimulationen in Form rhythmischer Silbenketten vom 5. Monat an deutlich zu; sie werden im Alter von 7 bis 11 Monaten von 73% der Mütter benutzt (*Abbildung 33*). Sie ersetzen zum Teil die melodischen Gesten in den mütterlichen Äußerungen, die zwischen 5 und 7 Monaten signifikant abnehmen (*Abbildung 42*). Rhythmische Silbenketten ergänzen und bereichern die erfundenen interaktiven Spielchen und spielerische Aktionen mit Spielzeugen, als Teil von wiederholten multimodalen Stimulationssequenzen, in denen die Silbenfolgen mit rhythmischen motorischen Aktivitäten synchronisiert werden. Solche interaktiven Spielchen (z. B. Kitzelspielchen) finden sich trotz der kurzen Aufnahmezeiten fast regelmäßig zwischen 5 und 11 Monaten mit einem

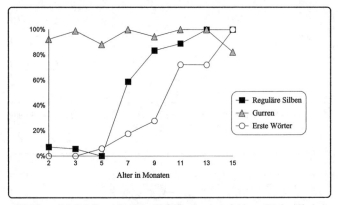

Abbildung 16: "Meilensteine" der Vokalisationsentwicklung (% der Kinder)

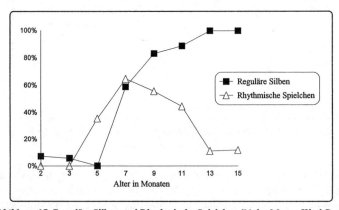

Abbildung 17: Reguläre Silben und Rhythmische Spielchen (% der Mutter-Kind-Paare)

Höhepunkt im 7. Monat (bei zwei Drittel der Mutter-Kind-Paare) (*Abbildung 16, 17*). Bei den gemeinsamen Spielchen mit Spielzeugen begleitet die Mutter z.B. rhythmisches Klopfen des Kindes mit synchronen Silbenfolgen, oder sie läßt wiederholt eine Spielzeugente mit einem /quaquaquaquaqua/ auf dem Ärmchen des Kindes hochhüpfen. Solche Spielchen finden sich vor allem zwischen 7 und 15 Monaten mit einem Maximum im 13. Monat (bei 3/4 der Mutter-Kind-Paare) (*Abbildung 18*).

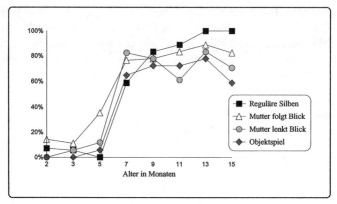

Abbildung 18: Reguläre Silben und gemeinsame Aufmerksamkeit für Objekte (% der Mutter-Kind-Paare)

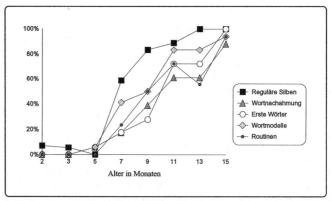

Abbildung 19: Reguläre Silben: Wortnachahmung und Wortmodelle der Mutter (% der Mutter-Kind-Paare)

Ein markanter Wechsel in den Strategien zeigt sich auch im gemeinsamen Bezugnehmen auf Gegenstände, in der Gestaltung von Interaktionskontexten, in denen die Mutter dem kindlichen Interesse folgt oder das Interesse auf Gegenstände lenkt, oder in denen gemeinsame Aktivitäten mit einem Gegenstand/Spielzeug im Mittelpunkt des Interesses stehen. Diese Kontexte nehmen im 7. Monat rasch zu und finden sich zwischen 7 und 15 Monaten bei 65 bis 82% der Mutter-Kind-Paare (*Abbildung 18*). In diesen Kontexten wird bei fast allen Paaren eine der häufigsten, kanonischen Silben /da/ aufgegriffen und zunächst von der Mutter, dann aber zunehmend auch vom Kind als referentielle kommunikative Geste und frühes Interaktionswort benutzt.

Im gleichen Alter nimmt die Äußerungsdauer der Mutter signifikant ab (*Abbildung 41*), was mit einer syntaktischen Vereinfachung der mütterlichen Sätze zusammenhängt. Gleichzeitig nimmt die Tendenz zu dialogartigem Abwechseln zu (*Abbildung 21*). Die Sprechmelodik gewinnt im zweiten Halbjahr eine neue Funktion hinzu, indem sie jetzt auch zunehmend den Sprachfluß der Mutter in sinnvolle Einheiten segmentiert und bedeutungstragende Wörter hervorhebt.

Auf einen weiteren interessanten Wechsel in den kommunikativen Strategien haben verschiedene Autoren aufmerksam gemacht (Ferguson, 1964; Locke, 1986; Papoušek & Papoušek, 1981e; Roug et al., 1989): die Mütter benutzen die ersten sprachlich akzeptablen regulären Silben - besonders dann, wenn sie als Doppelsilben auftreten, - als Wortkerne, ordnen ihnen Bedeutungen zu und beziehen sie als erste Protowörter auf besonders augenfällige Aspekte des Interaktionskontextes. In zahlreichen Sprachgemeinschaften und Kulturen beginnt das Einüben der Silbenartikulation mit den gleichen universellen Silbenpräferenzen (Locke, 1985; 1990), /mama/, /dada/, /gaga/ oder /baba/, die interessanterweise in den meisten untersuchten Sprachen die Grundlage für die gebräuchlichsten Wörter der Kindersprache bilden (Ferguson, 1964). Das Lexikon der Kindersprache ist somit in vielen Sprachen der Welt auf die frühe stimmliche Kompetenz des Säuglings zugeschnitten.

Den eigenen Beobachtungen nach kommen Babywörter (*wauwau, gagack, mama, papa, hamham*) im mütterlichen Vokabular insgesamt nur selten vor. Von 2 bis 7 Monaten benutzten nur 10% der Mütter gelegentlich Kinderwörter, zwischen dem 7. und 15. Monat stieg der Prozentsatz jedoch auf 66% an (*Abbildung 39*). Durch die Kinderwörter wird zwischen den kindlichen Silben und der Erwachsenensprache ein "link of connotative function" (Roug et al., 1989) geschaffen. In der Tat versuchen sich Säuglinge zunächst am ehesten an Wörtern, die zu ihrem phonetischen Lautrepertoire passen (McCune & Vihman, 1987).

Das Vorkommen dieser mütterlichen Tendenz in Form von Wortnachahmungen und Wortmodellen läuft in der vorliegenden Stichprobe deutlich dem Auftreten der regulären Silben parallel (*Abbildung 19*). Diese Strategie signalisiert einen besonders interessanten Wechsel. Bis zu diesem Zeitpunkt hat die Mutter überwiegend prozedurale Einübungsprozesse unterstützt, das Praktizieren des "Know-how der Artikulation", *wie* man Lautmerkmale unter Kontrolle bringt, *wie* man im Dialog abwechselt, *wie* man nachahmt, *wie* man etwas durch Laute bewirkt. Mit den kanonischen Doppelsilben beginnt die Mutter, die ersten deklarativen Informationen zu vermitteln und deklaratives Lernen zu unterstützen. In den Wortnachahmungen und Wortmodellen ordnet sie den Silben Bedeutung zu und macht sie zu Namen.

Die gleichen Beziehungen zwischen Beginn des Silbenplapperns und mütterlichen Verhaltensbereitschaften finden sich auch auf der Ebene individueller Mutter-Kind-Paare wieder.

Der Meilenstein des regulären Silbenplapperns markiert demnach nicht nur eine neue Ebene der neuromotorischen Reifung und artikulatorischen Kontrolle, sondern auch eine neue Ebene der vorsprachlichen Kommunikation, die im kommunikativen Repertoire der Mutter eine Vielzahl von komplementären Anpassungen auslöst. Diese nicht bewußt gesteuerten mütterlichen Strategien scheinen darauf angelegt zu sein, das Einüben und Automatisieren der in Entwicklung befindlichen artikulatorischen und kommunikativen Fähigkeiten anzuregen, zu erleichtern und zu konsolidieren und dadurch den Boden für den nächsten Meilenstein, in diesem Fall die ersten Wörter, vorzubereiten.

Abwechseln von Zuhören und Vokalisieren: Entwicklung des Dialogs

Die Lautketten der Gurrlaute, der stimmlichen Expansion und des Silbenplapperns sind vor allem dann zu hören, wenn das Kind "mit sich selbst beschäftigt" ist, in Monologen vor dem Einschlafen, beim Aufwachen oder beim Beobachten eines Mobile (Papoušek & Papoušek, 1981e; Weir, 1962). In die Zwiegespräche mit den Eltern finden die stimmlichen Neuerwerbungen nicht selten erst 1 bis 2 Wochen später Eingang, da der Säugling zunächst durch die Bearbeitung des komplexeren dyadischen Kontextes, nicht zuletzt auch durch das Zuhören voll beansprucht wird und genügend Zeit braucht, um das Abwechseln zwischen Zuhören und Antworten aktiv zu bewältigen (Schaffer, 1979).

Untersuchungsergebnisse:
Stimmliches Abwechseln vom 2. bis 15. Monat

In den Dialogen der Mütter mit ihren 2-monatigen Säuglingen wurde bereits in der unterschiedlichen Äußerungsdichte von Mutter und Kind eine ausgeprägte Asymmetrie deutlich (*Abbildung 20*): Bei einer mittleren Äußerungsrate von 32.0 pro Minute (sd 4.9), einer mittleren Äußerungsdauer von 1.03 sec (sd 0.66 sec) (*Abbildung 41*) und einer mittleren Pausendauer von 0.83 sec (sd 0.78 sec) erreichten die Mütter eine Gesamtvokalisationszeit von 54.0% (sd 33.4%) der Interaktionszeit gegenüber einer Vokalisationsrate des Säuglings von 9.5 pro Minute (sd 7.3) (*Abbildung 20*) mit durchschnittlich 0.32 sec Dauer (sd 0.24 sec) (*Abbildung 41*) und 3.07 sec (sd 5.39 sec) Pausendauer.

Die Asymmetrie zeigt sich noch markanter, wenn man das Verfahren der Gesprächschronographie nach Jasnow und Feldstein (1986) anwendet: Im Mittel führten Mutter und Kind je 8.2 mal pro Minute (sd 3.8) das Wort. Die gesamte Wortführungszeit der Mutter überwog jedoch mit 88.9% (sd 5.9) der Interaktionszeit bei weitem die Wortführungszeit des Kindes, die nur 11.1% (sd 5.9) betrug. Im Mittel führte die Mutter das Wort für jeweils 8.7 sec (sd 6.1 sec), das Kind für jeweils nur 0.8 sec (sd 0.3 sec). Während die Mutter das Wort führte, vokalisierte das Kind gleichzeitig 5.9 mal (sd 5.4) pro Minute, ohne daß sich dadurch die Mutter in ihrem Redefluß unterbrechen ließ, und 1.4 mal (sd 1.2) mit dem Erfolg, daß die Mutter dem Kind das Wort überließ. Umgekehrt fiel die Mutter dem Kind nur äußerst selten ins Wort, während es vokalisierte, d.h., 0.1 mal pro Minute (sd 0.3), ohne das Kind zu unterbrechen, und 1.2 mal (sd 1.5), indem sie das Wort übernahm.

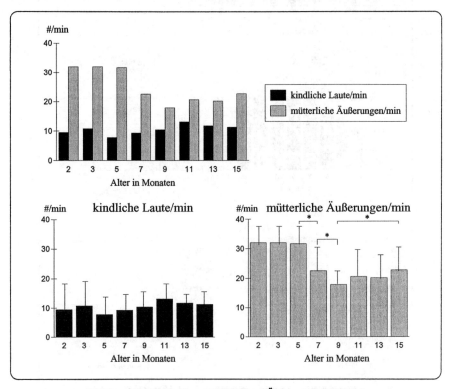

Abbildung 20: Vokalisationsrate (Kind) und Äußerungsrate (Mutter)

Die Daten demonstrieren, daß die stimmliche Kommunikation mit einem 2-monatigen Säugling im allgemeinen noch weit von einem ausgewogenen dialogartigen Abwechseln entfernt ist. Dennoch fielen bereits 51.7% (sd 23.0%) der kindlichen Laute in die mütterliche Gesamtpausenzeit von 46%, d.h. geringgradig mehr als bei einer Zufallsverteilung zu erwarten wäre (*Abbildung 21,* Variable *Zuhören der Mutter*).

Die Durchschnittswerte verdecken jedoch das Nebeneinander verschiedener Kommunikationsstile, die nicht nur vom individuellen Stil der Mutter, sondern vom stimmlichen Ausdruck der Befindlichkeit des Kindes und von der intuitiven

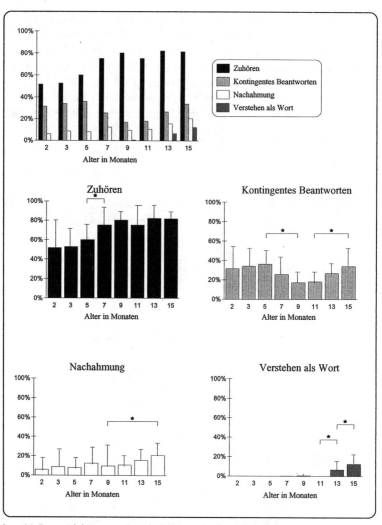

Abbildung 21: Responsivität gegenüber kindlichen Vokalisationen (mittl. % der kindl. Vokalisationen)

mütterlichen Didaktik abhängen, d.h., von der momentanen Bereitschaft der Mutter, abzuwechseln, kontingent zu belohnen, zu duettieren, zu übertönen, zu monologisieren oder abzuwarten. Das Abwechseln mit seinem relativ geringen Anteil an zeitlicher Überlappung von kindlichen und mütterlichen Vokalisationen ist bei emotional neutralen Lauten und Wohlbehagenslauten des Kindes am besten ausgeprägt, ähnlich auch beim Bemühen der Mutter, Blickkontakt anzuregen, eine kindliche Antwort auszulösen oder abzuwarten und den Zustand des Kindes einzuschätzen. Viel Überlappung zeigt sich dagegen bei Lauten des Vergnügens (Duettieren) und bei Unbehagens- und Schreilauten (Übertönen) und entsprechend beim Bemühen der Mutter, zu trösten und zu beruhigen, oder aber bei monologisierendem Erzählstil der Mutter.

Über die Entwicklung des Abwechselns von 2 bis 15 Monaten geben vor allem zwei Parameter Aufschluß: der Anteil kindlicher Vokalisationen, denen die Mutter zuhört (s.o.), und der Anteil kindlicher Vokalisationen, die von der Mutter kontingent beantwortet werden. Die Anzahl von Sprecherwechseln pro Minute unterlag während des gesamten Entwicklungszeitraums mit 10.6 Wechseln pro Minute (sd 5.2) überraschend geringen Schwankungen. Mit 7 und 9 Monaten lagen die Sprecherwechsel am niedrigsten (8.5 pro Minute; sd 3.7 bzw. 8.7 pro Minute; sd 3.9), offenbar in Zusammenhang mit einer signifikanten Zunahme monologischer kindlicher Lautsequenzen und einer Abnahme der mütterlichen Äußerungsrate in diesem Alter (*Abbildung 20*). Zwischen 9 und 15 Monaten nahmen die Sprecherwechsel signifikant auf 13.2 pro Minute zu (sd 3.3). Der Anteil kindlicher Vokalisationen, die in Pausen der Mutter fielen, ließ mit 7 Monaten einen deutlichen Sprung erkennen: er stieg signifikant von anfangs 51.7% (sd 28.0%) auf 75.3% (sd 16.7%) an und erreichte mit 15 Monaten 81.8% (sd 10.0%) (*Abbildung 20*).

In den ersten Monaten der vorsprachlichen Kommunikation scheinen demnach Abwechseln und gemeinsames Vokalisieren fast gleichwertig nebeneinander vorzukommen, als wüßten die Mütter, daß kontingentes wie auch nicht kontingentes Sprechen gleichermaßen die Vokalisationsrate erhöhen (Bloom, 1975). Diese frühe Phase wird zu Beginn des Silbenalters von einer Phase überwiegend abwechselnden Vokalisierens und Zuhörens abgelöst.

Kontingentes Beantworten kindlicher Laute. Kontingente Reaktionen auf kindliche Vokalisationen, d.h. Zuhören der Mutter und unmittelbares Beantworten einzelner Vokalisationen, werden von Bloom und Mitarbeitern (Bloom, Russell, & Wassenberg, 1987) mit dem zeitlichen Abwechseln gleichgesetzt. Kontingentes Beantworten beinhaltet jedoch auch in den präsyllabischen Interaktionen schon mehr als eine bloße zeitliche Abfolge: ein quasi inhaltliches Bezugnehmen auf die vorausgegangene Vokalisation in Form einer Nachahmung, in Form von explizitem Loben, Bestätigen oder Zumessen von Bedeutung und/oder in Form einer Turnbeschließenden melodischen Kontur mit fallender Endkontur. Den eigenen Beobachtungen nach antworten Mütter oft in Form eines Pseudodialogs (*"Ach so, das hast du gemeint."*), oder sie "verstehen" die Vokalisation als emotionalen Ausdruck (*"ja bist du lustig!"*), als Ausdruck einer Absicht (*"Das willst du haben?"*) oder als sprachliche Mitteilung (*"Ja, richtig, ein Baum ist das."*).

Rund ein Drittel der kindlichen Einzellaute (31.5% - 36.2%; sd 24.9%, 21.8%, 18.0%) wurde im ersten Halbjahr (mit 2, 3, und 5 Monaten) von den Müttern kontingent beantwortet (*Abbildung 21*). Der Anteil sank bis zum 9. (17.2%) und 11. Monat (18.1%) signifikant ab, zeitgleich mit dem Längerwerden der kindlichen Lautsequenzen und dem Monologisieren einzelner Kinder, und er stieg erneut bis zum 15. Monat auf 34.0% (sd 19.1%), parallel mit einer signifikanten Zunahme von Lautnachahmung und "Verstehen" der Laute als sprachlicher Mitteilung (*Abbildung 21*).

Über das kontingente Beantworten hinaus signalisieren die Mütter dem Kind in ihrer Sprechmelodik, wann es mit dem Vokalisieren an der Reihe ist, indem sie mit Turn-öffnenden steigenden Melodien die Aufmerksamkeit des Kindes erhöhen und das Kind zu einem aktiven Beitrag zum Dialog animieren (S. 132) (Papoušek, 1987; Papoušek, Papoušek, & Symmes, 1991) und/oder indem sie die Vokalisationsbereitschaft gezielt durch taktiles Beklopfen der Lippen und durch Lautmodelle stimulieren, die das Kind bereits in seinem Lautrepertoire beherrscht.

Mit diesen multimodalen Verhaltensanpassungen gestalten die Mütter einen kompensatorischen "Konversationsrahmen", in dem das Kind dialogartiges Abwechseln von Sprechen und Zuhören, von Lautproduktion und Bearbeitung der auditiven Stimulation erfahren und einüben kann (Papoušek, 1994c).

Vielfältige Gelegenheiten zum Einüben des Abwechselns bieten die Mütter den Kindern in den häufigen interaktiven Nachahmungsspielchen, den selbsterfundenen interaktiven Spielchen, den traditionellen Spielchen und den kommunikativen Routinen (S. 165). In den Spielchen wird eine bestimmte Verhaltenssequenz in Bewegung, Melodik, Rhythmus und Sprache so regelmäßig wiederholt, daß das Kind Vorstellungen und Erwartungen über den Ablauf entwickelt und seinen Part zur angemessenen Zeit "mitzuspielen" lernt (Papoušek, 1981). In den konventionellen Routinen des "Gebens und Nehmens" zu Beginn des zweiten Lebensjahres hat sich bereits ein ausgewogen symmetrisches, zeitliches und inhaltliches Abwechseln mit komplementären Rollen und Rollenwechseln eingespielt.

Takt und Timing im mütterlichen Kommunikationsverhalten: Asymmetrien in der frühen Steuerung des Abwechselns

Es gehört zu den interessanten Fragen der vorsprachlichen Kommunikation, wie der Säugling die für den Spracherwerb unerläßliche Fähigkeit erwirbt, seine eigene spontane Vokalisationsbereitschaft in einen dialogartigen Wechsel mit dem Erwachsenen einzufügen. Der Frage nach dialogartigen oder konversationsartigen Interaktionsrhythmen in Blickverhalten, Vokalisation, affektivem Engagement oder monadischen Stadien wurde in zahlreichen Analysen der frühen vorsprachlichen Interaktionen nachgegangen, nicht nur unter dem Aspekt der Entwicklung der Dialogfähigkeit, sondern auch in Bezug auf die affektive Synchronie und Qualität der Beziehung (Field, 1985; Lester, Hoffman, & Brazelton, 1985; Tronick, Als, & Brazelton, 1980).

Ein dialogartiges Abwechseln in den stimmlichen Äußerungen von Eltern und Kind findet sich gelegentlich von den ersten Zwiegesprächen an und wurde z.B. in Interaktionen mit 3- bis 4-monatigen Säuglingen (Anderson, Vietze, & Dokecki, 1977; Mayer & Tronick, 1985; Stevenson et al., 1986; Stern et al., 1975), mit 9-monatigen (Jasnow & Feldstein, 1986), mit 8-monatigen (Stevenson et al., 1988) und mit 12- und 24-monatigen Kindern (Collis, 1977) nachgewiesen. Mit Hilfe einer automatisierten "Interaktionschronographie" und Zeit-Regressionsanalysen wurde gezeigt, daß sich die kindlichen und mütterlichen Vokalisationen wechselseitig in ihren zeitlichen Parametern beeinflussen, was allerdings fast ausschließlich die Dauer der Wechselpausen betrifft, ähnlich wie in Erwachsenendialogen (Jasnow & Feldstein, 1986). Aufgrund von einstündigen Beobachtungen im alltäglichen häuslichen Milieu ermittelten Stevenson und Mitarbeiter (1986) mit Hilfe von loglinearen Verfahren, daß die Mutter ebenso wie das Kind mit größerer Wahrscheinlichkeit vokalisieren, wenn eine Vokalisation des Partners vorausgegangen ist. Die Evidenz von fein synchronisiertem Abwechseln erlaubt jedoch weder den Schluß einer wechselseitigen Synchronisation vorgegebener innerer Periodizitäten (Tronick, Als, & Brazelton, 1980), noch eine Beurteilung der kindlichen Fähigkeit zur zeitlichen Steuerung seiner Vokalisationen (Trevarthen, 1979) oder gar zur Beherrschung der Konversationsregeln (Jasnow & Feldstein, 1986).

Zum einen ist das Abwechseln vor allem in den ersten Monaten nicht die einzige natürliche Form der stimmlichen Kommunikation (Papoušek & Papoušek, 1987). In mütterlichen Interaktionen mit ihren 3- und 4-monatigen Säuglingen findet sich eine große Bereitschaft zum gemeinsamen Vokalisieren ("unisono", Stern et al., 1975; "coactional vocalization", Anderson et al., 1977; "chorusing", Schaffer, Collis, & Parsons, 1977; "Duettieren", Papoušek & Papoušek, 1981e), vor allem im Stadium positiver emotionaler Erregung und Freude. Aber auch bei unruhiger Erregung und Schreien sucht die Mutter das Schreien zu übertönen (Papoušek, Papoušek, & Koester, 1986; "drowning" n. Schaffer et al., 1977). Das Abwechseln überwiegt dagegen in ruhigen Interaktionen bei tutorhaftem Interaktionsstil der Mutter (Stern et al., 1975).

Zum anderen zeigen Mikroanalysen der Kommunikation, daß das Erreichen eines dialogischen Abwechselns zunächst vor allem eine Anpassungsleistung der Mutter darstellt (Schaffer, 1979). Die Mutter gestaltet den "Konversationsrahmen" dank ihrer intuitiven Neigung, das Baby von früh auf als aktiven Gesprächspartner zu behandeln und es zum Antworten zu ermuntern (Snow, 1977).

Die asymmetrischen Rollen von Mutter und Säugling werden beim Stillen, in dem ersten dialogartigen Austausch zwischen Mutter und Neugeborenem, besonders anschaulich. Wie Mikroanalysen von Kaye und Wells (1980) demonstrieren, folgt die angeborene rhythmische Aktivität des Saugens beim menschlichen Neugeborenen anders als bei den übrigen Säugern einem sequentiellen Wechsel von Saugaktivität ("bursts") und Pausen, deren Abfolge und Dauer einer stochastischen Probabilität, nicht aber einer endogenen Periodizität unterliegen. Die Mutter lernt rasch, sich der spontanen Saugaktivität als natürlichem Schrittmacher ihres Verhaltens anzupassen: sie verhält sich während des Saugens ruhig und stimuliert während der Pausen, typischerweise mit einem kurzen Schütteln der Brust oder des Kindes ("jiggling") kurz vor dem zu erwartenden Ende der Pause, als sei ihr bekannt und bewußt, daß sich das Saugen wirksam durch ein kurzes Schütteln, bzw. das Abbrechen des Schüttelns auslösen läßt. Die Mutter beeinflußt auf diese Weise das Abwechseln von "bursts" und Pausen. Sowohl der Einfluß der spontanen Saugaktivität auf das mütterliche Verhalten wie auch der reziproke Einfluß der mütterlichen Stimulation auf das kindliche Saug-Pausen-Muster werden somit primär durch sensible Anpassungen der Mutter erreicht.

Mit einer ähnlichen Asymmetrie der Dialogsteuerung ist auch im stimmlichen Austausch zu rechnen (Kaye & Charney, 1981; Rutter & Durkin, 1987; Schaffer et al., 1977). Säuglinge neigen in den ersten Monaten zu zirkulären Wiederholungen ihrer eigenen Vokalisationen, in Form von atemsynchronen Sequenzen oder, im zweiten Halbjahr, in Sequenzen von rhythmisch segmentierten Silbenfolgen. Beginn und Dauer solcher Vokalisationssequenzen lassen jedoch nicht auf eine zugrundeliegende Periodizität schließen. Vielmehr weiß man, daß die spontane Vokalisationsfrequenz des Säuglings von vielen aperiodischen Faktoren bestimmt wird, z.B. vom Befindlichkeits- und Verhaltenszustand des Kindes, insbesondere vom Grad der positiven oder negativen Erregung (Papoušek, 1994a). So war in den Zuständen konzentrierter Aufmerksamkeit, körperlicher Anspannung und emotionaler Neutralität der Vokalisationsabstand besonders hoch, die Vokalisationsdichte gering. Demgegenüber sank der Vokalisationsabstand, sowohl in Richtung positiver emotionaler Erregung (auf 2.32 sec) als auch in Richtung von Unruhe und Schreien (auf 0.94 sec).

Ein weiterer aperiodischer Faktor ist das *Hören der mütterlichen Sprache*, das im Alter von 4 bis 20 Wochen kindliche Vokalisationen anregt. Im Alter von 21 bis 24 Wochen ist es dagegen bereits das mütterliche Schweigen, das am wirksamsten kindliche Vokalisationen auslöst, während das Sprechen der Mutter das Kind zum Verstummen bringt (Berger & Cunningham, 1983). Auch in experimentellen Untersuchungsanordnungen zeigte sich, daß sprachliche Stimulation die Vokalisationsrate von 3-monatigen Säuglingen erhöht, inbesondere bei gleichzeitigem Blickkontakt und unabhängig davon, ob die sprachliche Stimulation randomisiert oder in Form kontingenter Antworten auf kindliche Vokalisationen angeboten wird (Bloom, 1975; Wolff, 1969).

Sprachliche Stimulation als kontingente Antwort auf kindliche Laute beeinflußt dagegen die zeitlichen Parameter des kindlichen Vokalisierens: das Kind lernt, nach der Vokalisation zu pausieren, wie um dem Partner für seine kontingente Antwort Zeit zu geben, während das Kind bei randomisierter Stimulation häufiger in Sequenzen von unvoraussagbarer Länge vokalisiert. Das Abwechseln von Zuhören und Sprechen auf seiten des stimulierenden Erwachsenen erzeugt demnach ein Abwechseln von Sprechen und Zuhören auch auf seiten des Kindes (Bloom et al., 1987). Die weitere experimentelle Analyse der kontingenten sprachlichen Stimulation ergab bei 3-monatigen Säuglingen signifikante Auswirkungen auf die Qualität der Vokalisation: der Anteil der Gurrlaute (von den Autoren als wohlklingende, melodisch modulierte, sprachähnlich klingende "syllabische" Laute beschrieben) erhöhte sich gegenüber den eher neutralen Grundlauten ("vocalic sounds") (Bloom et al., 1987). Als besonders wirksames Stimulans hat sich auch das mütterliche Echo erwiesen (Veneziano, 1988; S. 104). Es bleibt dabei offen, ob die Kontingenz die Lautqualität direkt beeinflußt oder indirekt, indem sie den Verhaltenszustand des Kindes verändert und Wohlbehagen und positive emotionale Erregung auslöst, einen Zustand, der seinerseits seinen Ausdruck in Gurrlauten findet (S. 79; 159) (Papoušek, 1989). Die angenehm wohltönende Qualität der durch die Kontingenz ausgelösten Gurrlaute wirkt nach Bloom und Mitarbeitern (1987) auf den Erwachsenen zurück, der dazu neigt, diesen Lauten kommunikative Absichten zuzuordnen und sich dadurch in seiner Bereitschaft zum Dialog mit dem Kind wirksam motivieren läßt.

Interaktionsrahmen zum Einüben des Abwechselns

In den natürlichen Interaktionen der ersten Monate machen sich die Eltern offenbar die Effekte von kontingenten und nicht kontingenten Stimulationen zunutze, indem sie sowohl gemeinsam mit dem Kind vokalisieren als auch kindliche Laute alternierend und kontingent beantworten (Anderson et al., 1977; Stern et al., 1975). Etwa vom 5. Monat an läßt sich eine aktive Zuhörphase auf seiten des Säuglings annehmen (Berger & Cunningham, 1983; Locke, 1986), in der er beginnt, das Abwechseln zwischen Lautbildung und Verarbeitung der auditiven Wahrnehmung aktiv einzuüben.

Die *Entwicklung der kindlichen Dialogfähigkeit* beginnt früh in den von der Mutter abgesteckten Konversationsrahmen und setzt sich bis weit in das zweite und dritte Lebensjahr hinein fort (Kaye & Charney, 1981; Rutter & Durkin, 1987; Schaffer et al., 1977). Mit 12 Monaten nimmt die Zahl der stimmlichen Überlappungen deutlich ab (Schaffer et al., 1977), und das Kind schaut die Mutter als Zeichen seiner Aufmerksamkeit häufiger während ihrer Äußerungen an. Die Koordination des Abwechselns bleibt jedoch weiterhin bei der Mutter, die das Kind als Schrittmacher zuläßt, ihr Verhalten zeitlich auf das Timing des kindlichen Verhaltens zuschneidet und dem Kind mit seiner Vokalisationsbereitschaft "freien Lauf" läßt (Collis & Schaffer, 1975).

Erst zwischen 18 und 24 Monaten zeichnet sich ein aktiver kindlicher Beitrag zum Aufrechterhalten eines koordinierten sprachlichen Austausches ab: das Kind beginnt seinen Beitrag immer seltener mit einer Unterbrechung der Mutter; es signalisiert mit einem Blick zur Mutter am Ende seines Beitrages, wenn die Mutter an der Reihe ist, und es schaut vermehrt am Ende eines mütterlichen Beitrages zur Mutter, um ihre Signale zum Abwechseln aufzunehmen (Schaffer et al., 1977; Rutter & Durkin, 1987). Nach Rutter und Durkin kommt jedoch die kindliche Dialogfähigkeit erst im 3. Lebensjahr zur vollen Entfaltung.

Stimmliches Nachahmen

Als besondere Form des kontingenten Beantwortens und Abwechselns zwischen Zuhören und Vokalisieren läßt sich die mütterliche Bereitschaft verstehen, kindliche Vokalisationen nachzuahmen bzw. kindliche Nachahmungen durch Modellaute anzuregen (Papoušek & Papoušek, 1977).

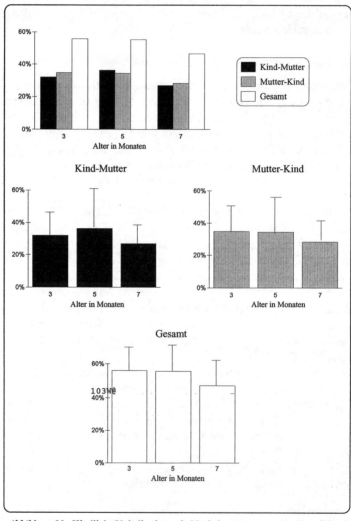

Abbildung 22: Kindliche Vokalisationen in Nachahmungssequenzen (Anteil in %)

Untersuchungsergebnisse:
Stimmliche Nachahmung vom 2. bis 15. Monat

Nachahmungsprozesse wurden im vorsprachlichen und beginnenden sprachlichen Alter auf zweierlei Weise erfaßt:

1. Im Alter von 3, 5 und 7 Monaten wurden Ähnlichkeiten zwischen benachbarten mütterlichen und kindlichen Vokalisationen in Bezug auf prosodische und phonetische Artikulationsmerkmale mikroanalytisch ausgewertet.
2. In allen Altersstufen wurde das mütterliche Nachahmen von vorausgehenden kindlichen Vokalisationen und das Vorsprechen von Modellauten zum Nachahmen analysiert.

Reziprokes Nachahmen von Artikulationsmerkmalen. In einer früheren Untersuchung der stimmlichen Kommunikation in spontanen Mutter-Kind-Interaktionen im Vorsilbenalter (2 - 5 Monate) hatte sich gezeigt, daß in allen Mutter-Kind-Interaktionen häufig und regelmäßig stimmliche Nachahmungen zu finden sind und 34% bis 54% aller kindlichen Vokalisationen einschließen (Papoušek & Papoušek, 1989c). Diese Nachahmungen betreffen Ähnlichkeiten oder Angleichungen von einem oder mehreren Artikulationsmerkmalen in Sequenzen von benachbarten mütterlichen und kindlichen Vokalisationen.

Im Rahmen der vorliegenden Längsschnittuntersuchung wurden im Alter von 3, 5 und 7 Monaten reziproke stimmliche Nachahmungssequenzen in Bezug auf vier prosodische (*Tonhöhe, Melodik, Dauer, Rhythmus*) und vier sprachliche Artikulationsmerkmale (*Vokal, Konsonant, Silbe, Wort*) analysiert. In den drei Altersstufen schlossen die Nachahmungssequenzen insgesamt durchschnittlich 55.8% (sd 18.2%), 55.3% (sd 23.0%) und 46.5% (sd 16.8%) der kindlichen Vokalisationen ein (*Abbildung 22*). Im Mittel waren Nachahmungen in Kind-Mutter-Sequenzen (32.3% der Vokalisationen, sd 17.9%) gleich häufig wie in Mutter-Kind-Sequenzen (32.8%, sd 17.1%). Davon waren 12.5% der Vokalisationen sowohl an Kind-Mutter- wie an Mutter-Kind-Sequenzen beteiligt.

Die mittlere Dichte von Nachahmungssequenzen lag in den drei Altersstufen gleichmäßig bei 6.4 pro Minute (sd 5.6). Mit zunehmendem Alter wurden die Nachahmungen jedoch in Bezug auf Art und Zahl der gleichzeitig nachgeahmten Merkmale differenzierter und komplexer. Der einfachen Struktur der Grundlaute und vokalartigen Laute entsprechend beinhalteten die Nachahmungen in Kind-Mutter- und Mutter-Kind-Sequenzen im dritten Monat vor allem die Tonhöhe (75.4%; sd 21.8% bzw. 81.9%; sd 15.3%), schlossen aber parallel dazu in zunehmendem Maße auch andere prosodische und sprachliche Merkmale ein (*Abbildungen 23* und *24*). Die Nachahmungen in Kind-Mutter- und Mutter-Kind-Sequenzen differenzierten sich vollkommen parallel, waren jedoch, abgesehen von der Tonhöhennachahmung, in fast allen Fällen zunächst in Kind-Mutter-Sequenzen häufiger. Es hatte den Anschein, als gehe die Mutter in ihren Nachahmungen dem Kind wegweisend ein Stück weit voraus.

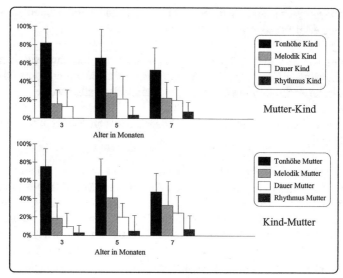

Abbildung 23: Wechselseitiges Nachahmen von prosodischen Merkmalen
(% der Nachahmungssequenzen)

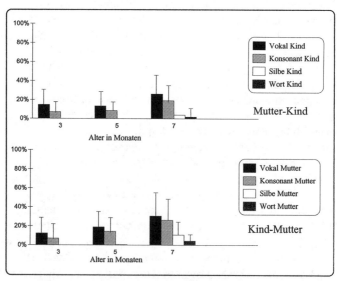

Abbildung 24: Wechselseitiges Nachahmen von sprachlichen Merkmalen
(% der Nachahmungssequenzen)

Mütterliches Nachahmungs- und Modellverhalten. Mißt man die stimmliche Nachahmungsbereitschaft der Mutter als Anteil der kindlichen Vokalisationen, die sie unmittelbar als Gesamtlaut imitiert (im Gegensatz zu der oben beschriebenen Nachahmung einzelner Artikulationsmerkmale), ergeben sich insgesamt niedrigere Werte. Die Auswertung ergab einen signifikanten altersabhängigen Anstieg der mütterlichen Nachahmungen von 5.9% (sd 12.9%) der kindlichen Vokalisationen mit 2 Monaten auf 20.6% (sd 14.6%) mit 15 Monaten (*Abbildung 21*). Bei der globalen Einschätzung der mütterlichen Nachahmungstendenz und Modellbereitschaft fand sich ebenso ein signifikanter linearer Trend von "selten bis fehlend" mit 2 Monaten zu "häufig" mit 15 Monaten.

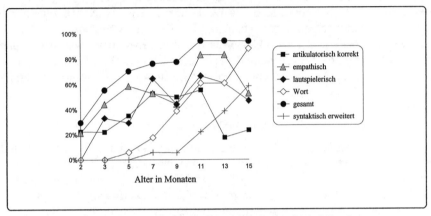

Abbildung 25: Formen mütterlicher Nachahmung (% der Mütter)

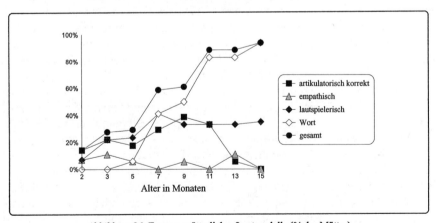

Abbildung 26: Formen mütterlicher Lautmodelle (% der Mütter)

Die *Abbildungen 25* und *26* veranschaulichen, welcher Anteil der Mütter in den einzelnen Altersstufen Lautnachahmungen und Lautmodelle benutzte und wie unter den Müttern die verschiedenen Nachahmungs- und Modellierungsstrategien (artikulationsfördernd, spielerisch, empathisch, als Wort, syntaktisch expansiv) in Bezug auf das Alter des Kindes verteilt waren. Alle nonverbalen Nachahmungsformen nahmen mit dem Alter deutlich zu und fanden sich vom 7. Monat an bei über der Hälfte der Mütter (*Abbildung 25*). Das artikulatorisch korrigierende Nachahmen (von sinnlosen Lauten) nahm gegen Ende der Beobachtungszeit ab und wurde von artikulatorisch korrigierenden Wortnachahmungen abgelöst. Das Nachahmen kindlicher Vokalisationen als Wort, auch in Form der syntaktisch erweiterten Nachahmung, begann bei einzelnen Müttern bereits mit 5 bzw. 7 Monaten und stieg parallel mit der Entwicklung von Wortschatz und Wortgebrauch zwischen 9 und 15 Monaten rasch an. Vorsprachliche Modelle zum Nachahmen fanden sich durchweg nur bei einem relativ kleinen Prozentsatz der Mütter (zwischen 20 und 40%) (*Abbildung 26*). Wortmodelle dagegen tauchten bereits im 5. Monat vereinzelt auf und wurden vom 9. Monat an von 50%, vom 11. bis 15. Monat an von 85 bis 95% der Mütter benutzt.

Das mütterliche Echo: Interaktionsrahmen zum Einüben der Nachahmung

Art und Komplexität der nachgeahmten Lautmerkmale stimmen sehr genau mit den jeweils neuesten Errungenschaften im spontanen kindlichen Vokalisationsrepertoire überein. Aus solchen Beobachtungen läßt sich jedoch nicht ableiten, daß der Säugling sein frühes Lautrepertoire oder einzelne Lautmerkmale durch Nachahmung erwirbt. Wie beim dialogartigen Abwechseln ist es die Mutter, die primär, von den ersten Interaktionen an, dazu neigt, die kindlichen Laute nachzuahmen und durch ein kontingentes "biologisches Echo" zu verstärken (Papoušek & Papoušek, 1977a). Wenn die Mutter ihr Kind zum Vokalisieren anregen will, stimuliert sie besonders wirksam mit typischen Lauten aus dem aktuellen kindlichen Repertoire, und sie antizipiert dabei sogar die voraussichtliche Tonhöhe der kindlichen Laute (Papoušek & Papoušek, 1989b).

Über die unmittelbaren Nachahmungen und Modelle hinaus paßt die Mutter ihre gesamte Sprechweise in zahlreichen Artikulationsmerkmalen den kindlichen Vokalisationen an. Durch angleichendes Anheben der Stimme und eine Vorliebe für einfache einsilbige Äußerungen mit verlängerten Vokalen und einfachen prototypischen Melodien werden die ursprünglichen Disparitäten zwischen Sprache und Säuglingslauten vermindert und die allgemeine Wahrscheinlichkeit von Merkmalsähnlichkeiten wird erhöht (Fernald & Simon, 1984; Papoušek et al., 1985; 1987a; Ratner, 1984a) (S. 129f). Einige dieser Anpassungen finden sich in Form von sofortigen, oft übertriebenen Nachahmungen von kindlichen Lautmerkmalen. Meist jedoch wirken sie als altersangemessene Modelle in Bezug auf die basalen artikulatorischen Fähigkeiten.

Durch ihr Nachahmungs- und Modellverhalten erhöhen die Eltern die Wahrscheinlichkeit, daß das Kind mit einem ähnlichen Laut in ähnlicher Tonhöhe antwortet (Piaget, 1962). Unabhängig von der Frage, ob und ab wann das Kind zu eigenen echten Nachahmungsleistungen befähigt ist, bietet die Mutter einen *Imitationsrahmen*, in dem sie selektiv mit kindgemäßen Lauten stimuliert und korrektives Feedback anbietet (Kaye, 1982). Darin findet das Kind in allen Phasen seiner Vokalisationsentwicklung regelmäßig Gelegenheit, seine eigenen Laute mit den vorausgehenden Modellauten und den nachfolgenden Imitationslauten der Eltern zu vergleichen und sie ihnen anzugleichen (Papoušek & Papoušek, 1989b). Die Ähnlichkeiten erlauben, intermodale Äquivalenzen zwischen den von der Mutter gehörten und gesehenen Lauten und den eigenen Lauten zu entdecken und zu integrieren. Man kann annehmen, daß dadurch die Grundlage für die Entwicklung der Nachahmungsfähigkeit im engeren Sinne vorbereitet wird.

Funktionen der Nachahmung in der vorsprachlichen Kommunikation

Die Bedeutung reziproker stimmlicher Nachahmungsprozesse wird in der Literatur sowohl in Bezug auf den Erwerb sprachlich relevanter Fähigkeiten wie in Bezug auf interpersonale kommunikative Funktionen diskutiert (Kaye, 1982; Papoušek & Papoušek, 1989b; Uzgiris, 1981; 1984). Analysiert man das mütterliche Nachahmungs- und Modellverhalten in Zusammenhang mit dem Interaktionskontext, so läßt sich eine Reihe aufschlußreicher mütterlicher Strategien differenzieren (*Abbildungen 25* und *26*).

Artikulatorisch korrekte Modelle und korrektives auditives Feedback. Viele Mütter geben eher unauffällige Laute des Kindes in deutlich artikulierter Weise wieder und bieten damit dem Kind ein visuelles und/oder auditives Feedback (*Abbildung 27 B*). Diese mütterlichen Nachahmungslaute sind den konventionellen gesprochenen oder gesungenen Lauten artikulatorisch angenähert. Eine auditive Rückkoppelung ist bei manchen Singvogelarten für das Erlernen des artspezifischen Gesangs kritisch wichtig (Konishi, 1965). Das gleiche Prinzip wird auch in Form von Biofeedbacksystem in Sprachtrainingsprogrammen für hörbehinderte oder dysarthrische Kinder erfolgreich eingesetzt.

Beim menschlichen Säugling ist das auditive Feedback seitens der eigenen Stimme und der mütterlichen Stimme für die Entwicklung der kanonischen Silben kritisch wichtig, kann aber auch schon im präsyllabischen Alter das Kontrollieren basaler artikulatorischer Fähigkeiten fördern. Dies zeigt die Vokalisationsentwicklung hochgradig hörgeschädigter Säuglinge, bei denen die Entwicklung des Silbenplapperns erheblich verzögert ist (Oller & Eilers, 1988).

In anderen Nachahmungssequenzen suchen die Mütter durch deutlich artikulierte Instruktionen, Nachahmungen des Kindes auszulösen, indem sie ein auffälliges Modell aus dem kindlichen Repertoire oder ein Wort geduldig wiederholen, pausieren und eine Nachahmung, auch wenn sie nur partiell gelungen ist, bestäti-

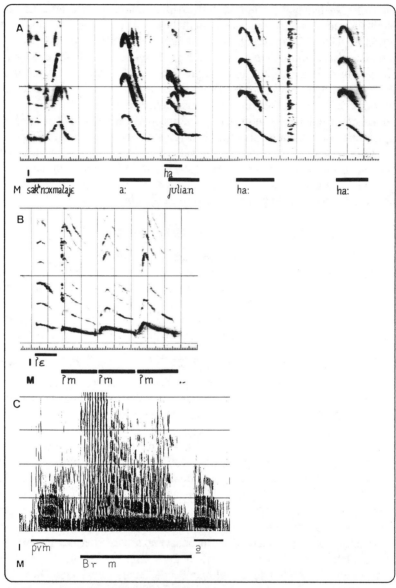

Abbildung 27: Reziproke Nachahmungssequenzen in Mutter-Kind-Interaktionen (Sonagramme).
A: (3 Monate) Die Mutter gibt zweimal ein Modell (gedehnter Vokal /a/ mit fallender Melodie); die Nachahmung des Kindes belohnt sie mit zwei erneuten Nachahmungen.
B: (3 Monate) Eine unauffällige Vokalisation wird von der Mutter aufgegriffen und in der Melodie dreimal verdeutlichend nachgeahmt.
C: (5 Monate) Das Kind macht einen Labiallaut, als die Mutter von der Eisenbahn spricht. Die Mutter greift den Laut als Wort auf: "Brumm, so macht das Auto." (M = Mutter; I = Kind)

gend oder korrigierend beantworten (*Abbildung 27 A*). Sie antworten gewöhnlich in Form einer einfachen kontingenten Verstärkung, einer belohnenden nonverbalen Botschaft oder einer Korrektur. In solchen Kontexten kann Nachahmen als differenzierende kontingente Antwort wirken, die das kindliche Einüben neuer Lautmerkmale verstärkt (Parton, 1976). Allein die Erfahrung, nachgeahmt zu werden, ist in sich selbst ein wirksamer Verstärker (Thelen, Dollinger, & Roberts, 1975). Doch auch ohne Belohnung werden Säuglinge zu Nachahmungsversuchen motiviert, wenn sie durch ihr eigenes Verhalten die Kontingenz des Modells aktiv kontrollieren können (Kaye & Marcus, 1978; 1981; Papoušek & Papoušek, 1977a).

Interaktive explorative Lautspiele. Mit besonderem Vergnügen stimmen einige Mütter in das kindliche Spiel mit der Stimme ein (S. 81) und wetteifern mit dem Kind im Rahmen interaktiver Nachahmungsspielchen oder musikalischer Duette im Erfinden und Ausgestalten neuer Lautprodukte. Die Mutter hilft so dem Kind, die eigene Stimme als Spielzeug zu entdecken (Papoušek & Papoušek, 1981e; Papoušek et al., 1987b). Das interaktive Spiel mit der Stimme kann dazu beitragen, das stimmliche Repertoire explorativ zu erweitern und über noch ungewohnte Mechanismen der Lautproduktion Kontrolle zu gewinnen. Noch frei von sprachlichen Inhalten scheinen die stimmlichen Nachahmungsspielchen aber auch zu den emotionalen und kreativen Höhepunkten im kommunikativen Austausch zwischen Mutter und Kind zu gehören.

Empathisches Nachahmen. Wenn das Kind in seinen Lauten sein momentanes Befinden zum Ausdruck bringt, benutzen Mütter die Nachahmung des stimmlichen Ausdrucks, um sich empathisch in das kindliche Erleben einzufühlen oder durch verstärkende, abschwächende oder variierende Nachahmungen Befindlichkeit, Aufmerksamkeit und Erregung des Kindes unmittelbar zu beeinflussen (Kaye, 1979).

Dank der bisher genannten Strategien können die frühen Erfahrungen des Kindes in den interaktiven Imitationsrahmen als Vorbereitungs- und Einübungsphase für die spätere Nachahmungsfähigkeit im engeren Sinn wirksam werden.

Nachahmen als Ausdruck der Gegenseitigkeit und Gemeinsamkeit. Daneben repräsentieren die Nachahmungssequenzen frühe Formen gemeinsamen Handelns und sind als solche eine Quelle besonderes reicher und vergnüglicher Erfahrungen, die zum affektiven Austausch beitragen (Kaye, 1982; Murai, 1963) und ein Gefühl der Gegenseitigkeit, geteilter Erfahrung und gemeinsamen Verstehens wecken können (Uzgiris, 1981; 1984). Die Freude, die Mutter und Kind in den Nachahmungsspielchen teilen, wurzelt vermutlich in der inneren Motivation, die durch erfolgreiche Integration von Vertrautheit, Voraussagbarkeit und gegenseitigem Beeinflussen geweckt wird (Kaye & Marcus, 1978; Papoušek & Papoušek, 1977a).

Nachahmen als Aushandeln eines gemeinsamen Codes. Durch das wechselseitige Nachahmen bilden sich Mutter und Kind ein frühes gemeinsames "Alphabet", einen nonverbalen Code (Pawlby, 1977), auf den sie später zurückgreifen können, sobald es die integrativen Fähigkeiten des Kindes erlauben, den Interaktionskontext mit ersten bedeutungstragenden Wörtern zu füllen. Genau dies machen sich viele Mütter zunutze, wenn sie zuvor eingeübte Silben des Kindes als Wortkerne aufgreifen und nachahmend als Wortmodell zu Ereignissen, Personen oder Gegenständen im Kontext in Beziehung setzen (Papoušek & Papoušek, 1989b) (S. 91).

Repetitive, gut identifizierbare, sprachähnliche Lautstrukturen sind vor allem die regulären Silben und Doppelsilben, die von der sozialen Umwelt in zahlreichen Sprachen der Welt als Wortkerne aufgegriffen und besonders relevanten Aspekten der frühen sozialen Erfahrungen zugeordnet werden, den Hauptbezugspersonen, der Nahrungsaufnahme und Tierspielzeugen (Locke, 1985). Besonders früh werden auch auffällige lautmalerische Lautmuster aus dem kindlichen Repertoire als gemeinsamer Code entdeckt und mit Bedeutung gefüllt, so z.B. die beim Explorieren des stimmlichen Potentials beliebten Prustlaute, die die Eltern aufgreifen, mit dem Motorengeräusch vorbeifahrender Autos assoziieren und als Symbol für Autos und für spielerische Aktionen mit Spielzeugautos einsetzen (*Abbildung 27 C*). Einige Mütter haben eine besondere Neigung, Lautprodukte des Säuglings, die auch nur entfernt mit Wörtern Ähnlichkeit haben, als Wörter nachzuahmen und ihre Bedeutung dem Kind durch entsprechende sensorische Erfahrungen zu vermitteln. Ein Beispiel ist der Diphthong /ei/, den Säuglinge gelegentlich schon im Vorsilbenalter produzieren. Die Mutter läßt das Kind die Geste des Streichelns unmittelbar fühlen (*"soll ich ei machen?"*) oder führt ihm die Hand beim Streicheln eines Spielzeugs (*"Mach ei, Ente"*).

Verzögertes Nachahmen. Formen der verzögerten Nachahmung lassen sich weniger gut aus Interaktionen allein analysieren. Das verzögerte Nachahmen scheint bereits gegen Ende des ersten Lebensjahres in der Phase der wechselseitigen Beziehungen zwischen alternierendem Silbenplappern und ersten Wörtern eine besondere Rolle zu spielen. Die Fähigkeit zu verzögertem Nachahmen von Handlungen, mit der ursprünglich erst im Stadium 6 der kognitiven Entwicklung zwischen 14 und 20 Monaten gerechnet wurde (Piaget, 1962), konnten Meltzoff und Gopnik (1989) bereits bei 9- und 14-monatigen Säuglingen experimentell nachweisen. So sind 9-monatige Säuglinge in der Lage, eine Sequenz von 3 Zielverhaltensformen mit verschiedenen unbekannten Spielzeugen zu speichern und - ohne Gelegenheit zu sofortigem Nachahmen und Praktizieren - nach 24 Stunden zu reproduzieren. Vierzehnmonatige Säuglinge können von einer Sequenz von 6 Zielverhaltensformen mit unbekannten Gegenständen noch nach einer Woche bis zu 5 Verhaltensformen reproduzieren, ohne vorherige Gelegenheit zum Praktizieren.

In Bezug auf die Sprachentwicklung zeigen Analysen des Übergangs vom Plappern zu den ersten Wörtern, daß die Säuglinge Wörter oder andere Lautstrukturen der gehörten Sprache speichern und sie dann später in Monologen in einer Art von *"off-line-Analyse"* bearbeiten (Elbers & Ton, 1985; Kuczaj, 1987; Papoušek & Papoušek, 1981e; Weir, 1962). Die *Abbildung 28* zeigt Beispiele aus den morgendlichen Aufwachmonologen eines 16-monatigen Mädchens, in denen es einmal eine Phrase aus dem alltäglichen Sprachangebot der Mutter (A: "Schau mal") und einmal eine Phrase aus einem vertrauten Kinderliedchen (B: "Backe backe Kuchen") aufgreift und spielerisch variierend bearbeitet (Papoušek & Papoušek, 1981e).

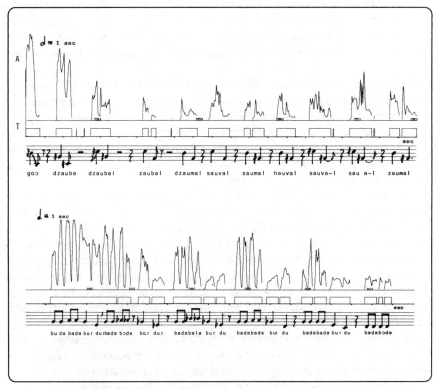

Abbildung 28: Verzögertes Nachahmen bei einem 16-monatigen Mädchen: Spiel mit globalen Mustern, Prosodik von "schau mal!" aus dem mütterlichen Sprachangebot (oben), Sequenz aus dem Kinderliedchen "Backe backe Kuchen" (unten).
A = Amplitude; T = Zeitstruktur.

Interdyadische Variabilität der Nachahmungsbereitschaft

Alle sprachbezogenen Imitationsstudien kommen zu dem Schluß, daß die Nachahmungsbereitschaft des Kindes und seine Tendenz, sofortige Nachahmung als Strategie im Spracherwerbsprozeß auszunutzen, individuell ausgesprochen unterschiedlich ist. Die Frage ist offen, ob das Kind seine Nachahmungsbereitschaft und -fähigkeit im vorsprachlichen Alter in dem durch die Mutter vorgegebenen Imitationsrahmen durch Einüben erlernt, oder ob primär unterschiedliche, angeborene Formen der Informationsbearbeitung und Nachahmungsbereitschaft auf seiten des Kindes bei den Müttern unterschiedliche Strategien wecken.

In allen Untersuchungen über präverbale und verbale Nachahmungen im natürlichen Interaktionskontext ist das kindliche Nachahmen hoch mit dem mütterlichen Nachahmen korreliert (Masur, 1989; Papoušek & Papoušek, 1989b; Pawlby, 1977; Snow, 1989a; Uzgiris, 1981; 1984). In der Interpretation solcher Zusammenhänge ist jedoch, wie oben diskutiert, Vorsicht angebracht, da das, was in spontanen Interaktionen im kindlichen Verhalten als Nachahmung imponiert, nicht immer Ausdruck einer aktiven kindlichen Nachahmungsleistung ist, sondern vielfach das Ergebnis besonders feinfühliger vorausschauender Anpassungen der Mutter in ihren Modellauten.

In der psycholinguistischen Diskussion wird die kindliche Nachahmungsbereitschaft häufig als stabiles Persönlichkeits- oder Stilmerkmal des Kindes betrachtet, das vor allem die Kinder mit einer Präferenz für holistische Strategien im Spracherwerb und einem sozial/expressiven Stil kennzeichnet (Bates, Bretherton, & Snyder, 1988) (S. 168). Diese Kinder zeichnen sich auch durch ungenaue Artikulation, Fehlen phonologischer oder syntaktischer Regeln und häufigen Gebrauch von Jargon und konventionellen Sprachformeln aus.

Bedeutung der frühen Nachahmungserfahrung für die spätere kindliche Nachahmungsfähigkeit. Bereits bei Neugeborenen finden sich individuelle Unterschiede in der Nachahmungsbereitschaft (Heimann & Schaller, 1985). Nach Snow (1989a) ist Nachahmung jedoch eine erlernte Fähigkeit, eine nützliche Strategie, die die Kinder in der Interaktion mit der Mutter für eine bestimmte Domäne eingeübt haben und die auf diese Domäne beschränkt bleibt. So korreliert die mütterliche Nachahmungsbereitschaft mit 14 Monaten mit der stimmlichen Nachahmung des Kindes, nicht aber mit der gestischen oder spielzeugbezogenen Nachahmung (Snow, 1989a).

Die eigene Untersuchung ergibt einen deutlichen Zusammenhang zwischen Nachahmungsprozessen im vorsprachlichen Alter und der Neigung des Kindes, im Alter von 15 Monaten sofortiges Nachahmen als Wortlernstrategie einzusetzen. Auch die Neigung der Mutter, die vom Kind mit 15 Monaten produzierten Wörter korrigierend nachzuahmen, korreliert positiv mit der vorsprachlichen Nachahmung (*Tabelle 7*). Dies trifft insbesondere für die Nachahmungserfahrungen im ersten Halbjahr zu, und unter diesen für die Erfahrungen mit der reziproken Nachahmung von sprachbezogenen Artikulationsmerkmalen sowie mit spielerisch-explorativen Lautmodellen und Lautnachahmungen durch die Mutter. Im zweiten Halbjahr sind es die Erfahrungen mit mütterlichen Wortmodellen und Wortnachahmungen, die positiv mit dem kindlichen Nachahmen von Wörtern mit 15 Monaten korrelieren.

Diese Befunde stützen die Annahme, daß das Kind aus den frühen Erfahrungen mit der mütterlichen Nachahmung in ihren unterschiedlichen Funktionen gelernt hat, die Möglichkeiten der sofortigen Nachahmung als Strategie beim Erlernen neuer Lautstrukturen und Wörter auszunutzen. In der vorliegenden Stichprobe sind die Kinder mit den reichsten Erfahrungen mit mütterlichem Modell- und Nachahmungsverhalten überzufällig häufig auch in der Gruppe vertreten, die am frühesten mit der expressiven Sprache beginnt und mit 15 Monaten den größten Wortschatz hat (S. 175).

Tabelle 7: Korrelationen zwischen stimmlichen Nachahmungsprozessen im 1., 2. und 3. Halbjahr und Nachahmung als Wortlernstrategie mit 15 Monaten

	Wortna- chahmung des Kindes 15 Monate r	Wortna- chahmung der Mutter 15 Monate r
1. Halbjahr		
Reziproke Nachahmung von Artikulationsmerkmalen		
Mutter-Kind (% KV)	.74**	.54*
Gesamt (% KV)	.58*	.44
Vokale Mutter-Kind (% KV)	.60*	.53
Sprachlaute Mutter-Kind (% KV)	.67**	.61*
Sprachl.-prosod. Mutter-Kind (% KV)	.57*	.41
Mütterliche Nachahmung		
Explorativ	.62*	.52
Empathisch	.60*	.10
Gesamt	.20	.02
Mütterliche Modelle		
Gesamt	.55*	.57*
Sprachlaute	.54*	.54*
2. Halbjahr		
Mütterliche Nachahmung		
als Wort	.54*	.09
Gesamt	.10	-.08
Mütterliche Modelle		
Wortmodelle (% MV)	.54*	.29
3. Halbjahr		
Mütterliche Nachahmung		
als Wort	.45	.47
Gesamt	.51	.63*
Mütterliche Modelle		
Gesamt	.45	.47

* p < .01; ** p < .001; Spearman Rangkorrelation

Bedeutung der Nachahmung für den Spracherwerb

Die Bedeutung der Nachahmung für den Spracherwerb ist seit langem Gegenstand kontroverser Diskussionen in der linguistischen Literatur. Ein Großteil der diskrepanten Befunde und Interpretationen ist jedoch auf unterschiedliche Definitionen und Methoden zurückzuführen, je nachdem ob von spontaner oder experimentell ausgelöster Nachahmung, von partieller, exakter oder expandierter Nachahmung, sofortiger oder verzögerter Nachahmung die Rede ist (Snow, 1989a).

Übereinstimmung herrscht darüber, daß eine bestimmte Fähigkeit und Motivation zur sofortigen und/oder verzögerten Nachahmung eine unverzichtbare Voraussetzung für das Erlernen der Phonologie und des Lexikons der Muttersprache darstellt (Studdert-Kennedy, 1986), daß aber sofortiges Nachahmen nur von einigen Kindern intensiv als wirksame Strategie zur sprachlichen Informationsbearbeitung genutzt wird (Bloom, Hood, & Lightbown, 1974), zum Einüben neuer Wörter (Leonard et al., 1979; Rodgon & Kurdek, 1977; Uzgiris, 1972), zum Zweck, die Kommunikation bei noch eingeschränkter sprachlicher Kompetenz aufrechtzuerhalten (Clark, 1976; Snow, 1981; Uzgiris, 1981) und zum Erlernen syntaktischer Strukturen (Snow, 1981).

Die Frage, ob und in welchem Maße Nachahmungsprozesse für die vorsprachliche Vokalisationsentwicklung eine Rolle spielen, scheint von vorneherein abwegig in Anbetracht der vorherrschenden traditionellen Auffassung, daß die Vokalisationsentwicklung einem angeborenen Reifungsplan ohne unmittelbare Einwirkungen von seiten der sprachlichen Umwelt folgt (Locke, 1983). Die Entdeckung der angeborenen Imitationsfähigkeiten von neugeborenen Säuglingen (Maratos, 1973; Meltzoff & Moore, 1977) und von stimmlichen und nichtstimmlichen reziproken Nachahmungsprozessen in spontanen präsyllabischen Interaktionen zwischen Mutter und Kind (Papoušek & Papoušek, 1977a; 1981e; 1989a; Pawlby, 1977; Uzgiris, 1981; 1984) haben jedoch das Interesse an der vorsprachlichen Entwicklung der kindlichen Nachahmungsfähigkeiten und ihrer Bedeutung für Vokalisations- und Sprachentwicklung neu belebt (Speidel & Nelson, 1989).

Entwicklung der stimmlichen Nachahmungsfähigkeiten des Kindes

Die Entwicklung der stimmlichen Nachahmung wurde ausführlich von Baldwin (1895) und Piaget (1962) analysiert und konzeptualisiert. Danach wird reflexartiges "Ansteckungsschreien" des Neugeborenen (Stadium 1) abgelöst durch die Fähigkeit, Modellvokalisationen, die dem kindlichen Lautrepertoire angepaßt sind, zunächst sporadisch (Stadium 2, 1. - 3. Monat), dann systematischer (Stadium 3, 4. - 8. Monat) im Sinne von primären und sekundären Kreisreaktionen zu wiederholen. Nachahmung im engeren Sinn, nämlich die Fähigkeit, neue Verhaltensmodelle nachzuahmen, entwickelt sich erst zwischen 9 und 11 Monaten, systematische Nachahmung von neuen Lautstrukturen und Wörtern in Stadium 5 (12. - 16. Monat). Die Fähigkeit zu verzögerter Nachahmung wird dem Stadium 6 (14. - 20. Monat) zugeschrieben.

Gezielte experimentelle Untersuchungen haben inzwischen eine Reihe vorsprachlicher stimmlicher Nachahmungsfähigkeiten nachgewiesen: Nachahmung von typischen Gurrlauten aus dem kindlichen Repertoire mit 2 - 3 Monaten (Uzgiris, 1972), von Vokalen und Silben mit 3 Monaten (Maratos, 1973; Legerstee, 1990), von absoluter Tonhöhe mit 3 - 6 Monaten (Kessen, Levine, & Wendrich, 1979), und - als unerwartete Zugabe bei Untersuchungen zur intermodalen

Wahrnehmungsfähigkeit - von Vokalen und Intonationskontur mit 4 - 5 Monaten (Kuhl & Meltzoff, 1982).

Bereits Neugeborene sind in den ersten Lebenstagen fähig, visuelle Modelle von potentiell artikulatorischen Mundbewegungen (Bewegungen von Lippen, Kiefer, Zunge), Hand- und Kopfbewegungen und emotionalem Gesichtsausdruck nachzuahmen (Abravanel & Sigafoos, 1984; Field et al., 1982; Maratos, 1973; Meltzoff & Moore, 1977; 1983). Die anfänglich heftige Kontroverse über die Existenz des Phänomens ist inzwischen einer lebhaften Diskussion über die zugrundeliegenden Mechanismen gewichen. Meltzoff & Moore (1989) nehmen eine basale angeborene Fähigkeit an, visuell-motorische Äquivalenzen zwischen Bewegungen, die das Neugeborene sieht und die es selbst ausübt, zu entdecken. Das Phänomen läßt sich nach Meltzoff und Moore (1989) weder durch einen einfachen angeborenen Auslösungsmechanismus erklären, noch als Folge einer Ansteckungsreaktion, vielmehr deute es auf eine Fähigkeit zu aktivem intermodalem Abbilden oder Repräsentieren auf einer basalen Ebene hin.

Intersensorische Verknüpfung von Lautwahrnehmung und Lautproduktion

Die Annahme, daß Wahrnehmung und Produktion von Verhaltensabläufen durch ein amodales Repräsentationssystem eng miteinander verknüpft sind, wird auch durch neuere Untersuchungen zur intermodalen Wahrnehmung von Sprachlauten gestützt. So weisen Untersuchungen an Erwachsenen über die Grundlagen des Lippenlesens darauf hin, daß bei der Wahrnehmung von Silben die visuellen und auditiven Informationen in einem aktiven Prozeß auf amodaler Ebene verbunden werden (McGurk & MacDonald, 1976).

Viermonatige Säuglinge entdecken strukturelle Korrespondenzen zwischen akustischen und optischen Informationen über ein Ereignis (Spelke, 1976; 1979). Sie schenken dem Vorlesen von Kinderreimen mehr Aufmerksamkeit, wenn sie die Stimme synchron mit den Lippenbewegungen der Lesenden hören, als wenn die Stimme um 400 msec verschoben ist (Dodd, 1979). Mit 4 - 5 Monaten zeigen sie bei der Wahrnehmung von gesprochenen Vokalen (/i/ und /a/) ihre Präferenz für die Synchronie zwischen der Mundbewegung und der gehörten vokalen Resonanzstruktur (Kuhl & Meltzoff, 1982). Sie entdecken Äquivalenzen zwischen Lauten, die sie hören, Artikulationsbewegungen, die sie beim Partner sehen, und Lauten und Artikulationsbewegungen, die sie selbst - nachahmend - reproduzieren (Kuhl & Meltzoff, 1984). Im Alter von 5 bis 6 Monaten ziehen Säuglinge vor, das Gesicht einer Frau anzuschauen, die dasselbe Silbenpaar artikuliert, das sie hören (/zuzi/), im Vergleich zu demselben Gesicht, das synchron eine andere Doppelsilbe (/vava/) spricht (MacKain et al., 1983). Die Präferenz für das mit dem Laut korrespondierende Gesicht war jedoch nur dann signifikant, wenn das synchrone Gesicht auf der rechten Seite zu sehen war und die Kinder nach rechts schauen mußten, bei

Säuglingen aus Linkshänderfamilien, wenn sie nach links schauen mußten. Dieser interessante Nebenbefund weist nach Studdert-Kennedy (1983) darauf hin, daß die Funktion der intersensorischen Integration von Sprachlauten lateralisiert in der linken Hemisphäre angesiedelt ist. Bereits am Ende des Vorsilbenalters lassen Säuglinge somit eine Präferenz für die natürlichen strukturellen Korrespondenzen zwischen akustischen und optischen Informationen in Bezug auf Sprachlaute erkennen. Beide Informationen machen sich 3- bis 4-monatige Säuglinge bei der Nachahmung der Vokale /u/ und /a/ zunutze (Legerstee, 1990).

Bei der stimmlichen Nachahmung handelt es sich um eine im Tierreich außergewöhnliche, spezialisierte Fähigkeit, Verknüpfungen zwischen wahrgenommenen Bewegungen und den entsprechenden motorischen Kontrollschemata zu entdecken (Studdert-Kennedy, 1983). Sie wird als ein spezialisierter Aktionsmodus betrachtet, in dem die Struktur einer amodalen Wahrnehmung direkt die Struktur der Aktion spezifiziert, die geeignet ist, eine entsprechende Wahrnehmung zu reproduzieren. Bei der Sprachwahrnehmung werden dieser Auffassung nach nicht nur Aspekte der Oberflächenkinematik des akustischen Lautmusters bzw. des sprechenden Gesichtes wahrgenommen, sondern auch die dynamischen Kräfte, die das Lautmuster formten, d.h., die artikulatorischen Bewegungen, die das Lautmuster erzeugten. Akustische und optische Struktur der gesprochenen Sprache spezifizieren gemeinsam ein amodales Ereignis: ein koordiniertes Muster artikulatorischer Aktivität. Entsprechend sind Wahrnehmung und Produktion als wechselseitig aufeinander abgestimmte Komponenten eines einzigen Systems zu verstehen (Studdert-Kennedy, 1986).

Dieses System ist beim Erwachsenen eindeutig in der linken Hemisphäre lokalisiert. Beim Säugling ist bereits im Neugeborenenalter eine Spezialisierung der Hemisphären in Bezug auf die Lautwahrnehmung nachweisbar (S. 28). Evozierte Potentiale sind beim Hören von sprachlichen Silben über dem linken Temporallappen stärker ausgeprägt, über dem rechten beim Hören von reinen Tönen (Molfese, 1977). Untersuchungen der Lautdiskrimination mit dichotischem Lautangebot bei 2-, 3- und 4-monatigen Säuglingen zeigen, daß musikalische Töne mit unterschiedlicher Klangfarbe schon mit 2 Monaten in der rechten Hemisphäre bearbeitet werden, Sprachlaute vom 3. Monat an in der linken Hemisphäre. In die intersensorischen Verknüpfungen der optisch-akustischen Lautwahrnehmungen in der linken Hemisphäre werden spätestens mit 5 bis 6 Monaten, d.h., noch vor Auftreten der regulären Silben, die motorisch-artikulatorischen Komponenten einbezogen (Studdert-Kennedy, 1986).

Eine weitere kritische Differenzierung in den perzeptiv-motorischen Mechanismen erfolgt in der Phase des alternierenden Silbenplapperns, etwa mit 10 Monaten. In diesem Alter spezialisieren sich die Wahrnehmungsfähigkeiten des Kindes unter dem Einfluß der Muttersprache auf die der Muttersprache eigenen kontrastiven Funktionen feiner Lautvarianten (Werker & Lalonde, 1988; Werker & Tees, 1984) und das Kind verliert seine anfangs universelle Fähigkeit, Sprachlautkontraste auch aus anderen Sprachen zu differenzieren. In diesem Alter werden Säuglinge fähig, feine Äquivalenzen und Unterschiede zwischen selbstproduzierten und gehörten Sprachlauten zu differenzieren. Entsprechend erreicht die Nachahmungsfähigkeit eine neue Ebene, auf der neue Lautgesten in den komplexen raumzeitlichen Verbindungen der gesprochenen Sprache erkannt, gespeichert und imitiert werden können (Studdert-Kennedy, 1986). Mit 8 Monaten wird im Silbenplappern von chinesischen, arabischen und französischen Säuglingen erstmals die jeweilige Muttersprache erkennbar, jedoch nur aufgrund ihrer unterschiedlichen prosodischen Eigenschaften (Boysson-Bardies, Sagart, & Durand, 1984; Boysson-Bardies et al., 1986; Weir, 1966). Mit 10 Monaten zeigen Formantanalysen im Plappern von französischen, englischen, algerischen und chinesischen Säuglingen bereits Unterschiede des Vokalraumes, die den translinguistischen Unterschieden des Vokalraumes in den Sprachen der Erwachsenen entsprechen (Boysson-Bardies et al., 1989). Im gleichen Alter beginnen chinesische Säuglinge in ihren Plappermonologen, spezifische Grundfrequenzmuster zu produzieren, die von nativen Hörern als Anklänge an die lexikalischen Tonstrukturen der Muttersprache wahrgenommen werden (Ichijima, 1987).

Diese Ergebnisse stehen nur scheinbar in Widerspruch zu anderen sprachvergleichenden Untersuchungen des Silbenplapperns (Oller & Eilers, 1982), die die auffallenden Ähnlichkeiten des phonetischen Repertoires des kanonischen Silbenplapperns von 13-monatigen Säuglingen aus spanisch- und englisch-sprachigen Familien betonen und als Evidenz für die Unabhängigkeit der Vokalisationsentwicklung vom Sprachangebot interpretieren. Die Ähnlichkeiten betreffen jedoch vor allem ein Kern-Repertoire der relativ einfachsten Konsonant-Vokal-Verbindungen, das allen Sprachen gemeinsam ist und den biologischen Beschränkungen des menschlichen Stimmtraktes entspricht (Lindblom, 1989; Lindblom & Maddieson, 1988; Locke, 1990). Seltenere, für individuelle Sprachen spezifische phonologische Differenzierungen von Vokalen, Konsonanten und Konsonantenclustern werden erst sehr viel später in das kindliche Lautrepertoire übernommen (Locke, 1990).

Die amodale funktionelle Verknüpfung von auditiven, visuellen und motorisch-artikulatorischen Informationen der Sprachlaute wird heute von anerkannten Linguisten als Vorbereitung und Grundlage für Nachahmungsfähigkeit, Vokalisationsentwicklung und Spracherwerb als kritisch wichtig angesehen (Studdert-Kennedy, 1983; 1986). Der elterliche Nachahmungsrahmen gibt dem Säugling vielfache Gelegenheiten, das Hören der Sprache und das Beobachten der Artikulationsbewegungen mit den eigenen Vokalisationen in Beziehung zu setzen und die audiovisuellen Wahrnehmungsmuster mit den eigenen motorisch-artikulatorischen Lautschemata zu integrieren. Solche Gelegenheiten gehören den eigenen Untersuchungen nach zu den häufigen Alltagserfahrungen des Säuglings in der vorsprachlichen Kommunikation.

Auf der Grundlage der neueren Fortschritte der Sprachwahrnehmungsforschung kommen Jusczyk und Bertoncini (1988) zu dem Schluß, daß die Sprachwahrnehmung des Kindes einem durch angeborene Programme geleiteten Lernprozeß folgt (S. 145f). Von Geburt an wird die Aufmerksamkeit der Säuglinge von der Sprache angezogen. Säuglinge lenken ihre Aufmerksamkeit auf besonders auffällige strukturelle Eigenschaften der gehörten Sprache, wobei sie durch die besonderen prosodischen Schlüsselinformationen der elterlichen Sprechweise gelenkt werden. Die Evidenz der vorliegenden Studie über wechselseitige stimmliche Nachahmungsprozesse in alltäglichen Kontexten mit der Mutter legt nahe, daß die Vokalisationsentwicklung von früh an mit dem Wahrnehmungslernen interagiert und durch die Neigung der Mutter unterstützt wird, Vokalisationen zu modellieren und nachzuahmen. Die perzeptuelle Frühreife des Säuglings in Bezug auf die Sprache (Jusczyk & Bertoncini, 1988) kann dem Kind ermöglichen, Modellaute in der elterlichen Sprache zum Nachahmen und Einüben der für die Muttersprache spezifischen Lautstrukturen zu identifizieren.

Integration von Erfahrungen in den Interaktionsrahmen der vorsprachlichen Kommunikation

Das Verstehen der Sprache und der Gebrauch von Wörtern kann nicht erlernt werden, solange der Säugling noch keine adäquate Taxonomie entwickelt hat, die ihm ermöglicht, außersprachliche Gegenstände und Ereignisse zu unterscheiden und zu erkennen (Bruner, 1977) und den zugehörigen kommunikativen Kontext (Interaktionsrahmen) zu integrieren. Es geht darum, daß er die Beziehungen zwischen dem Handeln seiner Eltern, seinem eigenen Handeln und seinen Erfahrungen mit Gegenständen zu konzeptualisieren und auf einfache Weise zu "repräsentieren" lernt. Es ist eines der überraschenden Kennzeichen der intuitiven elterlichen Früherziehung während der gesamten Periode der vorsprachlichen Kommunikation, daß es den Eltern gelingt, auffällige, einfache und repetitive Interaktionsrahmen zu gestalten, die es beiden Partnern erlauben, gemeinsame Erfahrungen und ein gemeinsames "Alphabet" für den kommunikativen Austausch aufzubauen.

Untersuchungsergebnisse:
Gestaltung der Interaktionsrahmen vom 2. bis 15. Monat

In der vorliegenden Längsschnittstudie deutet sich die mütterliche Gestaltung der vorsprachlichen Interaktionsrahmen bereits im sprachlichen Inhalt der mütterlichen Äußerungen an, der erkennen läßt, worauf die Aufmerksamkeit der Mutter ausgerichtet ist (*Abbildung 29*). Im ersten Halbjahr galt das mütterliche Interesse fast ausschließlich dem Befinden und Verhalten des Kindes: Befindlichkeit und Aufnahmebereitschaft (11.0% der mütterlichen Vokalisationen; sd 9.3% mit 2 Monaten), Blickverhalten (15.1%; sd 16.6% mit 2 Monaten), Lächeln (3.0%; sd 4.6% mit 3 Monaten), und Vokalisationen (9.7%; sd 10.6% mit 5 Monaten). Die Mutter gab dabei ihr Interesse kund, Signale der Befindlichkeit, Aufmerksamkeit und Belastbarkeit des Kindes zu verstehen und günstig zu beeinflussen sowie Blickkontakt, Lächeln und Vokalisationen anzuregen und zu belohnen. Die Ausrichtung auf kindliche Verhaltensformen nahm nach dem 5. Monat signifikant ab, mit Ausnahme der Vokalisationen und motorischen Verhaltensformen. Letztere zogen die Aufmerksamkeit der Mutter in Zusammenhang mit dem wachsenden Fortbewegungsdrang des Kindes auf sich, vor allem zu Beginn des Krabbelns (9.1%; sd 8.1% mit 7 Monaten) und des Laufens (6.5%; sd 8.2% mit 13 Monaten). (Die angegebenen Prozentzahlen sind relativ niedrig, da sie sich auf die Gesamtzahl der mütterlichen Äußerungen beziehen, von denen nur ein Drittel verbale Informationen enthält.)

Die primär fast ausschließlich wechselseitige dyadische Ausrichtung wurde im zweiten Halbjahr durch das gemeinsame Ausrichten der Aufmerksamkeit auf Gegenstände und Ereignisse im Kontext abgelöst. Die Ausrichtung auf Gegenstände kam sprachinhaltlich schon im 3. und 5. Monat sporadisch zum Ausdruck und stieg

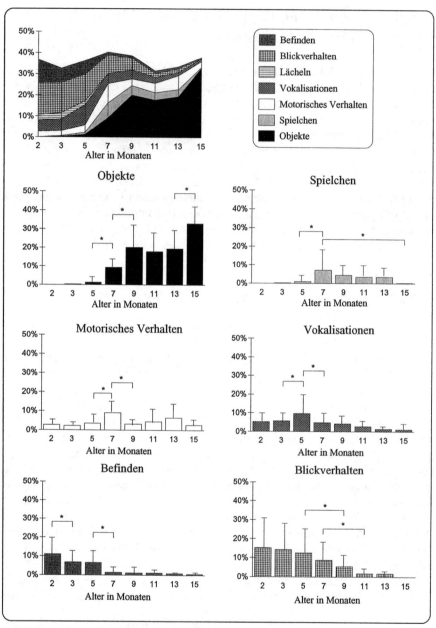

Abbildung 29: Sprachinhalt als Ausdruck des mütterlichen Interesses (% der mütterl. Äußerungen)

anschließend bis auf 33.0% (sd 9.9%) der mütterlichen Äußerungen an, mit signifikanten Zunahmen zwischen 5 und 7, 7 und 9, sowie 13 und 15 Monaten.

In ähnlicher Weise fand Snow (1977) in einer ausführlichen Analyse der Konversationsentwicklung von zwei Mutter-Kind-Paaren von 3 bis 20 Monaten, daß sich die mütterliche Sprache inhaltlich zunächst an Verhalten und Aufmerksamkeit des Kindes orientiert und darauf abzielt, Antworten des Kindes auszulösen. In Abstimmung mit dem sich entwickelnden kindlichen Interesse an der Umwelt nimmt die Sprache nach der primären Ausrichtung auf kindliche Erfahrungen und Befindlichkeiten im zweiten Halbjahr zunehmend auf Handlungen, Gegenstände und Ereignisse im Kontext Bezug.

Die Interaktionsrahmen gewannen durch entsprechend angepaßte nichtsprachliche Verhaltensformen der Mütter und ihr Bezugnehmen auf das kindliche Verhalten in typischer Weise Gestalt. *Abbildung 30* gibt die mittlere Ausprägung der verhaltensbezogenen Interaktionsrahmen wieder. Die Verteilung in Bezug auf das Alter entsprach weitgehend den in *Abbildung 29* dargestellten Daten über den Sprachinhalt. Trotz der sehr kurzen Aufnahmezeiten und der im allgemeinen beträchtlichen individuellen Variabilität waren die repetitiven Interaktionsrahmen bemerkenswert einheitlich gestaltet und bei der überwiegenden Zahl von Mutter-Kind-Paaren zu finden (*Abbildung 32*). So ging es bei der jüngsten Altersstufe am häufigsten um die Regulation von optimaler Befindlichkeit und Aufmerksamkeit (93% der Paare). Unterstützung des Blickkontaktes kam maximal im 3. Monat bei 83% der Paare vor, Anregen von Lächeln maximal im 5. Monat bei 53% der Paare, Anregen und Kontrollieren von motorischen Aktionen (Greifen oder Aufrichtungsbewegungen) maximal im 5. und 7. Monat bei 82.4% und Anregen von Vokalisationen nahezu gleichbleibend vom 2. bis 15. Monat bei 71 bis 89% der Paare.

Selbsterfundene interaktive Spielchen begannen mit 3 bis 5 Monaten und erreichten ihren Höhepunkt im 7. Monat. Sie waren bei 64.7% der Paare zu finden (*Abbildung 32*). Tradierte Spielchen waren insgesamt etwas seltener, gehörten jedoch zum regelmäßigen Repertoire der meisten Mutter-Kind-Paare. Am häufigsten waren "Guckuck - da", "Kommt ein Mäuschen..." und "Hammele hammele - dutz".

Die Kontexte, in denen Mutter und Kind die Aufmerksamkeit gemeinsam auf Gegenstände und Ereignisse im Umfeld zu richten versuchen, wurden primär durch die spontane visuelle Aufmerksamkeit des Kindes bestimmt, der die Mutter mit ihrem Blick folgte. Dies begann sporadisch schon in der jüngsten Altersstufe und nahm zwischen 5 und 7 Monaten signifikant zu (*Abbildungen 31* und *18*). Vom 3. Monat an begann auch die Mutter hin und wieder, die Aufmerksamkeit des Kindes auf Gegenstände im Umfeld und auf Spielzeuge zu lenken. Die Häufigkeit dieses Kontextes nahm ebenfalls zwischen 5 und 7 Monaten signifikant zu, ebenso wie das gemeinsame Spielen mit Gegenständen. Kommunikative Routinen (Wegwerfen und Aufheben, Geben und Nehmen, Verstecken und Finden, Zeigen und Benennen in- und außerhalb des Bilderbuchkontextes) tauchten sporadisch mit 7 Monaten auf und nahmen zwischen 9 und 11 Monaten und zwischen 13 und 15 Monaten signifikant an Häufigkeit zu.

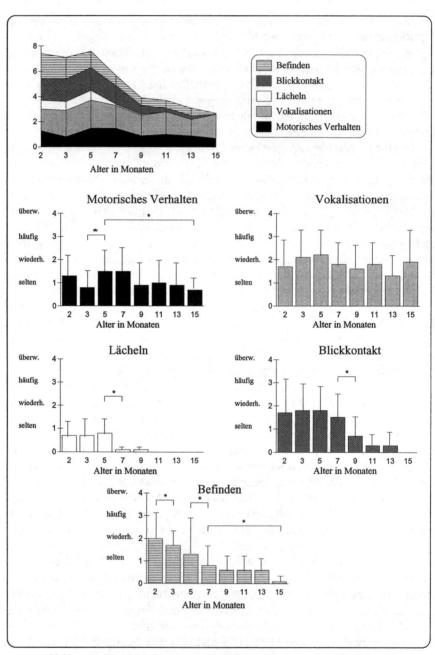

Abbildung 30: Interaktionskontexte: auf Befinden und Verhalten des Kindes bezogen

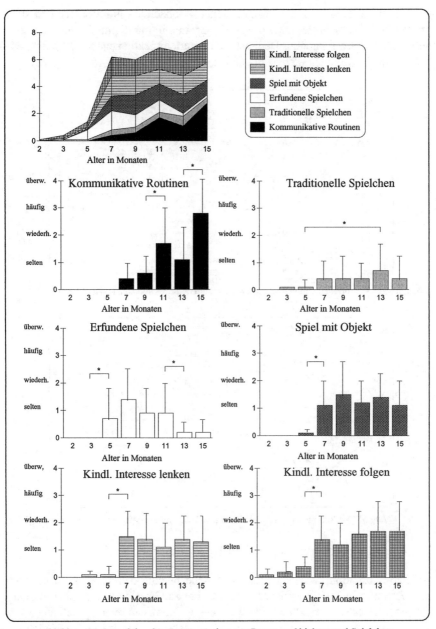

Abbildung 31: Interaktionskontexte: gemeinsamer Bezug zu Objekten und Spielchen

Welcher dieser Kontexte in einer gegebenen Beobachtung im Vordergrund stand, unterlag in Anbetracht der kurzen Aufnahmezeiten intraindividuell und interindividuell großen Schwankungen. Dennoch kamen alle objektbezogenen Kontexte zwischen 7 und 15 Monaten jeweils bei 60 bis 90% der Paare vor (*Abbildung 18*).

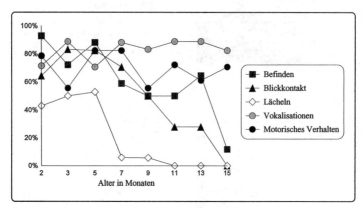

Abbildung 32: Vorkommen von verhaltensbezogenen Interaktionskontexten (% der Mutter-Kind-Paare)

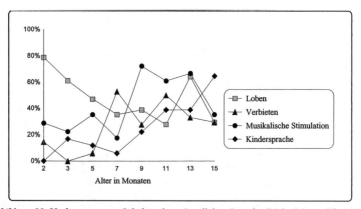

Abbildung 33: Vorkommen von Inhalten der mütterlichen Sprache (% der Mutter-Kind-Paare)

Der dyadische Kontext der frühen Kommunikation

Die Kommunikation zwischen Eltern und Kind beginnt demnach in einem dyadischen Kontext, in Zwiegesprächen "von Gesicht zu Gesicht". Die intuitiven elterlichen Verhaltensbereitschaften schließen eine Vielzahl von nicht-sprachlichen Verhaltensanpassungen ein, mit denen sie das Neugeborene für das Zwiegespräch vorbereiten: sie unterstützen die affektive Verhaltensregulation und tragen zu einem optimalen Verhaltenszustand bei, wecken Aufmerksamkeit, Integrations- und Interaktionsbereitschaft, erleichtern den Blickkontakt, dosieren ihre Anregungen in angemessener Menge, Intensität und Komplexität und sie beantworten bestimmte kindliche Verhaltensformen kontingent (Papoušek & Papoušek, 1977a; 1984a; 1987). Die elterliche Bereitschaft zum Zuhören und kontingenten Antworten trägt schon früh zur Gestaltung eines Konversationsrahmens mit dialogartigem Abwechseln bei, in dem der Säugling als aktiver Gesprächspartner behandelt wird (S. 92).

Der dyadische Kontext bietet dem Säugling in der vorsprachlichen Kommunikation des ersten Halbjahres unzählige natürliche Lernsituationen, in denen er sich mit dem Verhalten der Eltern vertraut macht, sein eigenes kommunikatives Verhalten einübt und Bedingungszusammenhänge zwischen seinem eigenen Verhalten und dem der Eltern zu entdecken und unter Kontrolle zu bringen lernt.

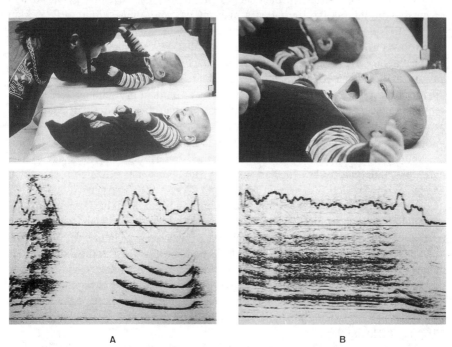

A   B

Abbildung 34: Szenen aus einem Kitzelspielchen einer Mutter mit ihrem 4-monatigen Säugling (Erläuterung s. Text). Unten: Sonagramme der begleitenden Vokalisationen des Kindes.
A: Juchzer, in der Pause zwischen zwei Wiederholungen,
gefolgt von einem Einladungslaut mit steigender Endkontur;
B: noch bevor die Mutter bei der Wiederholung die Achselhöhlen erreicht,
bricht das Kind in einen antizipatorischen Freudenschrei aus.

Soziale Kontexte sind im allgemeinen sehr komplex. Die Eltern erleichtern jedoch die Integration, indem sie ihr kommunikatives Verhalten einschließlich der Sprache zu kontrastreichen, häufig wiederholten prototypischen Grundmustern vereinfachen und diese als kontingente Antworten auf kindliches Verhalten einsetzen (S.

95; 130) (Papoušek & Papoušek, 1984a; b). Kontingente, vielfach ritualisierte Bezugsrahmen finden sich z.B. für das prozedurale Einüben von gezielter und anhaltender Aufmerksamkeit, gegenseitigem Blickkontakt, stimmlicher Nachahmung, spielerischem Explorieren des stimmlichen Potentials und dialogartigem Abwechseln von Zuhören und Antworten (Papoušek & Papoušek, 1989a; 1991b).

Interaktive Spielchen

Die Zwiegespräche werden zunehmend durch interaktive selbsterfundene oder tradierte Spielchen bereichert, sehr häufig zunächst ohne Spielzeug (Papoušek & Papoušek, 1977b). Die frühen Spielchen zeichnen sich durch relativ einfache und voraussagbare interaktive Verhaltenssequenzen aus, die - abgestimmt auf das Maß der kindlichen Aufmerksmkeit, Erregung und Freude - wiederholt, gesteigert und durch abwechslungsreiche Variationen ausgestaltet werden (Papoušek & Papoušek, 1977a; Papoušek, Papoušek, & Harris, 1987b). In *Abbildung 34* sind zwei Szenen aus einem typischen Kitzelspielchen eingefangen. Bei diesem Spielchen wandert die Mutter mit den Fingern am Körper des Kindes entlang in Richtung zu den Achselhöhlen und macht eine kurze erwartungssteigernde Pause, bis es zu dem aufregenden Höhepunkt des Kitzelns kommt. Der 4-monatige Säugling spielt seinen Part, indem er in der Pause durch einen Einladungslaut mit steigender Endkontur die Mutter zur Wiederholung des Spielchens auffordert, oder indem er der Mutter durch ein antizipatorisches Lachen vor dem Höhepunkt des Kitzelns rückmeldet, wie gut er das Spielchen in seinem Ablauf und Clou "vorauszusagen" versteht.

Den meisten interaktiven Spielchen ist eine typische Struktur gemeinsam, die gewöhnlich dazu führt, die beiderseitige Aufmerksamkeit über lange Zeit aufrechtzuerhalten und Erregung und Vergnügen des Kindes bis zur Grenze der Belastbarkeit zu steigern. Die Spielchensequenzen werden vor allem durch prosodische Elemente strukturiert und enthalten gewöhnlich eine aufmerksamkeitsweckende, erregende Komponente mit steigender Melodie und Intensität, eine erregungssteigernde Pause vor dem durch ein Tonhöhenmaximum markierten Höhepunkt und eine Entspannungskomponente mit fallender Melodie (Papoušek, 1981; Papoušek et al. 1987a) (*Abbildung 35*).

Schon vom zweiten Monat an erwacht bei dem Kind gelegentlich das Interesse an Gegenständen und Ereignissen in der Umwelt, die über den dyadischen Kontext hinausweisen. Dem kindlichen Interesse folgend führen die Eltern nach und nach Gegenstände in den Kontext ein. Sie unterstützen durch verschiedene kleine Rituale und Routinen das Einüben von gemeinsamer gezielter und ausdauernder Aufmerksamkeit, die Entwicklung des Greifens, das multisensorische Explorieren und den spielerischen Umgang mit Gegenständen.

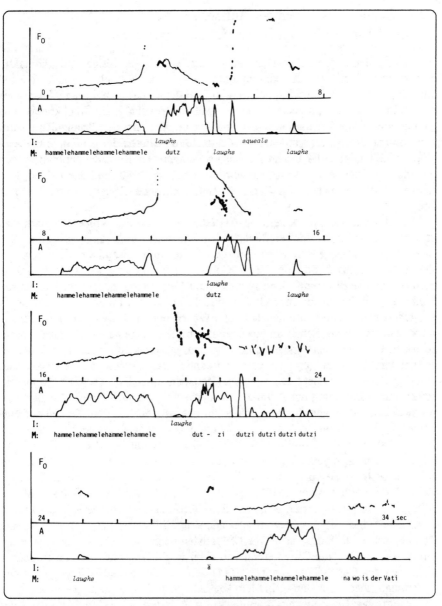

Abbildung 35: Wiederholungen einer typischen Spielsequenz aus einem traditionellen Spielchen ("Hammele hammele dutz") zwischen einer Mutter und ihrem 4-monatigen Säugling. (EDV-Analyse von Grundfrequenz (Fo) und Intensität. M = Mutter; I = Kind)

Gemeinsames Ausrichten der Aufmerksamkeit und gemeinsames Bezugnehmen auf die Umwelt

Während in den ersten Lebensmonaten das Erreichen beiderseitigen Blickkontaktes eine kritische Rolle für den kommunikativen Austausch spielt und entsprechend unterstützt und gefördert wird, gewinnt im 2. Halbjahr das gemeinsame Ausrichten der Aufmerksamkeit auf Aspekte der Umwelt an Bedeutung, ehe Blickkontakt und gemeinsame umweltfokussierte Aufmerksamkeit in Form der "triangulären Aufmerksamkeit" integriert werden. Als wichtigste Indikatoren der gemeinsamen Aufmerksamkeit gelten die Orientierungsbewegungen von Kopf/Körper und Augen (deiktisches Blickverhalten) (Butterworth & Cochran, 1980) und das Zeigen, Präsentieren oder Anbieten von Gegenständen (deiktische Gesten) (Butterworth & Grover, 1988).

Es ist zunächst die Mutter, die das Blickverhalten des Kindes sorgfältig zu überwachen scheint, der kindlichen Blickrichtung folgt und so eine Ko-Orientierung auf Gegenstände ermöglicht, die die Aufmerksamkeit des Kindes auf sich ziehen (Collis & Schaffer, 1975; Collis, 1979). Um umgekehrt die Aufmerksamkeit des Säuglings auf einen interessanten Gegenstand zu lenken, benutzt die Mutter eine Reihe deiktischer Gesten, mit denen sie das räumliche Lokalisieren erleichtert und zugleich die ganzheitliche Wahrnehmung des Gegenstandes unterstützt (Zukow, 1990). Schon im ersten Halbjahr beginnt sie damit, Gegenstände im zentralen Blickfeld des Kindes zu präsentieren, visuelles und manuelles Explorieren und Greifen anzuregen, zur besseren Lokalisierung Geräusche zu erzeugen und mit dem fixierten Objekt Blickfolgebewegungen einzuüben (Kuo & Papoušek, 1991). Zur Fokusierung der Aufmerksamkeit benutzt sie auch bereits die Zeigegeste in Bezug auf Gegenstände im Blickfeld des Kindes. Mit dem Zeigen auf entfernte Objekte beginnt die Mutter jedoch erst gegen Ende des ersten Lebensjahres.

Die Fähigkeit des Säuglings, dem Blick des Gegenübers auf ein Zielobjekt zu folgen, ist eine komplexe integrative Leistung, die sich schrittweise in Abhängigkeit von bestimmten kognitiven Fähigkeiten entwickelt (Butterworth & Cochran, 1980; Butterworth & Grover, 1988; Scaife & Bruner, 1975). Vom 6. bis 9. Monat gelingt es dem Säugling nur, wenn der fokusierte Gegenstand innerhalb des kindlichen Blickfeldes liegt und sich besonders auffällig vom Hintergrund abhebt ("ökologischer Mechanismus"). Mit 12 Monaten ist das Kind in der Lage, sich die Informationen über die Orientierung von Kopf und Augen und über die Augenbewegungen des Gegenübers zunutze zu machen, um dessen Ausrichtung auf einen entfernten, aber noch im Blickfeld befindlichen Gegenstand zu lokalisieren ("geometrischer Mechanismus") (Butterworth & Jarrett, 1991). Im gleichen Alter beginnt das Kind, das Zielobjekt von Zeigegesten zu entdecken (Schaffer, 1984), während es mit 9 Monaten noch ebenso häufig auf die zeigende Hand wie auf den gezeigten Gegenstand blickt.

Es wird heute angenommen, daß das Zeigen eine für den Menschen spezifische kommunikative Geste ist, die eng mit dem Spracherwerb verbunden ist (Franco & Butterworth, 1991). Unverkennbare Vorstufen des Zeigens finden sich bereits im frühen Säuglingsalter: mit 2 Monaten kann man in Mutter-Kind-Interaktionen ein noch ungerichtetes Ausstrecken des Zeigefingers beobachten, das typischerweise von Artikulationsbewegungen mit oder ohne Vokalisation begleitet wird (Legerstee, Corter, Kienapple, 1990; Trevarthen, 1977); mit 6 Monaten nimmt der Säugling die typische gerichtete Zeigehaltung der Hand ein, wenn ihm im sozialen Kontext ein Objekt gezeigt wird, aber noch ohne gleichzeitig den Arm auszustrecken; erst mit 14 Monaten benutzt das Kind das Zeigen als intentionale kommunikative Geste (Fogel & Hannan, 1986; Schaffer, 1984).

Im weiteren Verlauf des zweiten Halbjahres erreichen die objektbezogenen Kontexte eine weitere, noch komplexere Ebene, indem die Gegenstände zum Fokus bzw. Mittel des kommunikativen Austausches werden. Mütter gestalten diese Kontexte durch konventionelle *Formate* oder sog. *Routinen* wie *"Geben und Nehmen"*, *"Zeigen und Benennen"*, *"Verstecken und Finden"* (S. 165). Durch Vereinfachung und Ritualisierung werden diese Kontexte zu einem idealen Rahmen für das Einüben der intentionalen gestischen und stimmlichen Kommunikation (S. 162), der Symbolisierung von Handlungen, Gegenständen und Personen, des Sprachverständnisses und der ersten kontextbezogenen Protowörter (S. 164).

Die natürliche Sprachumwelt des Säuglings

Menschliche Säuglinge hören Sprache von dem Augenblick an, in dem ihr Gehör funktionsfähig wird, unter normalen Bedingungen spätestens ab der 32. Schwangerschaftswoche (Querleu et al., 1988). Die Evidenz, daß Neugeborene die Stimme ihrer Mutter gegenüber einer anderen weiblichen Stimme vorziehen (DeCasper & Fifer, 1980; Fifer & Moon, 1989) und die Muttersprache von einer Fremdsprache differenzieren können (Mehler et al., 1988), läßt keinen Zweifel daran, daß der Fetus nicht nur hört, sondern auch bereits pränatal bestimmte strukturelle Merkmale der mütterlichen Sprache wahrnimmt und wenigstens für einige Tage speichert.

Säuglinge sind in den ersten Lebensmonaten mit bemerkenswerten Fähigkeiten ausgestattet, die ihnen - unter sehr vereinfachten Bedingungen im Labor - erlauben, eine Vielzahl phonetischer Kontraste zu differenzieren (Bertoncini et al., 1987; Eimas et al., 1971). Sie können Sprachlaute kategorisieren und auch dann wiedererkennen, wenn sie mit unterschiedlichen Stimmen und in unterschiedlichen prosodischen Kontexten gesprochen werden (Kuhl, 1983; 1984). Es ist jedoch unbekannt, wie weit die im Labor erzielten Ergebnisse in Bezug auf die Alltagserfahrungen des Säuglings mit seiner sprachlichen Umwelt generalisiert werden können.

Menschliche Säuglinge werden in eine soziale Umwelt hineingeboren, in der Eltern und Nichteltern beiderlei Geschlechtes eine starke Neigung haben, mit dem Neugeborenen zu sprechen (Rheingold & Adams, 1980). Ebenso erstaunlich ist es, daß in der vorsprachlichen Kommunikation zwischen Eltern und Kind von Anfang an die Sprache eine zentrale Rolle spielt (Papoušek, 1985b).

Dies ist das Szenario, das einen unerwartet frühen Auftakt für den Spracherwerb gibt. Es sind jedoch offene Fragen, ob Spracherfahrungen bereits im frühen vorsprachlichen Alter für die Entwicklung von Sprachwahrnehmung und Sprachproduktion notwendig sind, welches Maß an Spracherfahrung in welchem Entwicklungsalter - praenatal, praesyllabisch, praeverbal - ausreicht oder optimal ist, und welche Art von Spracherfahrung auf welche Weise mit der Entwicklung von Sprachwahrnehmung und Vokalisation interagiert.

Indirekte Aufschlüsse zu diesen Fragen lassen sich aus der Analyse der natürlichen sprachlichen Umwelt des Säuglings mit ihren auffallenden strukturellen Anpassungen der Sprechweise gewinnen (Cooper & Aslin, 1989; Fernald, 1984; Papoušek & Papoušek, 1984b; Papoušek et al., 1985; Trehub, 1990). Sie werden in der Literatur als "Ammensprache" (Wundt, 1904), "babytalk" (Ferguson, 1964), "motherese" (Newport, 1976), "parentese" oder "infant-directed register" (Ferguson, 1977) beschrieben. Das Hauptinteresse galt in der Sprachentwicklungsforschung zunächst der Sprechweise gegenüber Säuglingen, die beginnen, die Sprache zu verstehen und erste Wörter zu benutzen. In diesem Entwicklungsalter benutzen die Eltern ein didaktisch angepaßtes Sprachlehrregister, das durch deutliche Artikulation, ein begrenztes und konkret auf den Kontext bezogenes Vokabular mit einfacher phonologischer Struktur, häufige Wiederholungen des Wortlautes, klare prosodische Segmentierung im Einklang mit der Phrasen- und Satzstruktur und einfache syntaktische Einheiten gekennzeichnet ist (Ferguson, 1964; 1977; Gleason & Weintraub, 1978; von Raffler-Engel & Lebrun, 1976; Snow, 1972; Snow & Ferguson, 1977).

Anpassungen der elterlichen Sprechweise im Vorsilbenalter

Die elterliche Sprache zum Säugling im Neugeborenen- und Vorsilbenalter läßt andere Modifikationen erkennen, die den frühen perzeptiven und integrativen Fähigkeiten, Vorlieben und Beschränkungen des Säuglings in bemerkenswerter Weise entgegenkommen (Fernald, 1984; Papoušek & Papoušek, 1989a; Papoušek et al., 1985; 1991). Systematisch aufgebaute Untersuchungsreihen der eigenen Forschungsgruppe (Fernald & Simon, 1984; Papoušek, 1987; Papoušek & Papoušek, 1981e; 1984b; 1991a; Papoušek et al., 1985; 1987a; 1991) und aus anderen Arbeitsgruppen (Fernald et al., 1989; Grieser & Kuhl, 1988; Stern, Spieker, & Mac Kain, 1982; Stern et al., 1983) haben inzwischen Struktur, Grundlagen und Funktionen der elterlichen Sprechweise im frühen Säuglingsalter eingehend analysiert. Die eigenen Daten basieren auf transkulturell vergleichenden Untersuchungen der Sprechweise von deutschen, amerikanischen und chinesischen Müttern im Zwiegespräch mit ihren 2monatigen Säuglingen, von deutschen Müttern und Vätern mit ihren 3monatigen Säuglingen und von deutschen Müttern mit eigenen und fremden 3monatigen Säuglingen. Auditive Auswertungen von linguistischen und prosodischen Merkmalen wurden mit sonagraphischen bzw. EDV-gesteuerten akustischen Analysen kombiniert.

In bemerkenswerter Übereinstimmung in den insgesamt 6 Stichproben heben Mütter und Väter ihre mittlere Stimmlage um durchschnittlich 3 Halbtöne und erweitern ihren Stimmumfang (im Vergleich zum mittleren Stimmumfang von 6 bis 7 Halbtönen bei Frauen bzw. Männern im Gespräch mit Erwachsenen) auf etwa 2 Oktaven (25 bzw. 23 Halbtöne, *Abbildung 36*; Papoušek et al., 1987a). Lexikalische und syntaktische Informationen treten in zwei Dritteln aller Äußerungen vollständig in den Hintergrund und werden durch Ausrufe, Interjektionen, Kosenamen, Rufe und Modell- und Nachahmungslaute ersetzt (Papoušek et al., 1985). Mehr als ein Drittel aller Äußerungen haben nur eine, ein weiteres Drittel nur zwei oder drei Silben. Die Silben sind vor allem in ihrem vokalischen Anteil verlängert, bei den einsilbigen Äußerungen auf durchschnittlich 510 msec bei Müttern und 530 msec bei Vätern. Die Vokalverlängerung steht zunächst im Dienst einer ausgedehnten Modulation der Grundfrequenz in Form besonders glatter melodischer Konturen. Die auffallendsten Merkmale der elterlichen Sprechweise zum Säugling im Vorsilbenalter liegen in ihrer außergewöhnlichen melodischen Struktur, die in mehrfacher Hinsicht von der eher monotonen Sprechweise gegenüber Erwachsenen abweicht (Papoušek, 1994b):

1. Die Eltern wählen die einfachsten Melodien. In allen Stichproben sind es wiederum fast zwei Drittel aller Äußerungen, die durch eine einfache Tonhöhenbewegung ohne Richtungsänderung gekennzeichnet sind (steigend, fallend oder flach). Weniger als 10% haben Konturen mit 2 oder mehr Richtungsänderungen.
2. Der Frequenzumfang der Tonhöhenbewegung ist ausgeprägt und je Äußerung im Durchschnitt bei Müttern und Vätern auf 7.4 bzw. 6.7 Halbtöne erweitert (*Abbildung 36*).
3. Die einzelnen melodischen Konturen werden signifikant häufiger wiederholt als der Wortlaut der Äußerungen, und die Wiederholungen eines Musters weisen untereinander einen hohen Grad an Ähnlichkeit auf (*Abbildung 37*).
4. Das Resultat ist ein begrenztes Repertoire von kontrastreichen, gut voneinander differenzierbaren melodischen Prototypen (*Abbildung 38*).

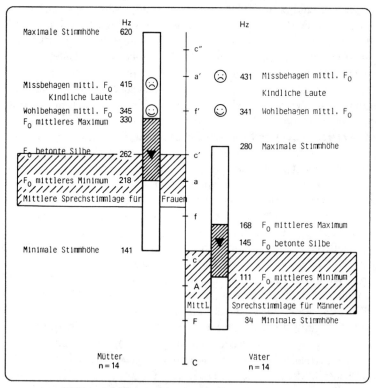

Abbildung 36: Mittlerer Stimmumfang von Müttern und Vätern
im Zwiegespräch mit ihren 3-monatigen Säuglingen (senkrechte Balken)
im Vergleich zur mittleren Sprechstimmlage gegenüber erwachsenen Gesprächspartnern
(horizontale Flächen) und im Vergleich zu den Durchschnittsfrequenzen
der kindlichen Wohlbehagens- und Mißbehagenslaute.

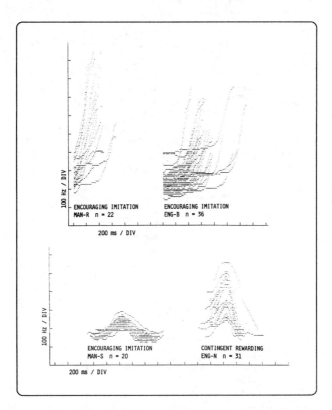

Abbildung 37: Prototypische melodische Konturen in der chinesischen und amerikanischen Ammensprache: Konturwiederholulngen aus 5-minütigen Dialogen von zwei Mandarin Chinesisch sprechenden (MAN) und zwei Englisch sprechenden (ENG) Müttern. Die EDV-Analyse der aufeinanderprojizierten Frequenzkonturen macht das Maß an Ähnlichkeit und Variation deutlich, das individuell sehr unterschiedlich ist.

Frühe Form-Funktions-Assoziationen: "Melodische Gesten"

Das wohl interessanteste Merkmal der melodischen Konturen in der mütterlichen Sprechweise betrifft ihren engen Bezug zu den von der Mutter gestalteten Interaktionsrahmen. In der Kommunikation unter Erwachsenen erfüllt die Intonation in erster Linie syntaktisch-semantische Funktionen, die kritisch zur Verstehbarkeit der gesprochenen Sprache beitragen (Barry, 1981; Cruttenden, 1986). In der vorsprachlichen Kommunikation mit Säuglingen dagegen hat die Melodik noch weitgehend eigenständige Funktionen, denen die linguistischen Funktionen zunächst untergeordnet zu sein scheinen, insbesondere in den zwei Dritteln der Äußerungen ohne sprachliche Information.

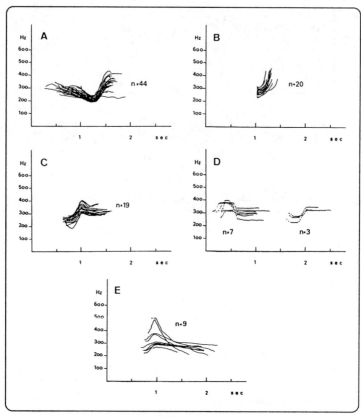

Abbildung 38. Prototypische melodische Gesten in der mütterlichen Sprechmelodik während eines 3-minütigen Dialogs einer deutschen Mutter mit ihrem 2-monatigen Säugling. Die Prototypen A bis E repräsentieren 97.3% aller mütterlichen Äußerungen.
A und B: Anregen zum Dialog; C und D: Rufkonturen zum Anregen des Blickkontaktes; E: kontingentes Belohnen.

In spontanen Interaktionen mit ihren 2-monatigen Säuglingen passen die Mütter die Wahl ihrer melodischen Konturen zwar auch dem kindlichen Befindlichkeitszustand und seinem stimmlichen Ausdruck an (Papoušek, Papoušek, & Koester, 1986). Der engste Zusammenhang findet sich jedoch zwischen den einzelnen prototypischen Melodien und dem kontextuellen Rahmen der intuitiven elterlichen Fürsorge (Papoušek & Papoušek, 1984b; Papoušek et al., 1986; 1991). Mütter wählen dem Kuckucksruf vergleichbare Rufkonturen, wenn sie sich um Blickkontakt mit dem Kind bemühen *(Abbildung 39 E)*. Sie benutzen bevorzugt steigende Melodien, wenn sie die Aufmerksamkeit oder einen Beitrag zum Dialog anzuregen suchen *(Abbildung 39 A)*. Sie benutzen niederfrequente, langsam fallende Melodien, um einen übererregten oder verdrießlichen Säugling zu beruhigen *(Abbildung*

39 B). Sie belohnen ein Lächeln, angenehme Laute oder andere erwünschte Verhaltensformen mit kontingenten fallenden oder steigend-fallenden Melodien (*Abbildung 39 C*). Während ablehnende Melodien gegenüber jungen Säuglingen die Ausnahme sind, werden sie im zweiten Halbjahr häufiger als verbietendes Warnsignal eingesetzt, sobald Bewegungsdrang und lokomotorische Fortschritte des Kindes das Risiko zu kleinen Alltagsunfällen erhöhen (Papousek & Papousek, 1981e). Um die Aufmerksamkeit gemeinsam einem interessanten Objekt oder Ereignis zuzuwenden, lenken die Mütter den Blick des Kindes nicht nur durch Gesten

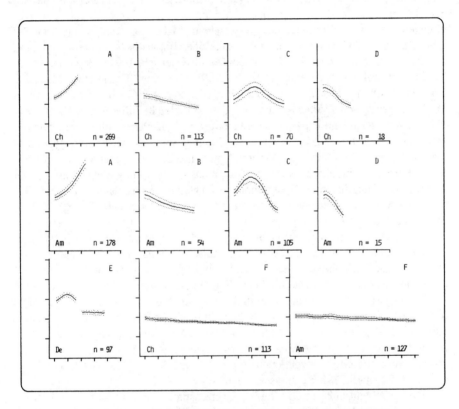

Abbildung 39. Kontextspezifische melodische Gesten im Kulturvergleich.
Trotz unterschiedlicher Sprachstrukturen benutzen chinesische und amerikanische Mütter in vergleichbaren Kontexten der intuitiven mütterlichen Didaktik die gleichen melodischen Gesten:
A Anregen zum Dialog; B Beruhigen; C kontingentes Belohnen; D Lenken der Aufmerksamkeit;
E Anregen des Blickkontaktes; F Melodik der Sprechweise zum Erwachsenen.
EDV-Analyse der mittleren Grundfrequenzkonturen mit Standard Error (gepunktet).
Ch = Chinesisch; Am = Amerikanisch; n = Anzahl der gemittelten Konturen.

sondern auch mit einer meist hochfrequenten leicht an- und stärker abfallenden deiktischen Melodie (*Abbildung 39 D*). In engem Zusammenhang mit anderen intuitiven nichtsprachlichen Verhaltensanpassungen wählen die Mütter prototypische Melodien als "melodische Gesten" (nonverbale stimmliche Botschaften), wenn sie den Säugling in seinem Verhalten oder Befindlichkeitszustand zu beeinflussen suchen.

Transkulturelle Universalien in der mütterlichen Sprechmelodik

Die intuitiven melodischen Botschaften in der mütterlichen Sprechweise boten sich als ein interessanter Forschungsansatz für transkulturell vergleichende Untersuchungen an, um zu analysieren, in welchem Maße die Anpassungen in der mütterlichen Sprechweise durch biologische oder linguistisch-kulturelle Faktoren bestimmt werden (Papoušek, 1987; Papoušek & Papoušek, 1991a; Papoušek et al., 1991). Wir wählten dazu eine asiatische Kultur mit einer Tonsprache, Mandarin Chinesisch, in der Modulationen der Grundfrequenz primär zur phonologischen Differenzierung von Wörtern benutzt werden. Die gleiche Silbe /ma/ hat z.B. mindestens 4 verschiedene lexikalische Bedeutungen, je nachdem, ob sie mit flacher, steigender, U-förmiger oder fallender Melodik gesprochen wird. Die Hypothese war, daß chinesische Mütter im Vergleich zu deutschen oder amerikanischen Müttern (Betonungssprachen) weniger frei sind, in Zwiegesprächen mit ihren 2-monatigen Säuglingen die Sprechmelodie im Sinne der basalen melodischen Gesten zu vereinfachen und zu expandieren, ohne die phonologischen Tonregeln ihrer Sprache zu verletzen.

Die transkulturellen akustischen Vergleiche der mütterlichen Sprechmelodien zeigten jedoch, daß chinesische und amerikanische Mütter in vergleichbaren spontanen Interaktionskontexten dieselben prototypischen Melodien wählen und daß diese in ihren akustischen Merkmalen auffallend ähnlich sind (*Abbildung 39*). Kulturelle Unterschiede finden sich lediglich im Ausmaß der melodischen Expansion: die amerikanischen Mütter übertreffen die chinesischen und die deutschen Mütter signifikant (Papoušek et al., 1991). Dieser Befund ist weniger auf die phonologischen Unterschiede in der Sprachstruktur zurückführen als vielmehr auf unterschiedliche kulturelle Konventionen in der nonverbalen Expressivität (Fernald et al., 1989; Papoušek, 1987; Papoušek & Papoušek, 1991a).

Die auffallend hohe transkulturelle Übereinstimmung von Formen und Funktionen der mütterlichen Sprechmelodik im Vorsilbenalter wird durch eine neuere Vergleichsstudie über die Ammensprache gegenüber älteren Säuglingen bestätigt (Fernald et al, 1989). Amerikanische Mütter und Mütter aus vier europäischen Kulturen hatten in fünf standardisierten Interaktionskontexten mit ihren 12-monatigen Säuglingen die Aufgabe, das Kind zu beruhigen, für etwas zu loben, ihm etwas zu verbieten, die Aufmerksamkeit des Kindes zu wecken oder "Guckuck - da" zu spielen. Sie wählten dabei trotz der unterschiedlichen Sprachen und Kulturen sehr ähnliche prosodische Muster. Fernald (1989) konnte darüberhinaus nachweisen, daß die prosodischen Konturen der mütterlichen Sprechweise verläßlicher als die Prosodik der Erwachsenensprache kontextspezifische Informationen oder Botschaften vermitteln. Bei einem Playback von low-pass-gefilterten Sprachproben der amerikanischen Mütter aus den o.g. fünf Kontexten waren Erwachsene fähig, in einem forced-choice-Verfahren die prosodischen Konturen den entsprechenden kommunikativen "Absichten" zuzuordnen.

Die melodischen Muster waren den melodischen Gesten des Vorsilbenalters, die die Mütter den eigenen Beobachtungen nach intuitiv in engem Zusammenhang mit anderen intuitiven Verhaltensanpassungen äußern, bemerkenswert ähnlich. Wie bereits angedeutet, sind sich die Eltern ihrer veränderten Sprechweise und kommunikativen Absichten gewöhnlich nicht bewußt. Sie stimmen ihre Sprechweise intuitiv auf das Zwiegespräch mit dem Säugling ab, selbst dann, wenn sie aus rationalen Überlegungen heraus entschlossen sind, mit ihrem Kind "normal" zu sprechen.

In systematischen Schritten konnten wir somit nachweisen, daß die Verhaltensmerkmale der melodischen Gesten in der Sprechweise zum Säugling die indirekten Kriterien erfüllen, die auf eine genetische Prädisposition hinweisen (Papoušek und Papoušek, 1987; 1991c; 1994b):

1. Bezug zu artspezifischen Formen der Anpassung;
2. Universalität in Bezug auf Geschlecht, Alter und Kultur;
3. frühe Manifestation in der Ontogenese;
4. Co-Evolution von komplementären Verhaltensanpassungen auf seiten der Artgenossen/Bezugspersonen;
5. und minimale Bewußtheit und Fehlen rationaler Kontrolle (S. 31).

Die mütterliche Sprechmelodik schließt Universalien ein, die von Sprachstruktur und kultureller Tradition ebenso wie von Alter, Geschlecht und elterlicher Erfahrung weitgehend unbeeinflußt sind (Ferguson, 1964; Grieser & Kuhl, 1989; Papoušek, 1987; Sachs, 1977). Die heutigen Kenntnisse unterstützen die Annahme, daß die Anpassungen der Sprechmelodik im Vorsilbenalter mehr als durch kulturelle Tradition und Erziehung durch genetische Prädispositionen bestimmt werden (Papoušek, 1987; Papoušek & Papoušek, 1987; Sachs, 1977; Trehub, 1990).

Anpassungen der sprachlichen Umwelt an das Entwicklungsalter

Die Sprechweise zum Säugling im Vorsilbenalter scheint sich deutlich von den phonologischen, syntaktischen, semantischen und pragmatischen Merkmalen der Sprechweise im 2. Lebensjahr zu unterscheiden (Sylvester-Bradley & Trevarthen, 1978; de Villiers & de Villiers, 1978), die nach Snow erst dann einsetzen, wenn das Kind die ersten Wörter benutzt (1977). Unklar ist, ob es sich dabei um zwei deutlich abgrenzbare Sprechregister handelt oder um Anpassungen der Sprechweise, die kontinuierlich oder antizipatorisch mit den sich entwickelnden Fähigkeiten und kommunikativen Bedürfnissen des Säuglings Schritt halten und interagieren. Längsschnittstudien über die elterliche Sprechweise sind spärlich gesät und lückenhaft. Sie beschränken sich auf sehr kleine Stichproben oder Einzelfälle (Snow, 1977), auf linguistische Teilaspekte der mütterlichen Sprache (Sherrod et al., 1978; Sherrod et al., 1977), auf die Sprache der Mutter ohne Einbeziehung von Vokalisationsentwicklung und Kontext und/oder auf weit gestreute Meßzeitpunkte (Garnica, 1977; Phillips, 1973), die nur ausnahmsweise das Vorsilbenalter einschließen (Stern et al., 1983). Nach den Untersuchungen von Stern und Mitarbeitern (1983) sind einige der auffallenden prosodischen Veränderungen der mütterlichen Sprechweise gegenüber 4-monatigen Säuglingen signifikant ausgeprägter als gegenüber Neugeborenen und 1- bis 2-jährigen Kindern.

Untersuchungsergebnisse:
Struktur der mütterlichen Sprache vom 2. bis 15. Monat

Die vorliegende Längsschnittuntersuchung der mütterlichen Sprechweise im Kontext der Interaktion umfaßt den Entwicklungszeitraum von 2 bis 15 Monaten bei 18 Mutter-Kind-Paaren und analysiert parallel mit Hilfe qualitativer und quantitativer Verfahren Sprachinhalt, linguistische Strukturmerkmale und prosodische Merkmale.

Sprachinhalt. Der überwiegende Teil der mütterlichen Äußerungen war frei von linguistisch relevanter Information. Auffallend war, daß dieser Anteil von 2 bis 15 Monaten gleichbleibend knapp 60% aller Äußerungen ausmachte (57.8%; sd 12.9%) (*Abbildung 40*). Darunter waren die Äußerungen, die auch in Erwachsenendialogen typischerweise benutzt werden, um eine Konversation anzuregen und aufrechtzuerhalten (Anrede, Rufe, Interjektionen, Ausrufe, Kosenamen) mit durchschnittlich 40.6% (sd 16.9%) der Äußerungen am häufigsten. Die konversationsfördernden Äußerungen waren im Vorsilbenalter besonders ausgeprägt (56.1%; sd 14.1%), nahmen nach dem 5. Monat signifikant ab, erreichten ihr Minimum mit 11 Monaten (26.9%; sd 22.1%) und stiegen darauf wieder an. Zwischen dem 5. und 13. Monat wurden sie durch spielfördernde (nonverbale Elemente von Spielchen, Lachen) und nachahmungsfördernde Äußerungen (Modell- und Nachahmungslaute) abgelöst, die jeweils im 11. Monat ihr Maximum erreichten (14.1%; sd 11.9% bzw. 13.1%; sd 7.0%).

Ein gutes Drittel der mütterlichen Äußerungen enthielt sprachliche Inhalte, die vor allem wiederspiegelten, worauf sich während der Interaktion das Interesse der Mutter richtete (S. 117) (*Abbildung 29*). Nur wenige Mütter in der Stichprobe neigten, vor allem im 2. und 3. Monat, zu einem monologartigen Erzählstil, der kindlichen Äußerungsformen wenig Raum ließ und inhaltlich auf interaktionsexterne Personen und Ereignisse Bezug nahm.

In knapp der Hälfte aller Interaktionen benutzten die Mütter musikalische Anregungsformen wie Singen, Summen oder rhythmische Lautketten. Im

Durchschnitt waren musikalische Anregungen selten (3.6% der mütterlichen Äußerungen, sd 7.8%), wurden jedoch von einzelnen Müttern als häufige bis vorherrschende Kommunikationsform bevorzugt (*Abbildung 33*). Musikalische Anregungen waren im 9. und 11. Monat am häufigsten, zeitgleich mit dem Höhepunkt der idiosynkratischen und traditionellen Spielchen, zu denen sie als stimmliche Komponenten beitrugen.

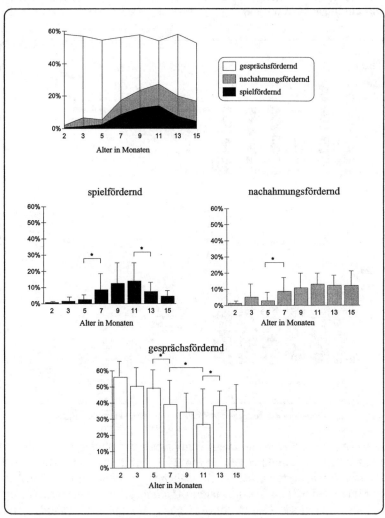

Abbildung 40: Mütterliche Äußerungen ohne lexikalische Bedeutung
(mittl. % der mütterlichen Äußerungen)

Ein weiterer inhaltlicher Aspekt betraf explizit bestätigende (Lob) und ablehnende (Verbieten) Äußerungen in Bezug auf vorausgehende kindliche Verhaltensformen. Explizites Loben und Verbieten kam insgesamt nur vereinzelt in 44.5% bzw. 27.0% aller Interaktionen vor (*Abbildung 33*). Bei einzelnen Müttern allerdings schien das Loben eine Komponente ihres individuellen Interaktionsstils darzustellen, vor allem im 2. bis 5. Monat. Andere Mütter neigten zum Verbieten, in Zusammenhang mit dem Drang des Kindes zum oralen Explorieren und mit kritischen Fortschritten in der Lokomotion.

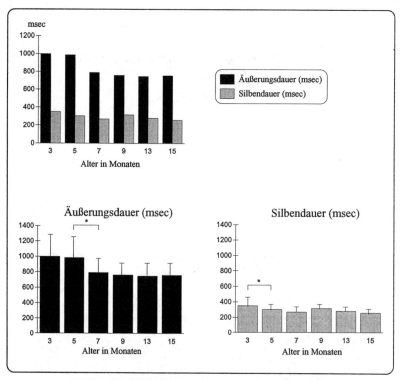

Abbildung 41: Zeitliche Merkmale der mütterlichen Äußerungen

Linguistische Strukturmerkmale. Die Äußerungsrate der Mütter war in allen Altersstufen mit einem Gesamtdurchschnitt von 24.7 Äußerungen pro Minute (sd 8.2) relativ hoch. Die höchste Dichte im sprachlichen Angebot lag mit 32.0 Äußerungen pro Minute (sd 5.2) im Vorsilbenalter (*Abbildung 20*), in dem auch die mittlere Dauer (1000.6 msec; sd 298.4 msec) (*Abbildung 41*) und Silbenzahl der Äußerungen (3.8; sd 0.8) am höchsten waren. Zwischen 5 und 7 Monaten und nochmals zwischen 7 und 9 Monaten nahm die Äußerungsrate fast bis auf die Hälfte der ursprünglichen Rate (17.9 pro Minute; sd 5.4) ab, die mittlere Äußerungsdauer verkürzte sich um ein Viertel auf 749.1 msec (sd 146.4 msec), ebenso fiel die mittlere Silbenzahl (2.9; sd 0.5). Entsprechend verlängerten sich die Pausen, während derer einige der Mütter das Kind beim Spielen beobachteten oder seinen Monologen zuhörten. Die Dichte des sprachlichen Angebotes war somit im 9. Monat am niedrigsten, in der Zeit, in der das kindliche Monologisieren seinen Höhepunkt erreichte. Nach dem 9. Monat nahm die Äußerungsdichte erneut bis zum 15. Monat

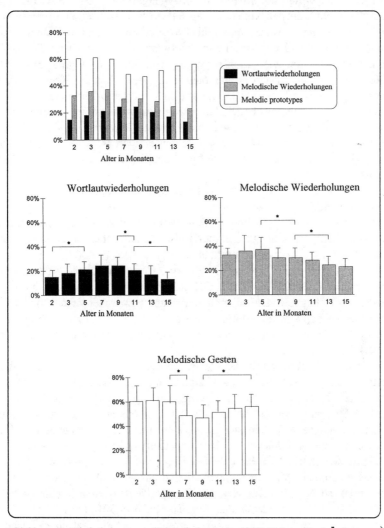

Abbildung 42: Wiederholungen und Melodische Gesten (mittl. % der mütterl. Äußerungen)

signifikant zu. Die Sprechrate, die durch Pausenverhalten und Tempo bestimmt wurde, lag im Gesamtdurchschnitt bei 1.8 Silben pro Sekunde (sd 0.5). Sie war ebenfalls im Vorsilbenalter mit 2.0 Silben pro Sekunde (sd 0.4) am höchsten, fiel nach dem 5. Monat signifikant ab bis auf 1.2 Silben pro Sekunde (sd 0.2) im 9. Monat und zeigte danach wieder einen Aufwärtstrend.

Vollständige Satzstrukturen kamen während der gesamten Beobachtungszeit gleichbleibend nur selten bis wiederholt vor (weniger als 20 bzw. 33% der mütterlichen Äußerungen). In den vollständigen Sätzen war nach qualitativer Einschätzung eine *vereinfachte Syntax* (maximal 5 Wörter) im 2. und 3. Halbjahr ausgeprägt und vorherrschend und signifikant häufiger als im Vorsilbenalter. Explizite Fragen kamen im Mittel wiederholt bis häufig vor. Sie waren vom 2. bis 5. Monat signifikant häufiger als in den Folgemonaten. Dagegen war die Rate von Aufforderungen insgesamt niedriger und veränderte sich mit dem Alter nicht.

Das typische *Vokabular* der Kindersprache (wauwau, gagack, mama) war insgesamt seltener als erwartet. Es wurde nur in einem Viertel der insgesamt beobachteten Interaktionen benutzt (*Abbildung 33*), von einigen Müttern allerdings in der Zeit vom 11. bis 15. Monat relativ häufig, sobald es um das Einüben des Benennens ging.

Deutliches Artikulieren war im Vorsilbenalter eine Ausnahme. Auch nach einem signifikanten Anstieg zwischen 5 und 9 Monaten blieb es auf maximal 5.7% (sd 7.4%) der Äußerungen beschränkt. Dabei wurde in den meisten Fällen nicht die gesamte Äußerung, sondern nur das durch die Intonation hervorgehobene sinntragende Wort verlangsamt und verdeutlicht ausgesprochen.

Wiederholungen des Wortlautes in Bezug auf vorausgehende Äußerungen lagen im Gesamtmittel bei 19.4% (sd 8.3%) (*Abbildung 42*). Sie erreichten im 7. und 9. Monat ihren Höhepunkt. Die scheinbare Abnahme zwischen dem 9. und 13. Monat stand mit der Tendenz der Mütter in Zusammenhang, nicht mehr den gesamten Wortlaut zu wiederholen, sondern nur noch das sinntragende Wort in variierenden linguistischen Kontexten.

Prosodische Strukturmerkmale. Die prosodischen Merkmale wurden zu fünf Meßzeitpunkten (mit 3, 5, 9, 13, 15 Monaten) sonagraphisch ausgewertet und gemessen. In der *Stimmlage* (mittlere minimale und maximale Tonhöhe der Äußerungen) und im *Stimmumfang* (Differenz zwischen Tonhöhenmaximum und -minimum der Gesamtsprachprobe) ließen sich keine signifikanten altersabhängigen Veränderungen erkennen (*Abbildung 43*). Die einzelnen Äußerungen bewegten sich im Durchschnitt zwischen 318.1 Hz (sd 38.3 Hz; Ton e') und 188.7 Hz (sd 21.1Hz; Ton ges). Der *Stimmumfang* war gleichbleibend auf gut 2 Oktaven erweitert (25.4 Halbtöne (Ht); sd 4.7 Ht). Das absolute *Stimmhöhenmaximum* lag im Mittel bei 562.3 Hz (sd 95.7 Hz; Ton des"), das *Minimum* bei 138.6 Hz (sd 22.1 Hz; Ton c). Die *Expansion der melodischen Konturen* erreichte im 5. Monat einen ersten Höhepunkt (9.9 Ht; sd 2.1 Ht), fiel zwischen dem 5. und 9. Monat signifikant um durchschnittlich 2.1 Halbtöne pro Äußerung ab (auf 7.8 Ht; sd 1.6 Ht) und stieg darauf zu einem zweiten Gipfel im 15. Monat an (9.4 Ht; sd 1.9 Ht). *Melodische Wiederholungen* (30.7%; sd 9.3%) waren im Vergleich zu den Wortlautwiederholungen um ein Drittel häufiger und hatten einen früheren Gipfel (3. Monat gegenüber dem 7. bis 11. Monat) (*Abbildung 43*).

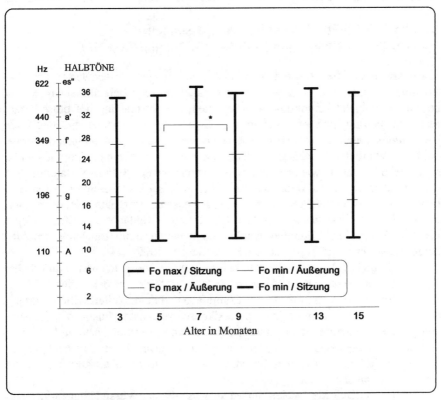

Abbildung 43: Grundfrequenzmerkmale der mütterlichen Sprechweise: mittlerer Stimmumfang und Expansion der melodischen Konturen

Das mittlere *Artikulationstempo* stieg von 3.5 Silben pro Sekunde im 3. Monat (sd 0.7) signifikant bis zum 7. Monat an und war im 15. Monat mit 4.6 Silben pro Sekunde (sd 0.6) am höchsten. Entsprechend ging die anfängliche mittlere *Silbendehnung* von 350.0 msec im Vorsilbenalter (sd 87.7 msec) auf 259.0 msec (sd 36.2 msec) zurück (*Abbildung 41*).

Das auffälligste prosodische Merkmal waren die typischen *melodischen Gesten*, die die Mütter differenziert zum Anregen von Blickkontakt, Aufmerksamkeit, Vokalisation oder anderen Beiträgen zum Dialog, zum Belohnen oder Ablehnen, zum Beruhigen und zum Ausrichten der Aufmerksamkeit auf Gegenstände und Ereignisse in der Umwelt einsetzten. Melodische Botschaften fanden sich in allen

Altersstufen in einem hohen Prozentsatz von 54.7% (sd 13.0%) (*Abbildung 42*). Am häufigsten und ausgeprägtesten waren sie im Vorsilbenalter (61.2%; sd 11.4%), fielen zwischen dem 5. und 7. Monat signifikant ab (auf 46.9%; sd 10.7%) und stiegen erneut zwischen dem 9. und 15. Monat an (auf 56.1%; sd 9.6%). In dem zweiten Gipfel überwogen die aufmerksamkeitslenkenden deiktischen Gesten.

Vergleich der mütterlichen Sprachanpassungen im Vorsilben-, Silben- und beginnenden Sprechalter

Korreliert man die Anpassungen der mütterlichen Sprechweise zwischen Vorsilben-, Silben- und beginnendem Sprechalter, so zeigt sich zum einen eine hohe intraindividuelle Kontinuität, die vor allem die Ausprägung der prosodischen Merkmale betraf (*Tabelle 8*), und zwar durchgehend vom ersten zum dritten Halbjahr. Zu den stabilen Merkmalen gehörten Äußerungsdauer, Sprechtempo, Stimmumfang, Stimmlage, gesteigerte Melodik und melodische Gesten, aber auch einige sprachliche Merkmale wie deutliches Artikulieren und der Anteil vollständiger Sätze. Zum anderen gab es Merkmale, die offenbar in stärkerem Maße von Entwicklungsstand und wechselnden Interessen des Kindes abhingen, wie z. B. der Sprachinhalt. Sie korrelierten erst zwischen dem 2. und 3. Halbjahr signifikant oder in vielen Fällen gar nicht. Letztere wurden möglicherweise mit zunehmendem Alter durch andere, entwicklungsgemäßere Strategien abgelöst.

Ein ähnliches Bild ergab sich beim direkten Vergleich der mütterlichen Sprechweise in Bezug auf das Alter des Kindes. Im Mittel wurden einige Merkmale konsistent beibehalten: die erhöhte Stimmlage und der erweiterte Stimmumfang, der hohe Anteil an Äußerungen ohne lexikalisch relevanten Inhalt, die der Steuerung der Konversation und dem Ablauf von interaktiven Spielchen und interaktiven Nachahmungssequenzen dienten, der relativ niedrige Anteil vollständiger Sätze, die inhaltliche Ausrichtung der Mutter auf kindliche Vokalisationen, und die Anzahl von Sprecherwechseln pro Minute.

In allen anderen Merkmalen fanden sich signifikante Veränderungen in Bezug auf das Alter. Dabei zeichnen sich drei differenzierbare Phasen ab, die sich grob dem Vorsilbenalter im ersten Halbjahr, dem Silbenalter im zweiten Halbjahr und den ersten Wörtern im 3. Halbjahr zuordnen lassen, jedoch fließend ineinander übergehen (Papoušek, 1994b).

Die *mütterliche Sprechweise im Vorsilbenalter* zeichnet sich durch eine relativ hohe Sprechrate und Äußerungsrate mit längerer Äußerungsdauer, kürzerer Pausendauer, größerer Silbenzahl und komplexerer Syntax aus. Gleichzeitig findet sich eine verlangsamte, rhythmisierte Sprechweise mit niedrigerem Artikulationstempo und besonders gedehnten Silben. Die Expansion der melodischen Konturen, melodische Wiederholungen und melodische Botschaften sind ausgeprägter und häufiger. Inhaltlich ist die Sprache überwiegend auf Befinden und Verhalten des Kindes ausgerichtet.

Tabelle 8: Individuelle Stabilität im vorsprachlichen Kommunikationsverhalten der Mütter

	Stabilität vom		
	1. zum 2. Halbjahr r	2. zum 3. Halbjahr r	1. zum 3. Halbjahr r
Prosodische Merkmale			
Äußerungsdauer	.71**	.66*	.46
Artikulationstempo	.49	.71**	.72**
Langsames Sprechtempo	.58*	.71**	.57*
Stimmhöhenmaximum	.78**	.77**	.66*
Stimmhöhenminimum	.72**	.61*	.54
Äußerungsumfang	.40	.73**	.61*
Stimmlage	.61*	.76**	.74**
Stimmumfang	.80**	.74**	.59*
Melodische Wiederholungen		.60*	
Melodische Variationen		.74**	.57*
Prototypische melod. Konturen		.56*	.64*
Flüstern		.68*	
Linguistische Merkmale			
Deutliches Artikulieren	.71**	.38	.60*
Wohlgeformte Sätze	.78**	.64*	.54
Wortlautwiederholung		.80**	
Sprechrate		.76**	
Responsivität			
Kontingentes Beantworten		.58*	
Sprecherwechsel/min		.71**	
Nachahmung			
Kind-Mutter gesamt	.71**	.42	.69**
Kind-Mutter explorativ			.62*
Kind-Mutter empathisch	.55*	.53	.55*
Modelle			
Gesamt	.68**	.42	.56*
Explorativ			.59*
Sprachlaute		.87**	.49
Interaktionsrahmen			
Interesse folgen		.58*	
Interesse lenken		.67*	
Interaktionsstil			
Einfühlsam-warm		.73**	.59*
Empathisch		.58*	
Anregend-bestimmend		.60*	
Zudringlich	.79**		
Spielbereit		.62*	
Lehrbereit	.70**		

* $p < .01$; ** $p < .001$; Spearman Rangkorrelation.

Die *Sprechweise im Silbenalter* fällt durch eine gegenüber dem Vorsilbenalter signifikant niedrigere Sprechrate und Äußerungsrate mit längeren Pausen auf. Im Vordergrund stehen exploratives Spiel mit Gegenständen, musikalisch-rhythmische

Anregungen und selbsterfundene oder traditionelle Spielchen, spielanregende und nachahmungsanregende Äußerungen. In allen Anregungsformen sind rhythmische Silbenketten besonders häufig.

Mit dem *Auftreten der ersten Wörter* nimmt die Sprechweise die in der Literatur beschriebenen Merkmale an: verkürzte Äußerungen mit niedrigerer Silbenzahl und einfacher Syntax, deutliches Artikulieren, Wörter aus dem Kindersprachenlexikon, ausgeprägte Intonation mit melodischem Markieren der bedeutungstragenden Wörter und deutliche prosodische Segmentierung syntaktischer Einheiten.

Um die *Merkmalsspezifität des Sprechregisters im Vorsilbenalter* zu überprüfen, wurde es in einer ergänzenden Studie mit zwei anderen Registern quantitativ akustisch verglichen: mit der Konversation unter Erwachsenen und der Sprechweise eines Zweitsprachenlehrers zu einem Schüler (Papoušek & Hwang, 1991). Sechs Mandarin Chinesisch sprechende Frauen benutzten die gleichen Äußerungen aus einer vorgegebenen Liste in drei Rollenspielsituationen: Erwachsenenkonversation, Zweitsprachenunterricht gegenüber einem Schüler, Zwiegespräch mit einem Baby.

Im Vergleich mit der *Erwachsenenkonversation* unterschieden sich sowohl die mütterliche als auch die sprachpädagogische Sprechweise in den akustisch meßbaren Merkmalen der lexikalisch-phonologischen Tonstruktur und der Intonation. In der Erwachsenenkonversation wurde signifikant rascher und tiefer gesprochen und in den semantisch unbedeutenden Wörtern wurde die segmental-tonale Information erheblich reduziert ("verschluckt"). Im *sprachpädagogischen Register* verdeutlichten die Sprecher die segmental-tonale Information durch zeitliche Verlängerung und Grundfrequenzexpansion des lexikalischen Tons in allen Silben, Phrasierung der Silben und Reduktion der suprasegmentalen Information. Im *mütterlichen Register* dagegen vereinfachten und verdeutlichten die Sprecherinnen die Intonationskontur und damit die suprasegmentale Information, während sie die segmental-tonale Information reduzierten, verschluckten oder sogar zugunsten typischer melodischer Botschaften modifizierten.

Obwohl im Rollenspiel gegenüber einem imaginären Gesprächspartner weniger ausgeprägte Registeranpassungen zu erwarten sind als im direkten Zwiegespräch (Fernald & Simon, 1984), zeigten sich signifikante Unterschiede zwischen der Sprechweise zu einem Säugling im frühen vorsprachlichen Alter und zu einem Schüler beim Zweitsprachenerwerb. Das sprachpädagogische Register stimmt in den gemessenen artikulatorisch-phonologischen Vereinfachungs- und Klärungsstrategien mit der mütterlichen Sprechweise zu Beginn des Erstsprachenerwerbs überein. Die Zwischenphase im zweiten Halbjahr scheint nicht nur eine Übergangsphase zwischen diesen beiden Registern zu sein. Sie weist als besondere Form der Anpassung an das Silbenalter häufige Spielchen und rhythmische Aktivitäten mit begleitenden Silbenketten und musikalisch-rhythmischer Stimulation auf.

Bedeutung der natürlichen Sprachumwelt für die Entwicklung von Sprachwahrnehmung und Sprachverständnis

Praenatale "Sensibilisierung" der Aufmerksamkeit für die Muttersprache

Die strukturellen Analysen der mütterlichen Sprechweise im vorsprachlichen Alter haben in den letzten Jahren im Bereich der Sprachwahrnehmungsforschung lebhaftes Interesse ausgelöst (Cooper & Aslin, 1989; Jusczyk & Bertoncini, 1988; Mehler et al., 1988; Trehub, 1990) und zu gezielten komplementären Untersuchungen über die Sprachwahrnehmung von Sprachproben aus der natürlichen Sprachumwelt des Säuglings geführt.

So mehrt sich die Evidenz, daß der Fetus etwa von der 32. Schwangerschaftswoche an nicht nur hört (Querleu et al., 1988), sondern daß er die niederfrequenten Komponenten der mütterlichen Sprache ebenso wie die intraabdominellen Herz- und Gefäßgeräusche wahrnimmt und nach der Geburt wiedererkennen kann (DeCasper & Sigafoos, 1983). Gibt man Neugeborenen Gelegenheit, durch bestimmte Modifikationen ihrer spontanen Saugaktivität ein Tonband mit der Stimme der Mutter oder der Stimme einer fremden Frau "einzuschalten", so zeigen sie deutlich ihre Vorliebe für die Stimme der Mutter (DeCasper & Fifer, 1980). Eine entsprechende Vorliebe für die Stimme des Vaters gegenüber einer anderen männlichen Stimme läßt sich dagegen nicht nachweisen (DeCasper & Prescott, 1984). Mit 2 bis 4 Wochen präferieren Säuglinge die mütterliche Stimme gegenüber der Stimme einer fremden weiblichen Stimme nur dann, wenn sie mit Intonation gesprochen wird, nicht jedoch bei monotoner Sprechweise (Mehler et al., 1978). Die Vorliebe für die mütterliche Stimme wird nicht getrübt, wenn man sie - in Nachahmung der intrauterinen Schallfilterungsbedingungen, die die prosodischen Informationen der Sprache im wesentlichen bewahren, - low-pass-filtert; dagegen ziehen Neugeborene bei einer fremden weiblichen Stimme die natürliche Version gegenüber der gefilterten Version vor (Spence & DeCasper, 1987).

Der Fetus bearbeitet jedoch nicht nur Informationen über die einzigartige stimmliche Signatur der Mutter, sondern auch nicht stimmspezifische Merkmale der Sprache. Das Neugeborene präferiert von zwei Kindergeschichten diejenige, die ihm die Mutter 6 Wochen vor der Geburt täglich vorgelesen hat, auch dann, wenn sie von einer fremden Stimme gelesen wird (DeCasper & Spence, 1986). In ähnlicher Weise "schalten" sich Neugeborene von zwei nur in der Tonfolge unterschiedenen Melodien diejenige ein, die ihnen durch tägliches Vorsingen 14 Tage vor dem Geburtstermin vertraut ist (Panneton, 1985). Auch intrauterin reagiert der Fetus in der 34. bis 38. Schwangerschaftswoche differenziert mit Absinken oder Ansteigen der Herzfrequenz, je nachdem, ob die Mutter eine bereits mehrfach vorgelesene oder eine neue Kindergeschichte vorliest (Busnel, Granier-Deferre, & Lecanuet, 1990). Neugeborene und 2-monatige Säuglinge sind darüberhinaus in der Lage, Äußerungen in ihrer Muttersprache von solchen in einer Fremdsprache zu differenzieren, können aber nicht Äußerungen aus zwei verschiedenen Fremdsprachen voneinander unterscheiden (Mehler et al., 1988). So differenzieren vier Tage alte Neugeborene von französischen Eltern zwischen französisch und russisch, nicht aber zwischen englisch und italienisch. Für eine so erstaunliche Leistung ist demnach die vorausgehende Erfahrung mit einer der beiden Sprachen erforderlich, um sie hernach von einer unbekannten Sprache abzugrenzen. Diese Fähigkeit geht nicht verloren, wenn low-pass-gefilterte Sprachproben verwendet werden, wohl aber, wenn die Sprachproben rückwärts abgespielt werden. Über die Differenzierungsfähigkeit hinaus zeigen englische und spanische Neugeborene auch eine deutliche Präferenz für die Muttersprache gegenüber der Fremdsprache (Moon, Cooper, & Fifer, 1991).

Die Experimente weisen übereinstimmend darauf hin, daß das Neugeborene seine Aufmerksamkeit mit Vorliebe auf Stimme und Sprache der Mutter und auf die Muttersprache richtet, und daß diese Vorliebe auf einer besonderen "Sensibilität" für die suprasegmentalen prosodischen Strukturmerkmale der Sprache beruht. Offen ist jedoch, in welchem Maße eine solche Sensibilität auf genetische Prädispositionen allein oder auch auf die pränatalen Erfahrungen zurückgeführt werden kann. Trehub und Trainor (1993) gehen von einer angeborenen Präferenz für die hohe Stimmlage der weiblichen Stimme aus, und sie nehmen an, daß unmittelbar nach der Geburt eine relativ geringe Exposition ausreicht, um die stimmliche Signatur der Mutter kennenzulernen. Andere Autoren nehmen eine angeborene Prädisposition zur Wahrnehmung und Bearbeitung prosodischer Konturen an, die die kindliche Aufmerksamkeit selektiv auf die Melodik lenke (Fernald, 1984; Jusczyk & Bertoncini, 1988), und die auch die Vorliebe 4-monatiger Säuglinge für die spezifische melodische Struktur der mütterlichen Sprechweise gegenüber der der Erwachsenensprache erkläre (Fernald & Kuhl, 1987).

Die pränatalen Erfahrungen beziehen sich noch nicht auf die spätere mütterliche Sprechweise, sondern auf Erwachsenensprache, und zwar auf eine in den Frequenzen über 1000 Hz erheblich abgeschwächte Variante, in der die prosodischen Merkmale der Erwachsenensprache erhalten sind. Eine "pränatale Sensibilisierung" könnte darin bestehen, daß die vorgeburtlichen Erfahrungen prägen bzw. bahnen, auf welche Strukturmerkmale der auditiven Umwelt sich nach der Geburt die Aufmerksamkeit des Kindes richtet, nämlich auf die prosodischen Merkmale der mütterlichen Sprache und Muttersprache (Cooper & Aslin, 1989; Jusczyk & Bertoncini, 1988). Die mütterliche Sprechweise zum Neugeborenen kommt einer solchen Sensibilisierung entgegen, indem sie die prosodischen Merkmale in besonders auffälliger, vereinfachter und verdeutlichter Form in unzähligen Wiederholungen anbietet. Die frühen postnatalen Erfahrungen mit der mütterlichen Ammensprache wiederum können die spätere selektive kindliche Vorliebe für deren spezifische melodische Struktur bedingen.

Entdecken von strukturellen Einheiten in der sprachlichen Umwelt

Die akustischen Eigenschaften der mütterlichen Sprechweise scheinen den auditiven Fähigkeiten und Vorlieben des Neugeborenen und Säuglings optimal zu entsprechen (Fernald, 1984; Trehub, 1990). Säuglinge beantworten die mütterliche Sprechweise mit Lächeln (Mayer & Tronick, 1985; Wolff, 1963; 1987) und Vokalisationen (Stevenson et al., 1986). Vier- bis 5-monatige Säuglinge, die die Videoaufnahme einer zu einem Säugling sprechenden Mutter betrachten, werden in ihren Reaktionen von Erwachsenen als glücklicher, aufmerksamer und interaktionsbereiter eingeschätzt, als wenn sie die Aufnahme einer zu einem Erwachsenen sprechenden Frau sehen (Werker & McLeod, 1989). Gibt man Säuglingen die Möglichkeit, sich mit Hilfe von Kopfbewegungen ein Playback von Ammensprache oder Erwachsenensprache einzuschalten, so ziehen sie mit 4 Monaten die Ammensprache vor (Fernald, 1985). Dieser Effekt ist reproduzierbar, wenn man dem Säugling nur die melodische Struktur der Ammensprache vorspielt, nicht aber bei isoliertem Vorspielen von Intensitäts- oder Zeitstruktur der Ammensprache (Fernald & Kuhl, 1987). Auch 1-monatige Säuglinge und Neugeborene zeigen eine Vorliebe für die mütterliche Sprechweise gegenüber der Erwachsenensprache, indem sie die Aufmerksamkeit für eine visuelle Stimulation beim Hören der Ammensprache länger aufrechterhalten (Cooper & Aslin, 1989). Hierfür reichen jedoch low-pass-gefilterte Sprachproben, die die melodischen Strukturmerkmale in nur gering verzerrter Form enthalten, nicht aus (Cooper, 1993; Cooper & Aslin, 1990). Einmonatige Säuglinge bevorzugen ungefilterte gegenüber gefilterten Sprachproben der mütterlichen Sprechweise. Es wird vermutet, daß bei jungen Säuglingen zusätzliche hochfrequente Merkmale der Ammensprache in der harmonischen Struktur zur Erhöhung der Aufmerksamkeit beitragen (Colombo, 1985; Eisenberg, 1976).

Die Attraktivität der melodischen Strukturen in der mütterlichen Sprechweise hängt zum einen mit ihren akustischen Merkmalen zusammen, darüberhinaus aber auch mit der Weise, wie die Mutter die melodischen Konturen der integrativen Bearbeitung des Kindes zugänglich macht und sie in den Interaktionskontext einpaßt. Die Attraktivität der Ammensprache für den Säugling wird meist auf die erhöhte Stimmlage (erhöhte Grundfrequenz und breitbandige harmonische Struktur) zurückgeführt, die den relativ niedrigeren Hörschwellen für höhere Frequenzen beim Säugling entgegenkommt (Sinnott, Pisoni, & Aslin, 1983). Es gibt jedoch keinen sicheren Anhalt dafür, daß beispielsweise männliche Stimmen als solche für den Säugling weniger attraktiv sind (Brown, 1979; Wolff, 1963). Es sind vielmehr die expandierten melodischen Konturen mit ihren besonderen akustischen Eigenschaften, die dem Säugling erleichtern, die elterliche Sprechweise gegenüber

Hintergrundgeräuschen und anderen Sprachregistern in der Umwelt zu differenzieren (Colombo & Horowitz, 1986; Colombo et al., 1989; Fernald, 1984; Horowitz, 1975; Papoušek et al., 1987a).

Untersuchungen über die Wahrnehmung musikalischer Melodien im Säuglingsalter haben unerwartet früh entwickelte Fähigkeiten aufgedeckt, Tonsequenzen in Einheiten höherer Ordnung zu gruppieren (Demany, 1982; Fassbender, 1993; Trehub & Trainor, 1993) und aufgrund ihrer melodischen Kontur und relativen Intervallfolgen zu differenzieren, zu kategorisieren und in variierenden Kontexten wiederzuerkennen (Trehub, Bull, & Thorpe, 1984; Trehub, 1990). Man nimmt heute an, daß musikalische und linguistische Wahrnehmungsfähigkeiten auf gemeinsamen Organisationsprinzipien aufbauen (Lerdahl & Jackendoff, 1983; Papoušek & Papoušek, 1981e). Säuglinge bearbeiten melodische Konturen als globale Muster, als "Gestalt". Gestaltwahrnehmung wird durch eine Reihe von Prinzipien erleichtert, die die "Güte" eines globalen Musters beschreiben: Figur-Hintergrund-Kontrast, Kohärenz, und Prototypikalität. In der auditiven Wahrnehmung wird die zeitliche Kohärenz einer Tonfolge verbessert durch Einfachheit der Kontur (Divenyi & Hirsh, 1974), gleitende Übergänge (Bregman & Dannenbring, 1973), gemeinsame Klangfarbe und einfache harmonische Beziehungen der Elemente (Bregman & Dannenbring, 1973; Singh, 1987). Die Differenzierung und Kategorisierung von auditiven Mustern wird durch prototypische Beispiele erleichtert, die die kritischen Merkmale besonders gut und deutlich repräsentieren (Grieser & Kuhl, 1989).

In der natürlichen auditiven Umwelt des Säuglings werden die Bedingungen der Gestaltwahrnehmung durch die prototypischen Melodien der mütterlichen Sprechweise optimal erfüllt (Papoušek et al., 1985). Darüberhinaus gewährleisten die Eltern durch langsames Tempo, häufige Wiederholungen mit aufmerksamkeitsmodulierenden Variationen, und durch den Rückgriff auf wenige kontrastreiche prototypische Konturen basale Voraussetzungen für die integrative Bearbeitung und für erfolgreiches Lernen (Papoušek, 1969; 1977). Die melodischen Konturen segmentieren den Sprachfluß und ermöglichen dem Säugling, globale Grundeinheiten in der Sprache aufzuspüren, wahrzunehmen und zu kategorisieren (Fernald, 1984; Papoušek et al., 1985; Stern et al., 1982). Gleichzeitig bieten sie dem Säugling Modelle für die Vokalisationsmerkmale, die er in seinen vokalartigen Lauten als erstes praktiziert: Stimmgebung, melodische Modulation und vokalartige Resonanzen (Papoušek & Papoušek, 1989c) (S. 79).

Wie die neueren Analysen der Wahrnehmungsfähigkeiten zeigen, scheint sich die auditive Aufmerksamkeit des Säuglings im vorsprachlichen Alter schrittweise nach folgenden Regeln zu entwickeln (Trehub & Trainor, 1993):

1. Säuglinge wenden den Kopf in Richtung der Schallquelle;
2. sie richten die Aufmerksamkeit selektiv auf die Stimme der Mutter und auf die Muttersprache;

3. sie wenden die Aufmerksamkeit auf die melodischen Konturen der mütterlichen Sprechweise und auf melodische Konturen von nichtsprachlichen Sequenzen;
4. sie integrieren die prototypischen Konturen global und nehmen zunehmend deren Unterschiede und Details wahr;
5. sie gehen vom globalen zum lokalen Bearbeiten der in den Konturen "verpackten" Lautsequenzen über.

Entdecken von Bedeutung in Grundeinheiten der sprachlichen Umwelt: Vorläufer des Sprachverständnisses

Mütter benutzen gut unterscheidbare melodische Prototypen in engem Zusammenhang mit dem jeweiligen Interaktionsrahmen. Sie "deuten" dem Kind ihre intuitiven didaktischen Verhaltensbereitschaften in Bezug auf basale Dimensionen der intuitiven elterlichen Früherziehung: Anregen/Beruhigen, Belohnen/Ablehnen, Öffnen/Abschließen eines Sprecherwechsels im Dialog (Papoušek et al., 1991). Die melodischen Konturen begleiten andere intuitive Verhaltensformen und können dem Kind die mütterliche Fürsorge vermitteln, indem sie Befindlichkeit und Aufmerksamkeit des Kindes unmittelbar beeinflussen, kindliche Beiträge zum Dialog induzieren und das Kind in der Regulation von Erregung und Aufmerksamkeit und im Einüben von Blickverhalten, Mimik, Vokalisation, Abwechseln, Nachahmen und Spiel leiten (Fernald, 1992; Papoušek et al., 1991). So benutzt die Mutter zum Beruhigen ihres schreienden Säuglings niederfrequente langsam fallende Melodien, als wüßte sie, daß sich tiefe, lang ausgezogene Töne auf einen erregten Säugling beruhigend auswirken (Bench, 1969). Zum Anregen der kindlichen Aufmerksamkeit wählt sie hohe Frequenzen und steigende Melodien, die sich in alarmierenden Signalen als besonders effektiv erwiesen haben (Patterson, 1982).

Die Annahme, daß typische melodische Gesten das kindliche Verhalten beeinflussen, hat sich in gezielten Playbackstudien bestätigt. Viermonatige Säuglinge verlängern ihre visuelle Aufmerksamkeit für ein Bild mit einem neutralen Gesicht, wenn sie dabei eine Belohnungskontur hören, und sie verkürzen die Beobachtungszeit, wenn sie eine ablehnende Melodie hören (Papoušek et al., 1990). Da die gleichen rückwärts abgespielten Konturen keine Wirkung haben, ist damit zu rechnen, daß die "Botschaft" durch die prosodische Kontur vermittelt wird, nicht aber durch Dauer, Lautstärke und harmonische Struktur. Im gleichen Alter antworten Säuglinge mit eher positivem Affekt auf belohnende, mit eher negativem Affekt auf verbietende Melodien aus verschiedenen fremden Sprachen (Fernald, 1992). Bei 5-monatigen Säuglingen wird die Aufmerksamkeit rascher und anhaltender durch eine steigende Melodie geweckt als durch eine fallende Melodie (Sullivan & Horowitz, 1983a).

Eine Hypothese ist, daß die basalen Melodien der Ammensprache mit intrinsischen Funktionen oder Bedeutungen ausgestattet sind, die sich wie die erregenden, beruhigenden oder beglückenden Wirkungen der Musik unmittelbar auf die Befindlichkeit des kindlichen Organismus auswirken.

Eine alternative Hypothese besteht darin, daß die regelmäßige Assoziation von gut abrenzbaren melodischen Gesten mit den sich alltäglich wiederholenden Interaktionsrahmen die melodischen Konturen mit kontextbezogenen Bedeutungen füllt und sie sekundär zu Trägern basaler Botschaften macht. In beiden Fällen werden die kontextspezifischen melodischen Konturen zu integralen Komponenten der jeweiligen Interaktionsrahmen, die das Kind innerhalb der ersten Monate zu differenzieren, zu konzeptualisieren und zu antizipieren lernt, und sie können zur Integration der Erfahrungen in den Interaktionsrahmen beitragen.

Melodische Konturen vermitteln keine referentielle Information im linguistischen Sinn, erfüllen jedoch die Voraussetzungen der *Prä-Repräsentation* im Sinne von Marler und Mitarbeitern (Gouzoules, Gouzoules, & Marler, 1985). Sie symbolisieren und beziehen sich auf konkrete Ereignisse im Interaktionsrahmen, lenken die Aufmerksamkeit und Integrationsbereitschaft des Kindes auf Handlungen und Gegenstände im Kontext und werden vom Kind in soweit "verstanden", als sie angemessene kindliche Verhaltensbereitschaften induzieren.

Multimodale Stimulation und transmodale Integration

Die Bedeutungszuordnung zwischen melodischen Konturen und Kontext basiert auf einer weiteren komplementären Entsprechung zwischen elterlichen Verhaltensbereitschaften und kindlichen Integrationsfähigkeiten: der Multimodalität und Kontingenz des elterlichen Kommunikationsverhaltens auf der einen Seite und der früh angelegten Fähigkeit zur transmodalen bzw. amodalen Integration. Die melodischen Konturen stellen gewissermaßen die hörbare Komponente von multimodalen Anregungsmustern dar, die neben der Stimme vor allem den Gesichtsausdruck und taktil und kinästhetisch wirksame kinetische Bewegungsmuster einbeziehen (Sullivan & Horowitz, 1983b). Vergleichende Mikroanalysen der Zeitstruktur von kinetischen und stimmlichen Phrasen im mütterlichen Kommunikationsverhalten ergeben auffallende Übereinstimmungen (Stern et al., 1977). Zeitstruktur, Dynamik und Intensitätsablauf der Verhaltenskomponenten sind im nonverbalen Kommunikationsverhalten der Mutter gewöhnlich synchron aufeinander abgestimmt und nicht selten auch in subtiler oder auffälliger Weise mit der Dynamik des kindlichen Verhaltens synchronisiert. *Abbildung 45* veranschaulicht ein sehr frühes Beispiel, in dem die Mutter ihren Singsang mit den hörbaren Atemgeräuschen ihres 2-monatigen Säuglings synchronisiert. Es wird angenommen, daß Säuglinge die dynamischen Verhaltensmerkmale (Zeitstruktur und Intensitätsablauf) als transmodal äquivalente Merkmale wahrnehmen und amodal integrieren (Gibson, 1969; Stern, 1985).

Schon in den ersten Lebensmonaten sind die Säuglinge fähig, taktile und visuelle Erfahrungen mit einem Gegenstand (Meltzoff & Borton, 1979; Spelke, 1979) und visuelle und auditive Wahrnehmungen von Sprachlauten amodal zu integrieren (Kuhl & Meltzoff, 1984). Darüberhinaus kann der Säugling die prosodischen Einheiten der Sprache in Bezug auf sein eigenes Verhalten bearbeiten, dank der elterlichen Neigung, visuelle, mimische, stimmliche oder motorische Verhaltensformen des Kindes kontingent zu beantworten, und dank der früh angelegten kindlichen Fähigkeit, Zusammenhänge zwischen eigenem Verhalten und dessen Konsequenzen in der Umwelt zu entdecken und unter Kontrolle zu bringen (Papoušek, 1969; Watson, 1972).

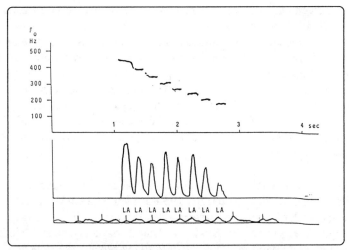

Abbildung 44: Synchronisation des hörbaren kindlichen Atemrhythmus mit dem mütterlichen Singen: aus dem Dialog einer Mutter mit ihrem 2-monatigen Säugling.
EDV-Analyse von Grundfrequenz (Fo) und Intensität (I).

Prosodisch in den Kontext eingeführte Wörter

Die komplementäre Beziehung zwischen multimodaler Stimulation und transmodaler Integration gewinnt im zweiten Halbjahr durch die gemeinsame Ausrichtung auf die Umwelt eine neue Dimension. Das gemeinsame Bezugnehmen auf Gegenstände, Handlungen und Personen im Kontext durch Ko-Orientierung und kooperatives Handeln wird als unersetzbare Grundlage für die Entwicklung des sprachlichen Bezugnehmens angesehen (Bruner, 1975; Collis & Schaffer, 1975; Tomasello & Todd, 1983). Dabei ist es für den Säugling kritisch wichtig, herauszufinden, auf welche Aspekte des Interaktionskontextes sich welche Einheit der gehörten Sprache bezieht.

In spontanen Interaktionen mit 9- und 16-monatigen Säuglingen betreffen die mütterlichen Äußerungen inhaltlich - in prosodische Einheiten verpackt - überwiegend Gegenstände oder momentane Aktivitäten des Kindes, auf die die Aufmerksamkeit des Kindes ausgerichtet ist (Harris et al, 1986; 1988), insbesondere sein visuelles und manuelles Explorieren von Gegenständen (Collis & Schaffer, 1975;

Murphy & Messer, 1977). Die Mutter benutzt multimodale nicht-sprachliche Gesten (Blickausrichtung, Zeigen, Anbieten, aufmerksamkeitslenkende Melodik), um die Aufmerksamkeit des Kindes auf einen Gegenstand oder ein Ereignis zu fokussieren und sie füllt ihre Gesten mit verbalen Informationen oder Benennungen, sobald die Aufmerksamkeit des Kindes auf die haptischen, visuellen und anderen Erfahrungen mit dem Gegenstand oder Ereignis ausgerichtet ist (West & Rheingold, 1978). Benennungen erfolgen vor allem dann, wenn die Mutter der primären Ausrichtung des kindlichen Interesses gefolgt ist (Collis, 1977) oder wenn sich das Kind durch Zeigen und/oder stimmliche Gesten die Namen von Gegenständen und Personen "abfragt" (Löffler, 1994).

Das Wahrnehmen der raumzeitlichen Kontiguität von Wort und gemeinsamem Fokus der Aufmerksamkeit wird durch das Hervorheben des Wortes mit Hilfe der Intonation erleichtert (Fernald & Mazzie, 1991). Der Prosodik der Sprechweise kommt womöglich eine sehr viel weitreichendere und früher wirksame Vermittlungsfunktion zwischen Sprache und Kontext zu, als früher angenommen. Die eigenen Analysen weisen auf vier einander ergänzende Strategien hin, mit denen die Mütter bestimmte Wörter mit Hilfe der kontextspezifischen Prosodik in bestimmte Erfahrungskontexte einfügen.

1. Bereits im Vorsilbenalter werden in die primär nonverbalen melodischen Gesten bestimmte Wörter "verpackt": Die Rufkonturen zum Anregen des Blickkontaktes werden besonders häufig mit den Wörtern /hallo/, /guckguck/, /schau mal/ oder dem Namen des Kindes verknüpft; die steigenden Melodien zum Anregen einer Antwort mit /hm/, /gell/, /ja/, /was denn/; die steigend-fallenden Lobmelodien mit /ja/, /ei/, /fein/, /prima/, /gut/, /schön/, /toll/; die kurzen ablehnenden Melodien mit /nein nein/, /nicht/; die aufmerksamkeitslenkenden steigend-fallenden Melodien mit /da/, /wo ist..../, /zeig mal.../, /schau mal.../.
2. Aktionsbeschreibende oder -begleitende Wörter werden in Zeitstruktur, Intensität, Melodie und Stimmqualität mit der Dynamik der Aktion synchronisiert und abgestimmt, wie z.B. /hoppa hoppa/, /hau ruck/, /ja feste/, /weg/, /plumps/.
3. Auch in den interaktiven Spielchen und Routinen werden über die prosodische Struktur bestimmte Wörter vermittelt: /guckguck - da!/, /so groß bist du!/, /mach bitte bitte!/, /da - danke/.
4. Schließlich kommt es zum prosodischen Hervorheben ("Markieren") von Gegenstandsnamen in Kontexten der gemeinsamen Aufmerksamkeit (*Abbildung 45*) oder von Verben in verhaltensbezogenen Interaktionsrahmen (/tust du strámpeln/, /erzähl was/, /ja lách doch mal/. Individuelle Mutter-Kind-Paare benutzen neben den konventionellen vielfach auch idiosynkratische Kontext-Kontur-Wort-Verbindungen, die im Alltag häufig wiederholt werden. Das bedeutungstragende Wort rückt dabei an das Maximum der melodischen Kontur, trägt meist auch gleichzeitig die primäre Betonung und wird mit verlangsamtem Tempo gesprochen.

Das Einführen von Wörtern in den Interaktionskontext wird darüberhinaus mit Hilfe linguistischer Vereinfachungs- und Klärungsstrategien (Ferguson, 1977) erleichtert, wie deutliches, verlangsamtes Artikulieren (Ratner, 1984a; b) oder Wiederholen des sinntragenden Wortes in variierenden linguistischen Kontexten.

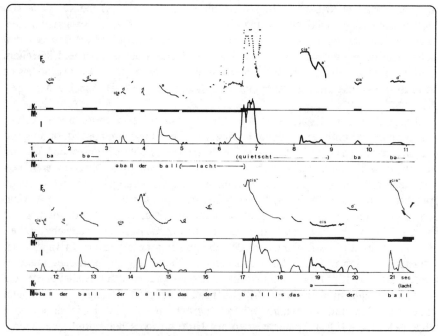

Abbildung 45: Melodisches Hervorheben von bedeutungstragenden Wörtern.
Spielerische Interaktion einer Mutter mit ihrem 6-monatigen Baby:
Als das Kind zufällig die Silbe /ba/ äußert, greift die Mutter nach einem Ball und rollt ihn wiederholt auf das auf dem Boden sitzende Kind zu. Gleichzeitig greift sie die Silbe auf und macht sie zum Wort, das sie synchron mit der Rollbewegung mit zunehmender Steigerung der Melodik, der Intensität und der aufmerksamkeitssteigernden Pause vor dem Wort wiederholt: "der - - Ball!"
Die Melodie ist ein Beispiel der aufmerksamkeitslenkenden melodischen Geste.

Vorsprachliche Bearbeitung linguistischer Information

Bereits in den ersten Lebensmonaten haben Säuglinge bemerkenswerte Fähigkeiten, die meisten der in den Sprachen der Welt benutzten Vokale und Konsonanten und eine Vielzahl von phonetischen Kontrasten in Bezug auf Artikulationsstelle und Artikulationsmodus zu differenzieren (Eimas, 1974; Eimas & Miller, 1980) und die auditiven Informationen mit den visuellen Informationen der entsprechenden Artikulationsbewegungen zu verknüpfen (Kuhl & Meltzoff, 1984). Säuglinge sind für feine Unterschiede zwischen Silben, die sich in einem phonetischen

Segment unterscheiden, empfänglich, auch von solchen Silben, die nicht aus der Muttersprache stammen (Aslin, Pisoni, & Jusczyk, 1983; Werker & Tees, 1984).

Es ist jedoch eine offene Frage, in welchem Maße und ab wann diese unter spezifisch angepaßten Laborbedingungen nachweisbaren Fähigkeiten auch in Bezug auf den mütterlichen Redefluß in der natürlichen Sprachumwelt zum Tragen kommen. Eine der kritischen Fragen ist, ob Säuglinge die Sprache als Kette von phonetischen Segmenten wahrnehmen oder in Form globalerer Spracheinheiten. Neuere Untersuchungen weisen überzeugend nach, daß Säuglinge als Grundeinheit nicht einzelne phonetische Segmente sondern Silben wahrnehmen und speichern (Bertoncini et al., 1988). Die Silbe ihrerseits spielt nach Jusczyk (1991) eine basale Rolle in der Strukturierung segmentaler und suprasegmentaler Aspekte der Sprache.

Die prosodischen Konturen in der mütterlichen Sprache vermitteln von Anfang an nicht nur die kontextbezogenen nonlinguistischen Botschaften, sondern umgrenzen auch basale strukturelle Einheiten der Sprache wie Sätze, Phrasen und Wörter, und sie erfüllen einfache syntaktische Funktionen wie das Differenzieren von Kommentaren, Fragen und Aufforderungen. Satzphrasierungen werden in vielen Sprachen durch ähnliche prosodische Merkmale gekennzeichnet: durch Verlängerung der letzten Silbe, Senkung der Stimme und Pausierung (Cruttenden, 1986; Klatt, 1976). Wichtig ist, daß in der mütterlichen Sprechweise prosodische Einheiten und grammatische Einheiten besser übereinstimmen als in der Erwachsenenkonversation (Stern et al., 1982) und daß die Phrasierungen deutlicher markiert werden (Ratner, 1985). Der linguistische Inhalt der prosodischen Einheiten besteht im Vorsilbenalter in über einem Drittel der mütterlichen Äußerungen nur aus einer einzelnen Silbe und in einem weiteren Drittel nur aus zwei bis drei Silben (Papoušek et al., 1987). Später werden mit Hilfe prosodischer Mittel neue bedeutungstragende Wörter hervorgehoben: durch ausgeprägtes Heben der Stimme, Verlangsamung und Betonung (Fernald & Mazzie, 1991; Papoušek, 1981), und/oder Endstellung des Wortes (Woodward & Aslin, 1990). Das melodische Markieren neuer Wörter findet sich in mütterlichen Gesprächen mit 9- und 14-monatigen Säuglingen (Woodward & Aslin, 1990), beim Bilderbuchanschauen mit 14-monatigen Säuglingen (Fernald & Mazzie, 1991), bei einigen Mutter-Kind-Paaren aber auch schon im beginnenden Silbenalter während spielerischer Interaktionen (Papoušek, 1981) (*Abbildung 45*).

In der selektiven Aufmerksamkeit der Säuglinge für die prosodischen Konturen sieht Jusczyk (1991) einen kritischen Schritt für das Entdecken linguistischer Strukturmerkmale der Muttersprache. So trägt die Intonation bei 1- und 4-monatigen Säuglingen entscheidend dazu bei, daß sie Einzelsilben in mehrsilbigen Wörtern differenzieren können (Karzon, 1985). Nur wenn die Zielsilbe durch Steigerung von Tonhöhe, Intensität und Dauer hervorgehoben wird, können sie Silbenfolgen wie /malana/ und /marana/ voneinander unterscheiden.

Bereits im ersten Halbjahr zeigen Säuglinge eine Präferenz für natürlich phrasierte gefilterte oder ungefilterte Sprachproben gegenüber Sprachproben mit zufällig platzierten Pausen (Jusczyk, 1991). Mit 4 1/2 Monaten betrifft diese Vorliebe Mutter- und Fremdsprache gleichermaßen. Mit 6 bis 9 Monaten hat sich der Säugling bereits auf die Satz-Segmentierung der Muttersprache spezialisiert (Hirsh-Pasek et al., 1987). Die Vorliebe für die natürlichen Satzeinheiten zeigt der Säugling jedoch nur bei Sprachproben aus der Ammensprache, nicht bei entsprechenden Sprachproben aus der Erwachsenensprache (Kemler-Nelson et al., 1989). Eine weitere Spezialisierung auf die natürliche Segmentierung von kürzeren Phrasen der Muttersprache setzt mit 9 Monaten ein, eine Fokussierung auf natürliche Worteinheiten mit 11 Monaten (Jusczyk et al., im Druck).

Die Daten weisen darauf hin, daß der Säugling primär universelle Segmentierungsmerkmale aufnimmt, womöglich zufolge einer angeborenen perzeptuellen Disposition, daß er zwischen 4 und 6 Monaten seine Aufmerksamkeit auf die prosodischen Satz-Einheiten der Muttersprache ausrichtet und ab 9 Monaten bereits die akustischen Korrelate von untergeordneten Einheiten bearbeitet. Daß 6- bis 9-monatige Säuglinge auch bereits die in den prosodischen Satz- und Phraseneinheiten "verpackten" Silbenelemente bearbeiten, beweisen Experimente, in denen 9-monatige englische Säuglinge Wortlisten ihrer Muttersprache gegenüber holländischen Wortlisten vorziehen, und dies nur bei ungefilterten Sprachproben mit der vollen phonetischen Information. Ein paralleler Vergleich von Wortlisten aus dem Englischen und aus dem Norwegischen (einer Sprache, die auch suprasegmentale Merkmale zur lexikalischen Differenzierung benutzt) zeigt schon bei 6-monatigen Kindern eine Präferenz für die muttersprachliche Wortliste, und dies erwartungsgemäß auch in tiefpass-gefilterten Sprachproben, die die suprasegmentellen Merkmale erhalten (Jusczyk, 1991).

Die Ausrichtung der kindlichen Aufmerksamkeit auf die Silben- bzw. Wortstruktur innerhalb der prosodischen Einheiten fällt in das Alter, in dem die Säuglinge ihre primäre Fähigkeit zur Differenzierung universeller phonetischer Kontraste verlieren und sich auf die feineren phonetischen Differenzierungen in der Muttersprache spezialisieren (S. 114) (Werker & Tees, 1984). Etwa um die gleiche Zeit tendieren Mütter dazu, deutlicher zu artikulieren (Ratner, 1984a; b) und sich auf ein konkretes, kontext-bezogenes Vokabular in einfachen syntaktischen Einheiten umzustellen (Gleason & Weintraub, 1978). Relevante bedeutungstragende Wörter werden zu den auffälligsten Untereinheiten in den elterlichen Äußerungen. Sie werden in einfache, bereits vertraute pragmatische Interaktionsrahmen eingefügt, in denen sie in Bezug auf den gemeinsamen Fokus der Aufmerksamkeit und auf gemeinsame Handlungen nicht nur differenzierbar sondern auch verstehbar werden.

Entwicklung der stimmlichen Kommunikationsfähigkeiten

Die Doppelnatur der vorsprachlichen Vokalisationen

Die Fähigkeiten des Säuglings zur stimmlichen Kommunikation entwickeln sich vor allem aus zwei Wurzeln, dem spontanen vokalen Ausdruck der Befindlichkeit, und den frühen Kontingenzerfahrungen in Bezug auf seine Vokalisationen.

Die Erforschung des affektiven Ausdrucks im vorsprachlichen Alter hat sich überwiegend auf die Mimik ausgerichtet, nicht zuletzt dank der Einführung standardisierter Kodierungssysteme (z.B. Facial Action Coding System, Ekman, Friesen, & Ellsworth, 1972). Abgesehen von der Schreiforschung fehlen vergleichbare Untersuchungen über die stimmlichen Äußerungen des Säuglings mangels entsprechender Methoden und Konzepte. Bisher ist es nicht gelungen, die Mehrzahl der vorsprachlichen Vokalisationen diskreten Emotionen zuzuordnen (Scherer, 1986). Man beschränkt sich daher meist auf eine einfache Klassifizierung in positive und negative Vokalisationen, in Laute des Wohlbehagens und Mißbehagens. Gurrlaute, explorative Laute beim Spiel mit der Stimme und Silbenplappern werden in alter Tradition den Wohlbehagenslauten zugeordnet (Lewis, 1936). Über die Entwicklung des stimmlichen Ausdrucks von diskreten Emotionen (Freude, Angst, Ärger, Traurigkeit, Frustration) ist seit den anschaulichen Beschreibungen von Wolff (1969) wenig bekannt geworden. Erst kürzlich hat man damit begonnen, die Entwicklung des Schreiens (Gustafson & DeConti, 1990) und des Lachens (Nwokah & Fogel, 1990) im natürlichen Kontext systematischer zu analysieren.

Auch in den neueren Studien zur Vokalisationsentwicklung wurden fast ausschließlich die artikulatorischen Aspekte der Säuglingslaute analysiert. Die Entwicklung ihrer kommunikativen Funktionen wurde vernachlässigt oder streng getrennt behandelt (Malatesta, 1981; Scherer, 1986). Nur ausnahmsweise hat man die wechselseitigen Beziehungen zwischen artikulatorischer und kommunikativer Aktivität gezielt untersucht (Stark, 1990; Stark, Bernstein, & Demorest, 1983; Trevarthen & Marvick, 1986). Stark und Mitarbeiter differenzieren vier Stadien der kommunikativen Lautentwicklung: ein reflexives, ein reaktives, ein aktives und ein kommunikatives Stadium. Demnach wird erst im letzten Stadium mit kommunikativen Funktionen der Säuglingslaute gerechnet. Artikulatorische und kommunikative Vokalisationsentwicklung werden als zwei interagierende Subsysteme betrachtet (Stark, 1990), deren Fortschritte meist nicht parallel verlaufen. Gelegentlich wird ein Fortschritt im kommunikativen Bereich mit einem vorübergehenden Rückschritt in den artikulatorischen Fähigkeiten erkauft.

Dieser letzte Befund wird durch eigene Beobachtungen bestätigt: wenn Säuglinge beginnen, ihre Absichten und Interessen gezielt mitzuteilen, greifen einige von ihnen auf die Grundlaute als artikulatorisch einfachste Lautstrukturen zurück und versehen sie mit unterschiedlichen Intonationsmustern (Löffler, 1994; Papoušek & Papoušek, 1981e). Umgekehrt sind einige Autoren der Auffassung, daß neue artikulatorische Fähigkeiten primär in kommunikativen Lauten wie Schreien und Mißbehagenslauten auftauchen, ehe sie das Kind in seinen ruhigen Lautspielen frei von kommunikativen Funktionen unter Kontrolle bringt (Stark et al., 1975; Wolff, 1969).

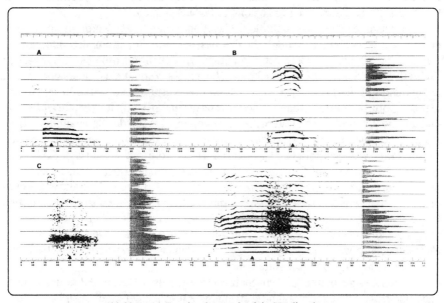

Abbildung 46: Emotionaler Ausdruck in Säuglingslauten.
Sonagramme und Power-Spektra von typischen Vokalisationen eines 2-monatigen Säuglings aus vier Befindlichkeitszuständen: A Wohlbehagen; B Mißbehagen; C Vergnügen (Freudenschrei); D gesteigertes Mißbehagen (Schrei). Die Power-Spektra entsprechen der spektralen Energieverteilung an der markierten Stelle. Die Mißbehagenslaute sind durch einen höheren Anteil akustischer Energie oberhalb 1000 - 2000 Hz gekennzeichnet.

Der Versuch, affektive Vokalisationsformen aus dem artikulatorischen Lautrepertoire abzugrenzen und kommunikative und nicht-kommunikative Laute zu trennen, wird jedoch der Doppelfunktion der praeverbalen Vokalisationen nicht gerecht. Ebenso wenig erfaßt die in der linguistischen Literatur herkömmliche Abgrenzung der intentionalen Kommunikation den Sachverhalt (S. 161f). Fragt man sich, wodurch ein kindlicher Laut zu einem Mittel der Kommunikation wird, so reicht es nicht, bestimmte Lauttypen zu identifizieren, ihre akustischen Merkmale zu spezifizieren und ihre Beziehungen zu Affektzustand und Befindlichkeit zu verstehen. Ob ein Laut zu einem Informationsträger wird und welche Information er übermittelt, hängt entscheidend auch davon ab, ob und wie er vom Partner wahrgenommen, interpretiert und beantwortet wird (Smith, 1977; Papoušek, 1992). So zeigte sich, daß das Schreien von Neugeborenen auf seiten der Bezugsperson meßbare psychophysiologische Erregung auslöst (Boukydis & Burgess, 1982), eine

Bereitschaft, die Ursache des Schreiens zu beheben und eine Reihe intuitiver Verhaltensformen, die darauf angelegt sind, das Kind zu beruhigen (Gustafson & Harris, 1990; Papoušek, 1990). Um die kommunikativen Funktionen der kindlichen Vokalisationen zu verstehen, ist nicht nur ihre Analyse im natürlichen Kontext der Interaktion eine unerläßliche Voraussetzung, sondern auch eine Überprüfung der kommunikativen Funktionen in gezielten Playbackstudien.

Ein entsprechender psychobiologischer Forschungsansatz wurde in einer Serie eigener Untersuchungen befolgt, in der das gesamte Spektrum des interaktiven Lautrepertoires der 2-monatigen Säuglinge zwischen maximalem Mißbehagen (Schrei) und maximalem Wohlbehagen (Laute des Vergnügens) analysiert wurde (*Abbildung 46*). Es ging dabei zunächst um die akustische Lautstruktur in Zusammenhang mit dem affektiven Befindlichkeitszustand des Kindes (Papoušek, 1992) und um die unmittelbaren mütterlichen Antworten während der Spontaninteraktion. Parallel dazu wurden Playbackstudien durchgeführt, um auf seiten des Hörers die Einschätzung der Befindlichkeit (Papoušek, 1989), die Attribution von Bedeutungen und die Auslösung differenzierter intuitiver Verhaltensanpassungen zu überprüfen (Papoušek, 1992; 1994a). Dabei zeigte sich, daß in den interaktiven Vokalisationen der 2-monatigen Säuglinge Informationen mit meßbaren akustischen Korrelaten über Art der Befindlichkeit (Mißbehagen oder Wohlbehagen) und Erregungsintensität enkodiert sind. Auf seiten des Partners lösen sie in spontanen Interaktionen ebenso wie beim Playback von Einzellauten differenzierte, dem Befinden des Kindes angemessene Antworten aus.

Demnach sind bereits die unscheinbaren zufälligen Lautprodukte der Grundlaute und frühen vokalartigen Laute spontaner Ausdruck der kindlichen Befindlichkeit und Erregung. Lange bevor der Säugling in der Lage ist, seine Empfindungen, Wünsche, Bedürfnisse und Absichten gezielt mitzuteilen, sind seine Vokalisationen in einen kontingenten kommunikativen Interaktionsrahmen eingebettet, in dem er parallel mit seinen phonatorischen und artikulatorischen Fortschritten erfahren und erproben kann, wie seine Vokalisationen als Kommunikationsmittel wirken und wie er sie einsetzen kann.

Einflußnehmen mit Hilfe von Vokalisationen

Die belohnenden und/oder nachahmenden Antworten der Eltern können das Kind allein aufgrund ihrer kontingenten Beziehung zum vorausgehenden Laut ausreichend motivieren, den Laut zu wiederholen und damit die vertraute elterliche Antwort von neuem auszulösen. Bei kontingenter sprachlicher Stimulation lernt ein 3-monatiger Säugling rasch, eine Pause für die kontingente Antwort einzulegen. Er reagiert mit Wohlbehagen und wiederholten Gurrlauten und weckt damit die Motivation des Gegenübers zu weiteren kontingenten Antworten (Bloom et al., 1987) (S. 95). In interaktiven Kitzelspielchen findet ein 3- bis 4-monatiger Säugling bald heraus, wie er eine Wiederholung des Spielchens erreichen kann, z.B. durch einen anregenden Lockruf (Quietschlaut mit steigender Endkontur, *Abbildung 34*, S. 123) (Papoušek & Papoušek, 1984a). Wenn jedoch Eltern nur auf Schreien und Mißbehagenslaute des Kindes reagieren, erlernt das Kind ebenso rasch eine Form instrumentellen Schreiens als einzig wirksames Mittel, mit dem es die Aufmerksamkeit der Eltern gewinnen kann (Papoušek, 1984b). Die kontingente Antwortbereitschaft der Eltern gestaltet den Interaktionsrahmen, in dem das Kind einüben kann, mit Hilfe bestimmter Laute das elterliche Verhalten zu beeinflussen, Wiederholungen eines attraktiven Spielchens zu erbetteln oder langweilige, erschöpfende Unterhaltungen zurückzuweisen.

Man kann sich von der Effektivität der elterlichen Kontingenz mit Hilfe einer kurzen Intervention überzeugen, die die Erwartungen des Kindes in Bezug auf die vertrauten Antworten verletzt. So kann man z.B. die Mutter bitten, während einer lebhaften spontanen Interaktion mit dem Säugling kurzfristig die Augen zu schließen, ohne ihre Unterhaltung zu unterbrechen oder zu verändern: sie ist demzufolge nicht mehr in der Lage, die Mimik und Gestik des Kindes kontingent zu beantworten. Zweimonatige Säuglinge reagieren zunächst mit einer intensiven Orientierungsreaktion. Darauf aktivieren sie verschiedenste mimische, gestische und stimmliche Verhaltensformen, die in früheren Erfahrungen mit der Mutter erfolgreich waren, wie um auf irgendeine Weise die Kontrolle über die Mutter zurückzugewinnen. Bleibt auch dies erfolglos, reagieren sie mit Frustration, Protest oder depressiv anmutender Hemmung (Papoušek, 1984a).

Mitteilung von Gefühlen und Bedürfnissen mit Hilfe von Vokalisationen

In den frühen Zwiegesprächen zwischen Mutter und Kind sind, wie oben beschrieben, die wenig auffälligen, leicht überhörbaren Grundlaute und vokalartigen Laute die ersten stimmlichen Signale, die über die momentane Befindlichkeit des Säuglings Auskunft geben (Papoušek, 1989). Nicht nur die Struktur der Einzellaute, sondern auch der Rhythmus der Lautketten, in dem Tempo und Regelmäßigkeit der Atmung hörbar werden, hat sich als verläßlicher Indikator der Befindlichkeit erwiesen, den man sich in der Forschung zur Kategorisierung der Verhaltenszustände zunutze macht (Papoušek, 1969). Beim Erwachsenen reagieren Stimmgebung und Stimmqualität besonders fein auf Spannungs- und Erregungsänderungen im vegetativen Nervensystem (Laver, 1980; Scherer, 1986). In ähnlicher Weise klingen die vokalartigen Laute entspannter, offener und melodischer im Zustand von Wohlbehagen oder angespannter, gepreßter und geräuschhafter im Zustand von Mißbehagen (Papoušek et al., 1986). Vokalisationsdichte, Grundfrequenz, Intensität und Dauer nehmen mit wachsender positiver wie auch mit wachsender negativer Erregung zu. Dagegen unterscheiden sich Wohlbehagens- und Mißbehagenslaute signifikant im relativen Anteil spektraler Energie oberhalb 1000 Hz (*Abbildung 46*) (Papoušek, 1992).

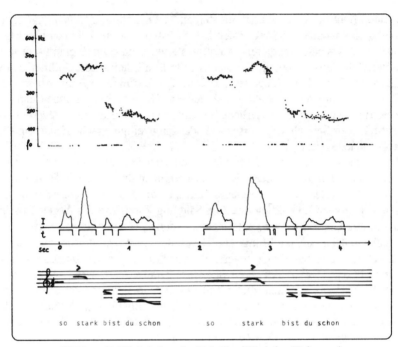

Abbildung 47: Wiederholung der Melodik mit Variation (Steigerung).
Aus dem Dialog einer Mutter mit ihrem 2-monatigen Säugling.
Bei der Wiederholung werden Intensität, Gesamtdauer und Dauer der betonten Wörter gesteigert. EDV-Analyse von Grundfrequenz (Fo), Intensität (I) und Zeitstruktur (t). Unten: musikalische Transskription.

Während spontaner Interaktionen scheinen die Eltern die kindlichen Vokalisationen als Feedbacksignale in Bezug auf ihre Stimulation zu benutzen. Sie reagieren kontingent auf Änderungen im stimmlichen Ausdruck und bemessen entsprechend Dosierung, Intensität und Zeitpunkt ihrer Anregungen. Auf Wohlbehagenslaute antworten sie vor allem mit stimmlichen Äußerungen, auf Mißbehagenslaute mit vermehrter taktiler und vestibulärer Stimulation (Keller & Schölmerich, 1987). Mütter und Väter passen dabei ihre Sprechweise differenziert dem stimmlichen Ausdruck an: Wohlbehagenslaute beantworten sie mit Pausieren, anregenden steigenden und belohnenden steigend-fallenden Melodien in erhöhter Stimmlage, Mißbehagens- und Schreilaute dagegen werden überwiegend mit langsam fallenden Melodien in tieferer Stimmlage übertönt (Papoušek et al., 1986) (S. 132). Darüberhinaus haben die Eltern in der Prosodik ihrer Sprache ein optimales Mittel zu fein abgestuften Steigerungen und Abschwächungen der Stimulationsintensität durch nuancierte Veränderungen von Tonhöhe, Stimmumfang, Dauer, Lautstärke und Zeitmaß *(Abbildung 47)*.

Digitale Analysen der melodischen Wiederholungen in der mütterlichen Sprechweise (N=21) gegenüber ihren 2-monatigen Säuglingen haben gezeigt, daß

Wiederholungen insgesamt zwei Drittel aller Äußerungen einschließen, aber nie monoton ablaufen. Im Mittel werden von einer Wiederholung zur folgenden 4.1 (sd 5.5) von 8 Lautparametern variiert, am häufigsten die Stimmlage (77.1% aller Wiederholungen), gefolgt von Wortlaut (76.1%), Stimmumfang (75.8%), Tempo (56.0%), Dauer (52.9%), Lautheit (33.0%), Betonung (23.6%) und Kontur (19.5%). Insgesamt ist das Verhältnis von Steigerungen und Abschwächungen ausgewogen. Eine quantitative Analyse der Wechselbeziehungen zwischen stimmlichem Ausdruck des Kindes (Erregungsgrad) und Steigerung oder Abschwächung der Stimulationsintensität in der mütterlichen Sprechmelodik steht noch aus.

Die kindlichen Vokalisationen werden in spontanen Interaktionen von den Eltern offenbar als Rückkoppelungssignale über den momentanen Zustand der Aufmerksamkeit, Aufnahme- und Interaktionsbereitschaft oder Ermüdung verstanden. Selbst wenn die Eltern den Säugling im Nebenzimmer nicht sehen, können sie aus seinen Vokalisationen sein momentanes Befinden ablesen und bei den ersten Vorboten von Mißbehagen beizeiten eingreifen, um eine Eskalation zum Schreien zu verhindern.

Diese primär im natürlichen Kontext beobachteten Zusammenhänge wurden in gezielten Playbackstudien mit Einzellauten aus dem interaktiven Lautrepertoire von 2-monatigen Säuglingen aus verschiedenen Befindlichkeitszuständen überprüft. Dabei zeigte sich, daß die Fähigkeit, aus den Säuglingslauten zustandsbezogene Informationen abzulesen, universell bei Müttern und Vätern, Nichteltern und Kindern angelegt ist und nur in geringem Maße durch Erfahrungen mit einem Säugling beeinflußt wird (Papoušek, 1989). In einer zweiten Studie bestätigte sich die Annahme, daß das Playback eines einzelnen Lautes ausreicht, um bei Müttern typische und dem jeweiligen Laut angepaßte intuitive Verhaltensformen auszulösen wie spontanes Nachahmen oder die typische mütterliche Sprechweise (Papoušek, 1992; 1994a).

Vorläufer der intentionalen Kommunikation

In spontanen Interaktionen verläßt sich die Mutter in ihrer Einschätzung der Befindlichkeit des Kindes, seiner Bedürfnisse und Absichten nicht allein auf die Vokalisationen, sondern auf zusätzliche Schlüsselinformationen im nichtstimmlichen Verhalten und im Interaktionskontext (Scoville, 1984). Weitgehend unbeeinflußt vom Entwicklungsstand der kindlichen Intentionalität verstehen und beantworten die Mütter das Verhalten des Kindes als kommunikativ und intentional (Clark, 1978; Harding, 1983; Snow, 1977). Der Säugling wächst in einen *Kommunikationsrahmen* hinein, in dem er erfährt, daß sein stimmliches und nichtstimmliches Verhalten zu bestimmten Zielen und zur Erfüllung seiner Bedürfnisse und Absichten führt, bevor er zu absichtsvollem, zweck- und zielgerichtetem Handeln fähig ist. Innerhalb dieses Rahmens geht die Mutter sogar auch so weit, daß sie versucht, beim Kind sozial verstehbare Absichten zu induzieren (Clark, 1978).

Die Wurzeln der kindlichen Intentionalität sind in den frühen Kontingenzerfahrungen des Säuglings zu suchen, in seinen Erfahrungen, mit bestimmten Verhaltensformen ein voraussagbares Ereignis in der Umwelt bewirken zu können (Bruner, 1975; Papoušek & Papoušek, 1977a) (S. 30). Die Ausrichtung des Blicks oder das Ausstrecken der Ärmchen zu einem begehrten Spielzeug teilen den Eltern genug über Interesse und Absicht des Kindes mit, bevor der Säugling fähig ist, die Kriterien einer echten intentionalen Kommunikation zu erfüllen (Scoville, 1984).

In einer Längsschnittstudie von 6 bis 11 Monaten beschreibt Harding (1983) die Entwicklung des kommunikativen Verhaltens als Folge von fünf Stadien, die durch kindliche kognitive Entwicklungsfortschritte und durch z.T. vorausgreifende mütterliche Antwortbereitschaften bestimmt werden:

1. prozedurales Verhalten (als Teil globaler Körperbewegungen);
2. objektgerichtetes instrumentelles Verhalten;
3. intentionale Gesten;
4. intentionale Vokalisationen;
5. und koordinierte kommunikative Verhaltensmuster von Vokalisation, Geste und Blickverhalten.

Spontan beantworteten die Mütter bereits das prozedurale und instrumentelle Verhalten als kommunikativ. Auch wenn sie aufgefordert wurden, nur kommunikatives Verhalten des Kindes zu beantworten, reagierten sie konsistent auf instrumentelles Verhalten. Nach Harding helfen sie damit dem Kind, sein Verhalten zunächst als ein Mittel zum Erreichen eines Zieles zu identifizieren, bevor es erlernt, das Verhalten als Mittel zur Kommunikation einzusetzen (Harding, 1983; 1984).

Verschiedene Autoren kommen zu dem Schluß, daß eine kategorische Abgrenzung der intentionalen Kommunikation von ihren Vorläufern in den frühen Mutter-Kind-Interaktionen künstlich ist (Clark, 1978; Papoušek & Papoušek, 1989a; Scoville, 1984). Was die Ebene der sog. intentionalen Kommunikation heraushebt, ist das regelmäßige Benutzen von konventionellen referentiellen Gesten und die Fähigkeit zur sog. triangulären Aufmerksamkeit, die sich parallel bzw. in unmittelbarem Wechsel auf die Mutter und auf einen Gegenstand ausrichtet. Dem Kern nach ist die intentionale Kommunikation jedoch lediglich eine Fortentwicklung des früheren kommunikativ wirksamen Verhaltens in komplexeren sozialen Kontexten, die eine höhere Stufe der kognitiven Integration verlangen (Scoville, 1984).

Die sog. "intentionale Kommunikation"

Zahlreiche linguistische Autoren haben sich mit sorgfältigen Kriterien einer "echten intentionalen Kommunikation" auseinandergesetzt, denen sie in Bezug auf den Beginn des Spracherwerbs besondere Bedeutung beimessen. Typischerweise wird die intentionale stimmliche Kommunikation in spezifischen, Objekte einschließenden Interaktionskontexten analysiert, in denen das Kind eine mütterliche Handlung als Mittel zum Erlangen eines Objektes erbittet ("Proto-Aufforderung") oder ein Objekt als Mittel zum Wecken der mütterlichen Aufmerksamkeit benutzt ("Proto-Erklärung", Bates, Camaioni, & Volterra, 1975; Dore, 1975; Greenfield & Smith, 1976; Harding & Golinkoff, 1979). Bates und Mitarbeiter definierten als Kriterium der intentionalen Kommunikation, daß das Kind abwechselnd die Eltern und das Spielzeug anschaut und stimmliche Gesten mit konventionellen referentiellen Gesten wie Zeigen, Anbieten oder Bitten verbindet (Bates et al., 1975). Als weiterer Indikator gilt, wenn das Kind bei ausbleibender Antwort der Mutter seine Bitte in gesteigerter Form wiederholt (Marcos, 1987; Galligan, 1987).

In solchen Kontexten greifen die Säuglinge oft auf einfache Lautstrukturen zurück, auf einen vokalartigen Grundlaut /ä/ oder eine Einzelsilbe /da/, oder auf primär zufällige Lautmuster, die sie als idiosynkratische, phonetisch konsistente Lautformen (PCF) benutzen (Dore et al., 1976). Phonetisch konsistente Lautformen (PCF), die das Kind spontan und regelmäßig in bestimmten Kontexten wiederholt, wurden von Gillis und De Schutter (1986) im Lautrepertoire eines holländischen Kindes von 11 bis 23 Monaten ausführlich analysiert. Die Autoren konnten drei Typen von PCF differenzieren, denen sie wichtige Funktionen beim Einüben des sprachlichen Bezugnehmens zuordneten. Objektunspezifische PCF (z.B. /da/) erschienen als pragmatische Vorläufer der sprachlichen Referenz. Der Säugling benutzte sie als deiktische stimmliche Geste im Kontext gemeinsamer Aufmerksamkeit in Zusammenhang mit Blickzuwendung und Zeigen. Aktionsspezifische PCF (z.B. /bvm/) waren an ein bestimmtes Ereignis, meist eine Handlung mit einem Objekt, gebunden und schienen die Handlung holistisch zu repräsentieren. Daraus entwickelten sich schließlich die objektspezifischen PCF, mit denen das Kind einen Gegenstand im Fokus seiner Aufmerksamkeit benannte.

Je nachdem ob die Säuglinge in dem jeweiligen Interaktionskontext etwas erbitten, fordern oder ablehnen, beginnen sie, phonetisch konsistente Lautformen mit Hilfe verschiedener melodischer Konturen zu differenzieren (Halliday, 1975; 1979). Man nimmt an, daß die Säuglinge noch vor den ersten Wörtern die Intonationsstrukturen der Muttersprache erlernen (Crystal, 1986; Papoušek & Papoušek, 1981e; Tonkova-Yampols'kaya, 1973). Die empirische Basis für den Zusammenhang zwischen Intonationskontur und kommunikativer Funktion ist allerdings schmal und bezieht sich in den bisherigen Studien auf nur wenige Kinder. Entsprechend widersprüchlich sind die Ergebnisse, insbesondere für das praeverbale Alter (Ferrier, 1985; Flax, Lahey, Harris, & Boothroyd, 1990; Galligan, 1987; Marcos, 1987; Menn, 1978). Zusammenfassend zeigen die Untersuchungen, daß steigende Endkonturen signifikant häufiger als erwartet bei Äußerungen benutzt werden, die eine Antwort von seiten der Mutter verlangen, beim Wecken der mütterlichen Aufmerksamkeit oder beim Bitten um eine Handlung oder einen Gegenstand. Äußerungen mit fallender Endkontur sind dagegen häufiger als erwartet bei Antworten und Kommentaren, die einen kommunikativen Austausch abschließen (Löffler, 1994).

Auffallend ist die große individuelle Variabilität im Gebrauch von Intonationskonturen allgemein wie auch in der Zuordnung von prosodischen Merkmalen und kommunikativen Funktionen (Dore, 1983). Einige Kinder lassen vom praeverbalen Alter bis zum Einwortalter eine ausgeprägte Neigung zum differenzierten Gebrauch von Intonationskonturen erkennen (Flax et al., 1990). Die melodischen Konturen ähneln in Form und Funktion jedoch nicht den syntaktischen Intonationskonturen, vielmehr den melodischen Gesten, die die Mütter zum Wecken der Aufmerksamkeit, zum Anregen einer Antwort, zum Bestätigen oder Ablehnen oder indikativ zum Fokussieren der Aufmerksamkeit benutzen (S. 132f). Diese eigene Beobachtung legt die Vermutung nahe, daß die individuelle Variabilität der melodischen Lautgesten beim Säugling weitgehend auf Unterschiede im mütterlichen Verhalten zurückzuführen ist, sowohl im Gestalten kommunikationserleichternder Interaktionsrahmen als auch in Art und Ausprägung ihrer melodischen Gesten. Eine Untersuchung der kindlichen Melodik im Alter von 8, 11 und 15 Monaten in Zusammenhang mit Interaktionskontext und mütterlicher Melodik scheint diese Annahme in ersten Ergebnissen zu bestätigen (Löffler, 1994).

Gebrauch erster Protowörter und Wörter im Kontext der Interaktion

Die meisten der zuvor beschriebenen Entwicklungslinien konvergieren gegen Ende des ersten Lebensjahres und tragen gemeinsam zu einer neuen Ebene der stimmlichen Kommunikation bei, zum Auftauchen erster Protowörter und Wörter im interaktiven Lautrepertoire, das in der linguistischen Tradition nach wie vor als Meilenstein der beginnenden Sprachentwicklung betrachtet wird. Die "Morgendämmerung der Sprache" (Bates et al., 1979) wird nach Bates und Mitarb. (1987) vor allem durch die Eroberung von drei wichtigen Kompetenzbereichen angekündigt, die unmittelbar zuvor im vorsprachlichen Alter eingeübt werden:

1. die intentionale Kommunikation mit manuellen und stimmlichen Gesten (S. 162);
2. das Bezugnehmen mit manuellen und stimmlichen Gesten (referentielle Kommunikation (S. 126);
3. und die Kommunikation mit Hilfe konventioneller manueller und stimmlicher Gesten, die ihrerseits die Fähigkeit zur gestischen und stimmlichen Nachahmung (S. 112) voraussetzt.

Die Diskussionen der anderen sprachrelevanten Subsysteme in den vorangehenden Kapiteln lassen vermuten, daß weitere in der vorsprachlichen Kommunikation vorbereitete Fähigkeiten des Kindes zum ersten Gebrauch von Wörtern beitragen:

1. die artikulatorische Entwicklung von konsistenten, sprachlich akzeptablen Lautstrukturen, die Mutter und Kind als gemeinsamen Kode entdecken (S. 107);
2. die Integration der Erfahrungen in den Bezugsrahmen der Interaktion (S. 117);
3. die Entwicklung der Sprachwahrnehmung, die dem Kind Wahrnehmung und Verständnis von relevanten linguistischen Einheiten in Bezug auf den Kontext erlaubt (S. 147; 173f);
4. die Entwicklung der Fähigkeiten zur unmittelbaren und verzögerten stimmlichen Nachahmung (S. 108).

Von seiten der Mutter wird die Phase der ersten Wörter auf vielfältige Weise unterstützt:

1. durch die Gestaltung geeigneter Interaktionsrahmen in Form von besonderen ritualisierten Spielchen und Routinen (S. 124; 165);
2. durch Einführen von Wörtern in die interaktiven Bezugsrahmen mit Hilfe prosodischer und linguistischer Mittel (S. 151);
3. durch ihre Bereitschaft, im kindlichen Lautrepertoire auftauchende Lautstrukturen als Wortkerne aufzugreifen und als Wörter nachzuahmen (S. 91);
4. und diese in Bezug auf den Kontext in ihren kommunikativen Funktionen zu verstehen und adäquat zu beantworten.

Spezifische Interaktionsrahmen

Mit dem Übergang zu den ersten Wörtern im Kontext der sozialen Interaktion befaßt sich eine umfangreiche linguistische Literatur, deren angemessene Darstellung den Rahmen der vorliegenden Arbeit sprengen würde. So wurden die ersten Protowörter und Wörter sehr eingehend in Bezug auf die semantische Struktur des Interaktionskontextes, auf ihre pragmatischen Funktionen, auf den kognitiven Entwicklungsstand des Kindes und auf die gerüstgebenden unterstützenden Funktionen der Mutter untersucht (Bates et al., 1979; Bruner, 1975; 1977; Collis, 1977; Greenfield & Smith, 1976; Werner & Kaplan, 1963). Für die Studien wurden quasi-standardisierte Kontexte, alltagstypische *Rituale, Routinen* (Bruner, 1983/87) oder *Formate* (Snow, 1989b) ausgewählt: "Erbitten" (Bruner, Roy, & Ratner, 1982), "Geben und Nehmen" (Zukow, Reilly, & Greenfield, 1982), *"Verstecken und Suchen"* (Ratner & Bruner, 1978), *"Zeigen und Benennen"* (Collis, 1977) und *"Bilderbuchanschauen"* (Ninio & Bruner, 1978).

Die alltagstypischen Rituale stimmen in einem wichtigen Merkmal überein: Eltern und Kind richten ihre Aufmerksamkeit gemeinsam auf eine Handlung oder einen Gegenstand im Interaktionskontext und sie nehmen darauf in einer an die Konventionen angepaßten Weise gemeinsam Bezug (Tomasello & Farrar, 1986). Die Handlungen und Vokalisationen des Kindes und die elterlichen Wortmodelle fügen sich in den vertrauten, voraussagbaren Bezugsrahmen ein, innerhalb dessen sie verstehbar und pragmatisch wirksam werden können (Snow, 1989b). Die frühen phonetisch konsistenten Protowörter (PCF) oder Wörter sind an den konkreten ritualisierten Kontext und an die kindlichen Handlungen und Gesten gebunden. In Fortsetzung der praeverbalen intentionalen Kommunikation werden sie überwiegend als Sprachhandlungen benutzt, mit denen das Kind die Mutter zu bestimmten Antworten bewegt (Bruner, 1975; Dore, 1975).

Eine besonders interessante Methode zur Beschreibung und Klassifikation der frühen Einwortäußerungen wurde von Greenfield und Smith (1976) entwickelt, die sich an den gleichen Schlüsselinformationen orientiert, die Mütter gewöhnlich bei der Interpretation und syntaktisch erweiterten Nachahmung der kindlichen Wörter benutzen. Dabei werden die semantisch-pragmatischen Funktionen der Einwortäußerungen aus den begleitenden Orientierungsbewegungen, Gesten und Intonationen des Kindes und aus den logischen Beziehungen zwischen Wort und Interaktionsrahmen entschlüsselt. Demnach werden die Wörter differenziert:

1. als Komponente einer Handlung oder Routine ("performatives": /da/, /ei/, /hoppe hoppe/, /winke winke/);
2. als Ausdruck einer Absicht ("volition": /mama/, /nein/);
3. als Bezeichnung eines Gegenstandes im Fokus der Aufmerksamkeit ("indicative object": /Teddy/, /Löffel/);
4. als Bezeichnung eines begehrten Gegenstandes ("volitional object": /Ball/);
5. als Bezeichnung eines agierenden Subjektes ("agent": /Papa/, /Hund/);
6. oder als Bezeichnung von Zustand oder Handlung eines agierenden Subjektes ("state or action of agent": /wauwau/) oder Objektes (/heiß/).

Es ist bemerkenswert, wie genau diese semantisch-pragmatischen Kategorien des frühen Wortschatzes den Wörtern entsprechen, die Mütter typischerweise um einige Zeit früher in die verschiedenen Interaktionskontexte einführen (S. 151).

Nelson (1973) analysierte sehr detailliert die ersten 50 Wörter bei 18 Kindern von 15 bis 24 Monaten auf der Grundlage mütterlicher Aufzeichnungen. Nelson kommt ebenfalls zu dem Schluß, daß die frühen Wörter konsistent benutzt werden, um bestimmten kommunikativen Funktionen Ausdruck zu geben (Nelson, 1973). Schon Stern und Stern (1928) wiesen darauf hin, daß sich die frühen Wörter nicht bestimmten Wortklassen zuordnen lassen, sondern die Funktion ganzer Sätze haben. Diese Funktion kommt besonders anschaulich in der melodischen Kontur der Einwortäußerungen zum Ausdruck. *Abbildung 48* gibt ein Beispiel von den globalen Intonationskonturen, mit denen ein 13-monatiges Mädchen in Einwortsätzen seine kommunikativen Absichten mitteilt (Papoušek & Papoušek, 1981e). In Verbindung mit der semantischen Struktur des Interaktionsrahmens und einer globalen satzähnlichen Intonation gewinnen somit die Einwortäußerungen die Bedeutung eines vollständigen Satzes bzw. eines Sprachaktes, im Sinne einer Frage, einer

Aufforderung, einer Bitte, einer Ablehnung oder einer Aussage (Dore, 1975; Galligan, 1987; Greenfield & Smith, 1976; Papoušek & Papoušek, 1981e; Werner & Kaplan, 1963).

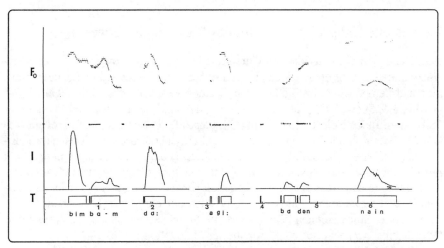

Abbildung 48: **Einwortsätze eines 13-monatigen Mädchens (Auszüge aus einem Dialog mit dem Vater).**
Die Intonation entspricht der globalen Intonation vollständiger Sätze bzw. Phrasen: wiederholte aufmerksamkeitslenkende Melodie im Sinne von "Schau mal dorthin!": "Bimbam! - da! - Auge!", dann Intonation von Frage und Verneinung: "Baden? - nein!".
EDV-Analyse von Grundfrequenz (Fo), Intensität (I) und Zeitstruktur (T).

Bedeutung von sprachlicher Umwelt und Interaktionsrahmen für die frühe expressive Sprachentwicklung

Individuelle Unterschiede im Stil des frühen Spracherwerbs

Auffallend sind die individuellen Unterschiede im frühen Spracherwerb, die übereinstimmend in zahlreichen Studien beschrieben wurden, sowohl in Bezug auf Beginn und Tempo wie auf Stil oder Strategien des Spracherwerbs (Bates et al., 1988; Goldfield & Snow, 1985; Nelson, 1981). Bei der Analyse der ersten 50 Wörter von 18 Kindern fielen Nelson (1973) einige Kinder auf, die sich bei gleich großem Vokabular extrem in der Zusammensetzung und im Gebrauch ihres Wortschatzes unterschieden. Nelson beschrieb die extremen Ausprägungen eines *referentiellen Stils* mit objektbezogenem Vokabular und gelegentlichen telegraphischen Zwei-Wort-Verbindungen und eines *expressiven Stils* mit persönlich-sozial ausgerichtetem Vokabular und formelhaften Phrasen, betonte aber, daß die Mehrzahl der Kinder Elemente beider Stile erkennen ließen. Dore (1975) unterschied eher symbolorientierte "Wortbabies" von eher botschaftsorientierten "Intonationsbabies".

Bei der Zusammenstellung aller bisher beschriebenen individuellen Unterschiede in Stil oder Strategie des Spracherwerbs kristallisieren sich die beiden von Nelson beschriebenen Stile heraus, die offenbar alle Bereiche der Sprachentwicklung betreffen (Bates et al., 1987). Der *referentielle Stil* ist im Wortschatz durch einen hohen Anteil an Objekt/Person-Namen und Einwortäußerungen im Wortschatz der ersten 50 Wörter, selektive Nachahmung von Objektnamen und größere Flexibilität im Gebrauch einzelner Wörter charakterisiert. Der *expressive Stil* fällt durch einen niedrigen Anteil von Namen, Überwiegen von handlungsbezogenen, sozialregulativen Wörtern, früh auftauchende grammatisch komplette formelhafte Phrasen und Nachahmung aller Arten von Wörtern auf. Im Bereich der Phonologie unterscheidet sich der referentielle Stil durch deutliches Artikulieren, konsistente Aussprache einzelner Wörter und viele gut differenzierte Konsonanttypen vom expressiven Stil mit seiner eher undeutlichen Artikulation, variablen Aussprache mit wenig Konsonanten, aber ausgeprägter prosodischer Modulation (Jargon). Auf der pragmatischen Ebene überwiegt auf der einen Seite eine Orientierung auf Objekte, auf der anderen Seite eine Ausrichtung auf Personen und auf die Regulation der sozialen Interaktion.

An der Existenz derart unterschiedlicher Strategien im Spracherwerb wird heute nicht mehr gezweifelt (Pine & Lieven, 1990), auch wenn aus allen Untersuchungen deutlich wird, daß sie nur die Extreme von normalverteilten Verhaltenskontinua darstellen und daß sich die Mehrzahl der Kinder in unterschiedlicher Gewichtung Strategien aus beiden Stilen zunutze macht. Kontrovers diskutiert werden dagegen die Interpretation und die Grundlagen der stilistischen Unterschiede.

Eine wichtige Einflußgröße scheint das sprachliche Entwicklungsalter, bzw. die Größe des Wortschatzes zu sein. So fanden Bates und Mitarbeiter (Bates et al., 1988) in einer Querschnittsuntersuchung von 13-monatigen Säuglingen, daß die Kinder, deren Wortschatz die Merkmale des referentiellen Stils aufwies, auch einen größeren Wortschatz hatten, d.h. in ihrer expressiven Sprachentwicklung bereits weiter fortgeschritten waren. Pine und Lieven (1990) wiesen jedoch in einer Längsschnittstudie von 12 Säuglingen im Alter von 11 bis 20 Monaten überzeugend nach, daß der relative Anteil von Objektnamen im Wortschatz unabhängig vom Stil mit der Größe des Wortschatzes zunimmt und daß es unverläßlich ist, bereits mit 13 Monaten bei einem noch relativ kleinen und individuell sehr unterschiedlichen Wortschatz Stilunterschiede zu bestimmen. Dagegen zeigt der Anteil von Objektnamen bei einem Wortschatz von 25 Wörtern bereits eine hohe Korrelation mit dem Anteil von Objektnamen bei einem Wortschatz von 50 Wörtern (Pine & Lieven, 1990).

Als Grundlagen der stilistischen Unterschiede werden eine Reihe interessanter Faktoren diskutiert (Bates et al., 1987), allen voran Unterschiede im Lernstil und kognitiven Stil des Kindes (*analytisch* versus *holistisch*) (Bretherton et al., 1983; Ferguson, 1979; Peters, 1977), die u.a. mit Unterschieden in der Reifungsrate zwischen linker und rechter Hemisphäre in Verbindung gesetzt werden. So nimmt Ferguson (1979) an, daß referentielle Kinder in vorsichtigen analytischen Schritten ein strenges phonologisches System aufbauen ("cautious systembuilder"), während expressive Kinder ihr System eher beherzt gestalten ("bold system-builder"), mit dem Resultat einer lockeren und variablen phonologischen Struktur. Referentielle Kinder scheinen sich mehr auf die Integrität des einzelnen Wortes als Baustein der Sprache auszurichten, während für expressive Kinder die Gestalt der Gesamtäußerung wichtiger zu sein scheint als einzelne Wörter, deren Artikulation sie sich erst sekundär sukzessive annähern (Landahl, 1982). Vihman (1986) zeigt, daß referentielle Kinder in ihren Artikulationen in früherem Alter eine Aufmerksamkeit für die Klangstruktur der Muttersprache erkennen lassen und in ihren artikulatorischen Fähigkeiten früher zu reifen scheinen. Es werden jedoch auch andere Faktoren in Betracht genommen wie Unterschiede im mütterlichen Stil (objektorientiert versus aktionsorientiert) (Della Corte, Benedict, & Klein, 1983; Furrow, & Nelson, 1984), im kindlichen Temperament (introvertiert versus extrovertiert) oder in der Vorliebe für die eine oder andere Sprachmodalität (Sprachverständnis versus Sprachproduktion) (Bates et al., 1987).

Bis heute fehlt es an einschlägigen empirischen Untersuchungen über die Grundlagen der individuellen Variabilität. Künftige Untersuchungen sollten in besonderem Maße die individuellen Erfahrungen des Kindes in der vorsprachlichen Kommunikation einbeziehen. Die vorliegende Untersuchung kann allerdings kaum zur Klärung beitragen, da der durchschnittliche Wortschatz der Kinder mit 15 Monaten noch zu klein ist, um den Spracherwerbsstil verläßlich diagnostizieren zu können. Greift man die Gruppe der 6 Kinder mit dem frühesten Sprachbeginn heraus, die mit 15 Monaten einen Wortschatz von durchschnittlich 29.0 Wörtern (19 bis 45) aufwiesen, so zeigt sich eine große individuelle Vielfalt.

Das Kind mit dem größten Wortschatz scheint den Prototyp des referentiellen Stils zu repräsentieren. In seinem Repertoire überwogen Objektnamen mit deutlicher Artikulation. Anders jedoch als die von Snow (1989a) beschriebenen referentiellen Kinder machte es ausgiebig von sofortiger Nachahmung Gebrauch und zeigte bereits im frühen vorsprachlichen Alter eine lebhafte Tendenz zum Nachahmen in interaktiven Lautspielchen mit der Mutter. Die Mutter fiel durch eine schon in den ersten Monaten beginnende gut artikulierte Sprechweise mit einfacher Syntax und durch häufige Modellvokalisationen und Modellwörter auf, im zweiten Halbjahr durch ein besonders häufiges gemeinsames Ausrichten der Aufmerksamkeit auf Objekte und Zeigespiele.

Ein anderes Kind der Gruppe schien dem expressiven Stil am nächsten: Es war mit der Mutter überwiegend auf spielerische Aktionen ausgerichtet, die Mutter gab keine Modelle, ahmte nicht nach und beantwortete die kindlichen Vokalisationen nicht, sprach aber mit lebhafter Prosodik. Mit 13 Monaten begann das Kind "draufloszuplaudern", z.T. im Jargon, z.T. mit undeutlich artikulierten, kaum verstehbaren Wörtern und kleinen Phrasen, die von der Mutter nur sporadisch korrigierend nachgeahmt wurden.

Die anderen Kinder ließen sich auch nicht in Annäherungen einem der beiden Stile zuordnen. Mütter und Kinder zeigten je nach Kontext und Alter wechselnde Vorlieben. Insgesamt fand sich bei 4 Kindern von der Gesamtgruppe eine Evidenz für frühes Nachahmen im ersten Halbjahr; 3 Kinder artikulierten gut, 5 Kinder produzierten zeitweilig Jargon; eine besondere Neigung zu wohlklingenden melodischen Modulationen zeigten 5 Kinder schon im ersten Halbjahr; bei 3 Kindern war der Wortschatz an Interaktionswörtern reicher als an Objektnamen. Bei zwei Paaren war bis zum 13. Monat einschließlich die Ausrichtung auf Objekte gering, bei 3 Paaren wechselte die Ausrichtung mit dem Kontext. Vier der Mütter gaben ausgesprochen gut artikulierte Modelle, 5 reagierten deutlich kontingent auf die vorsprachlichen Vokalisationen des Kindes, 5 zeigten schon im ersten Halbjahr eine ausgeprägte Neigung zum stimmlichen Nachahmen.

Individuelle Unterschiede in Beginn und Tempo der Wortschatzentwicklung

Es wird im allgemeinen angenommen, daß Beginn und Tempo der Wortschatzentwicklung vor allem von genetischen Faktoren bestimmt werden, obwohl diese Annahme bisher noch keine eindeutige empirische Unterstützung gefunden hat (Huttenlocher et al., 1991). Versteht man die Wortschatzentwicklung als Funktion der kindlichen Fähigkeit, aus dem Sprachangebot der Umwelt zu lernen, so ist an alle Faktoren zu denken, die diese Lernprozesse beeinflussen können, vor allem auch an Umfang und Qualität des Sprachangebotes. So haben Mütter, die in

Spielsituationen mehr mit ihrem Säugling sprechen, Kinder mit größerem Vokabular (Smolak & Weinraub, 1983). Ethnografische Vergleichsstudien zeigen, daß wenig ausgebildete Mütter aus ökonomisch benachteiligten Schichten seltener mit ihren Säuglingen sprechen als gut ausgebildete Mütter aus der Mittelschicht, und daß ihre Kinder ein kleineres, weniger differenziertes Vokabular entwickeln (Schachter, 1979). Einen positiven Zusammenhang zwischen dem Umfang des mütterlichen Sprachangebotes und dem kindlichen Wortschatz zeigt auch eine neuere Längsschnittstudie an 22 Säuglingen von 14 bis 26 Monaten (Huttenlocher et al., 1991) sowie eine Untersuchung von 1- und 2-jährigen Zwillingen (Tomasello, Mannle, & Kruger, 1986).

Der Erwerb des frühen Wortschatzes geht gewöhnlich langsam vonstatten und zieht sich über mehrere Monate hin, bevor es zwischen 16 und 20 Monaten zu einer Akzeleration im Zugewinn neuer Wörter kommt (*"vocabulary spurt"*) (Goldfield & Reznick, 1990). Der Spurt beginnt, sobald die Kinder einen Wortschatz von 30 bis 50 Wörtern erprobt haben (Benedict, 1979; Nelson, 1973). In Nelson's Stichprobe wurde ein Wortschatz von 10 Wörtern im Durchschnittsalter von 15.1 Monaten erreicht, ein Wortschatz von 50 Wörtern im Alter von 19.8 Monaten. Dem Muster des Wortschatzspurtes folgten einer neueren Untersuchung nach jedoch nur 13 von 18 Kindern (72%); 28% erweiterten ihren Wortschatz eher langsam und stetig (Goldfield & Reznick, 1990). Interessanterweise betraf der rasche Zuwachs in der Hauptgruppe der Kinder überwiegend Objektnamen, während in der Gruppe mit langsamem Wortschatzzuwachs die Objektnamen unter 50% des Wortschatzes blieben. Da diese Kinder sämtlich Zweitgeborene waren, nehmen die Autoren an, daß die Unterschiede im Wortschatzerwerb durch Unterschiede in der Sprachumwelt der Kinder geprägt wurden. Während Erstgeborene in Mittelstandsfamilien der westlichen Welt überwiegend dyadische Interaktionen erleben, in denen einfache Benennungsspielchen gepflegt werden (Bridges, 1986), machen Zweitgeborene häufiger mit einer komplexeren Sprachumwelt (Sprache der Geschwister und Sprache der Mutter zu den älteren Geschwistern) in triadischen Kontexten Erfahrung (Jones, 1984).

Diese Untersuchungen weisen darauf hin, daß sich neben dem Umfang des Sprachangebotes auch der Kontextbezug und die Qualität des Angebotes auf die frühe Sprachentwicklung auswirken. Die mütterliche Unterstützung der kindlichen Aufmerksamkeit für Objekte der Umwelt mit 5 Monaten korreliert positiv mit dem kindlichen Wortschatz im Alter von 13 Monaten (Tamis-LeMonda & Bornstein, 1989; Vibbert & Bornstein, 1989; Goldfield, 1987). Auch zu Beginn des 2. Lebensjahres hat die Fähigkeit der Mutter-Kind-Paare zu gemeinsamer Aufmerksamkeit einen positiven Einfluß auf die Entwicklung von Wortschatz und Objektbenennungen (Tomasello & Farrar, 1986). Die positiven Korrelationen gelten jedoch nur, wenn die Mutter der spontanen Ausrichtung des kindlichen Interesses folgt. Offenbar ist es leichter für den Säugling, die Beziehung zwischen Wort und Objektbezug des Gegenübers zu erkennen, wenn sich beides auf sein bereits aktiviertes Interesse richtet und dem Säugling die Anstrengung erspart bleibt, zunächst den Bezugspunkt des Erwachsenen herauszufinden. Direktives Umlenken der kindlichen Aufmerksamkeit auf einen anderen Gegenstand korreliert entsprechend negativ mit dem Wortschatzerwerb (Akhtar, Dunham, & Dunham, 1991). Auch beim experimentellen Einüben von neuen Wörtern zwischen 14 und 23 Monaten mit zwei unterschiedlichen Strategien, 'Aufmerksamkeit folgen' bzw. 'Aufmerksamkeit lenken', zeigt sich ein signifikant besseres Wortverständnis, wenn der Experimentator dem spontanen Interesse gefolgt ist (Tomasello & Farrar, 1986).

Einfluß des elterlichen Sprachangebotes auf den frühen Spracherwerb

Die Annahme, daß sich vor allem die Qualität der elterlichen Sprachanpassungen im vorsprachlichen Alter auf Sprachverständnis und Wortschatzentwicklung auswirkt, wurde bisher noch kaum empirisch überprüft. Eine kontroverse Diskussion über die sog. "Motherese-Hypothese", daß bestimmte syntaktische und morphologische Vereinfachungen der elterlichen Sprechweise die Sprachentwicklung vorantreiben, betraf vor allem den Zusammenhang zwischen Komplexität der elterlichen Sprache und produktiver syntaktischer Entwicklung im 2. und 3. Lebensjahr, ohne daß dabei das Sprachverständnis berücksichtigt wurde (Furrow, Nelson, & Benedict, 1979; Gleitman, Newport, & Gleitman, 1984). Die empirischen Untersuchungen kommen zu widersprüchlichen Ergebnissen, was weitgehend auf methodische Probleme zurückgeführt werden kann. Auf der Grundlage der neueren Analysen von Prosodik und Sprachstruktur der elterlichen Sprechweise läßt sich die "Motherese-Hypothese" derzeit differenzierter formulieren:

1. Die Anpassungen der mütterlichen Sprechweise sind primär auf die Ebene der Sprachwahrnehmung des Kindes abgestimmt und ermöglichen und fördern dadurch die Entwicklung des Sprachverständnisses.
2. Da die Entwicklung der Sprachwahrnehmung im Säuglingsalter der expressiven Sprachentwicklung vorausgeht, resultiert daraus, daß das mütterliche Sprachangebot tendenziell den produktiven Fähigkeiten des Kindes einen Schritt voraus ist (nach Vygotsky (1978) in der "Zone der proximalen Entwicklung") und daß es damit dem Kind Gerüst, Anreiz und Modell zum Lernen neuer Strukturen gibt.
3. Das Profil der mütterlichen Sprechweise wird sukzessive dem individuellen Entwicklungsstand in Sprachwahrnehmung und Sprachverständnis angepaßt. Jedes Entwicklungsalter bedarf daher eines spezifischen Profils für eine optimale Förderung von Sprachverständnis und expressiver Sprachentwicklung.

Eine erste, sehr sorgfältige exemplarische Studie überprüfte die Hypothese, daß eine syntaktische Feinabstimmung der mütterlichen Sprache auf den Beginn des Wortverständnisses und der intentionalen Kommunikation mit 9 Monaten das

Sprachverständnis mit 18 Monaten positiv beeinflußt (Murray, Johnson & Peters, 1990). Die syntaktische Komplexität, gemessen als MLU (mittlere Anzahl von Morphemen pro Äußerung), und die Menge der mütterlichen Äußerungen wurde in spontanen Spielsituationen mit 3, 6 und 9 Monaten bestimmt. Parallel dazu wurde die Qualität des häuslichen Milieus mit der HOME-Skala (Home Observation for Measurement of the Environment) bestimmt, die eine Einschätzung des mütterlichen Engagements und der allgemeinen sprachlichen Responsivität einschließt. Die Mütter reduzierten die syntaktische Komplexität im 9. Monat signifikant von zuvor 3.8 auf 2.8 Morpheme, jedoch nur in der Gruppe mit einem positiven HOME-Score, d.h. nur bei einer auch auf der Makro-Ebene besonders responsiven und bereichernden häuslichen Umgebung. Multiple Regressionsanalysen ergaben, daß die Menge des sprachlichen Angebotes mit 3, 6, und 9 Monaten und die syntaktische Vereinfachung der Sprache mit 9 Monaten signifikant zur Varianz des Sprachverständnisses mit 18 Monaten beitrugen, während der HOME-Score darüberhinaus nur noch einen geringen Beitrag zur Erklärung der Varianz lieferte. Ein Einfluß auf die Sprachproduktion mit 18 Monaten war dagegen nicht nachzuweisen. Hier wirkten sich vor allem kindliche Merkmale aus wie das Geschlecht und der motorische und expressive Entwicklungsstand mit 9 Monaten.

Eine Schwäche der Arbeit liegt in dem zugrundegelegten linearen Zusammenhangsmodell, ein weiteres Problem in ihrer Beschränkung auf ein einzelnes syntaktisches Merkmal der mütterlichen Sprache, ohne daß dem gesamten Profil von parallelen prosodischen, phonologischen und lexikalischen Anpassungen Rechnung getragen wurde. Es bleibt daher offen, ob die syntaktische Vereinfachung allein oder nur im Zusammenspiel mit anderen Merkmalen das Sprachverständnis unterstützt. Ebenso bleibt offen, in welchem Maße die Sprechweise der Mütter mit 18 Monaten als intermediärer Faktor zur Auswirkung kommt und in welchem Maße kindliche Faktoren mit 3, 6 und 9 Monaten zur syntaktischen Feinabstimmung der Mütter beigetragen haben.

Untersuchungsergebnisse:
Zusammenhänge zwischen mütterlichem Sprachangebot und Wortschatzentwicklung

Vergleicht man die Gruppe der Kinder, die mit 15 Monat den größten interaktiven Wortschatz hatten (n = 6; Wortschatz m = 29.0; sd 9.9) mit der Gruppe mit dem geringsten Wortschatz (n = 6; Wortschatz m = 5.3; sd 3.5) in Bezug auf Merkmale der vorsprachlichen Kommunikation im 1. Halbjahr (2, 3, 5 Monate), 2. Halbjahr (7, 9, 11 Monate) und zu Beginn des 3. Halbjahres (13, 15 Monate), so ergibt sich ein interessantes Bild.

Die Kinder mit einer früheren und rascheren Wortschatzentwicklung machten in der vorsprachlichen Kommunikation mit ihren Müttern von Anfang an Erfahrungen mit einer sprachlichen Umwelt, die sich in prosodischen und linguistischen

Aspekten des Sprachangebotes, Responsivität, Nachahmungsbereitschaft, Gestaltung der Interaktionskontexte und Interaktionsstil signifikant von der anderen Gruppe unterschied (*Tabelle 9*). Die Mütter vermittelten ihr sprachliches Angebot im 1. und 2. Halbjahr mit größerem Stimmumfang und in höherer Stimmlage, vom 1. bis 3. Halbjahr konsistent mit ausgeprägterer Intonation und häufigeren dynamisch angepaßten Variationen der Melodik und mit besser ausgeprägten melodischen Gesten (nur im 2. Halbjahr signifikant), im 2. und 3. Halbjahr mit langsamerem Sprechtempo, und im 3. Halbjahr mit ausgedehnterer Silbendauer bzw. ver-

Tabelle 9: Ausprägung der intuitiven mütterlichen Didaktik im vorsprachlichen Alter und kindlicher Wortschatz mit 15 Monaten

	Großer Wortschatz N = 6	Kleiner Wortschatz N = 6	Mann-Whitney U-Test
Stimmumfang (Halbtöne)			
(2-5 Monate)	28.4	21.1	.01
(7-11 Monate)	28.8	24.0	.05
Expandierte Intonation (5-Punkte-Rating)			
(2-5 Monate)	4.5	3.7	.01
(7-11 Monate)	4.0	3.2	.05
(13-15 Monate)	4.4	3.6	.05
Nachahmung Anregen (% der mütterl. Vok.)			
(2-5 Monate)	6.3	2.1	.05
Vokalnachahmung (% der Imitationen)			
(2-5 Monate)	28.3	7.1	.05
(7-11 Monate)	34.5	18.5	.05
Rhythmusnachahmung (% der Imitationen)			
(2-5 Monate)	4.9	0.6	.05
(7-11 Monate)	10.8	3.3	.05
Rhythmische Spielchen (% der mütterl. Vok.)			
(7-11 Monate)	6.2	1.8	.05
Gemeins. Aufmerksamkeit für Objekte			
(7-11) (% der mütterl. Vok.)	16.9	11.8	.05
Spielbereitschaft Mutter (5-Pkt.-Rating)			
(2-5 Monate)	2.6	1.7	.05
(7-11 Monate)	4.0	2.7	.01
Konventionelle Routinen (5-Pkt.-Rating)			
(13-15 Monate)	3.2	1.9	.05
Vokale Modelle (% der mütterl. Vok.)			
(2-5 Monate)	4.3	0.3	.05
(13-15 Monate)	10.1	2.8	.05
Wortmodelle (% der mütterl. Vok.)			
(7-11 Monate)	2.7	0.5	.05
(13-15 Monate)	8.2	1.5	.01
Wortnachahmung (% der mütterl. Vok.)			
(13-15 Monate)	15.4	2.9	.05

langsamtem Artikulationstempo. Von den linguistischen Strukturmerkmalen des mütterlichen Sprachangebotes fanden sich vom 1. bis 3. Halbjahr häufiger eine deutliche Artikulation, im 2. Halbjahr eine stärker vereinfachte Syntax, im 2. und 3. Halbjahr mehr Wortlautwiederholungen und im 3. Halbjahr ein häufigerer Gebrauch von Wörtern aus dem Kindersprachenlexikon. Eine erhöhte Responsivität gegenüber den kindlichen Vokalisationen manifestierte sich im 1. Halbjahr durch häufigeres Loben, im 2. Halbjahr durch mehr kontingente Antworten, im 2. und 3. Halbjahr durch ausgeprägteres dialogartiges Abwechseln sowie eine Bereitschaft, kindliche Vokalisationen als Wort zu interpretieren.

Besonders markante Unterschiede zeigten sich im mütterlichen Nachahmungs- und Modellverhalten und in der wechselseitigen Angleichung von Artikulationsmerkmalen. Im 1. Halbjahr war in der Gruppe mit früherer Wortschatzentwicklung ein signifikant höherer Anteil der kindlichen Vokalisationen in artikulatorische Nachahmungssequenzen eingebunden, als Teil von stimmlichen Kind-Mutter-Sequenzen, Mutter-Kind-Sequenzen oder längeren reziproken Sequenzen. Die signifikanten Unterschiede zwischen den Gruppen betrafen im ersten (3, 5 Monate) und zu Beginn des zweiten Halbjahres (7 Monate) vor allem das Nachahmen von artikulatorisch relevanten Merkmalen: im 1. Halbjahr von Vokalen, stimmlichem Rhythmus und Sprachlauten insgesamt, im 2. Halbjahr von Vokalen, stimmlichem Rhythmus, Silben und Wörtern.

Die Mütter regten im 1. Halbjahr verstärkt zu stimmlichem Nachahmen an und nahmen häufiger an explorativen Nachahmungsspielchen teil. Im 3. Halbjahr waren mütterliche Nachahmungen insgesamt sowie Wortnachahmungen und syntaktisch expansive Nachahmungen häufiger. Bereits im ersten Halbjahr boten die Mütter häufiger Modelle zum Nachahmen an, insbesondere Modelle von korrekt artikulierten Sprachlauten und spielerisch-explorativen Lauten. Auch im 2. und 3. Halbjahr hatten sie eine deutlichere Neigung, mit vokalen Modellen zu stimulieren, und sie gaben signifikant häufiger Wortmodelle.

In der Gestaltung der Interaktionsrahmen fanden sich nur im 2. und 3. Halbjahr signifikante Unterschiede: eine frühere und deutlichere Ausrichtung auf Gegenstände im 2. Halbjahr und häufigere sozial-konventionelle Routinen im 3. Halbjahr in der Gruppe mit früherem Wortschatzerwerb. Der Interaktionsstil der Mütter wurde vom 1. bis 3. Halbjahr konsistent als geringgradig, aber signifikant einfühlsam-wärmer und lehrbereiter eingeschätzt, im 1. und 2. Halbjahr als spielbereiter.

In den Kapiteln über dialogartiges Abwechseln, Nachahmung, transmodale Integration, Interaktionsrahmen, kommunikative Entwicklung und Wortschatzentwicklung wurde diskutiert, in welchem Maße heutigen Kenntnissen nach die Merkmale des intuitiven mütterlichen Kommunikationsverhaltens als Kandidaten für eine Bahnung und kompensatorische Unterstützung von sprachrelevanten Partialfähigkeiten und Wortschatzerwerb in Frage kommen. Der Schluß drängt sich auf, daß die ausgeprägteren intuitiven Verhaltensanpassungen im sprachlichen und kontextuellen Angebot in der Gruppe mit dem frühen Sprachbeginn zu der positiven Entwicklung des Wortschatzes beigetragen haben oder sie sogar erklären.

Die beiden Gruppen wichen jedoch schon sehr viel früher als mit 15 Monaten in Merkmalen der kindlichen Vokalisationsentwicklung voneinander ab. Allerdings unterschieden sich die Kinder der beiden Gruppen in ihrem interaktiven Vokalisationsrepertoire im ersten Halbjahr noch kaum. Als einziger Unterschied fand sich eine höhere Rate von ausgedehnten melodischen Konturen im Alter von 5 Monaten in der Gruppe der Kinder mit frühem Sprachbeginn. Im 7. Monat zeigte sich jedoch ein markanter Entwicklungsschub, der im 9. und 11. Monat weitgehend durch "Nachrücken" der Kinder mit späterem Spracherwerb ausgeglichen wurde. Die "frühen" Kinder waren mit 7 Monaten in mehreren Merkmalen in ihrer artikulatorischen Entwicklung voraus: Sie produzierten mehr Vokaltypen, mehr *hohe, tiefe vordere* und *hohe hintere* Vokanten, einen höheren Anteil von Vokalisationen mit konsonantartigen (vor allem *mittleren*) Elementen, mehr *mittlere* und *hintere* Plosive und Laterallaute. In der Gruppe der "späten" Kinder blieben dagegen in höherem Anteil Grundlaute und einfache melodisch modulierte Laute und zentrale Vokanten erhalten. Die Gruppen unterschieden sich bemerkenswerterweise jedoch nicht im Anteil regulärer Silben, die im interaktiven Lautrepertoire offenbar einen weniger markanten Stellenwert haben als in kindlichen Monologen (S. 74). Mit 13 Monaten ging die Gruppe der "frühen" Kinder nochmals einen Schritt in der artikulatorischen Entwicklung voraus, indem sie häufiger *tiefe hintere* Vokale produzierten, mehr Laute mit konsonantartigen (vor allem *vorderen*) Elementen, mehr *vordere* und (mit 15 Monaten) *hintere* Plosive, mehr *vordere* Frikative und Laterallaute.

Bereits mit 9 Monaten begannen sich die Gruppen in der Wortschatzentwicklung zu differenzieren, mit 13 Monaten auch im kommunikativen Wortschatzgebrauch. Die Differenz in Wortschatz und Wortgebrauch zwischen den Gruppen nahm von 9 bis 15 Monaten zu.

Das weitgehende Fehlen von Unterschieden im Lautrepertoire des Vorsilbenalters kann die Hypothese stützen, daß die frühen Unterschiede im mütterlichen Sprachangebot des ersten Halbjahres, insbesondere das deutliche Artikulieren, die reziproken Angleichungen in artikulatorisch relevanten Merkmalen, das artikulatorisch-explorative Nachahmen und das Modellieren von artikulatorisch korrekten Sprachlautmodellen, den früheren Schub in der artikulatorischen Entwicklung unterstützt oder gebahnt haben.

Die Daten scheinen jedoch ebenso die alten Befunde der neurolinguistischen Spracherwerbstheorien (Lenneberg, 1967) zu bestätigen, daß die präsyllabischen Vokalisationen keine Voraussagen in Bezug auf den Sprachbeginn erlauben und daß eine gewisse Kontinuität zwischen vorsprachlichen Vokalisationen und Spracherwerb erst vom Beginn des Silbenalters an zu finden ist. Der frühere Beginn artikulatorischer Differenzierungen weist möglicherweise auf individuelle Unterschiede in den neuromotorischen Reifungsprozessen und zugrundeliegenden genetischen Programmen hin, die etwa mit Beginn des Silbenalters auch eine neue Ebene in der Hemisphärenspezialisierung erreicht. Für eine genetische Interpretation kann auch sprechen, daß 4 von den 6 Kindern mit dem höchsten Gesamtwortschatz mit 15 Monaten Mädchen waren. Demgegenüber war das Verhältnis von Jungen und Mädchen in der Gruppe mit späterem Sprachbeginn ausgeglichen.

Eine einseitig genetische Interpretation läßt jedoch die besonderen Merkmale des mütterlichen Sprachangebotes im Vorsilbenalter außer acht, die heutigen Kenntnissen nach mehr als ein schönes Beiwerk der frühen vorsprachlichen Kommunikation sind. Eine genetische Interpretation der Befunde sollte allerdings auch in einem weiteren Sinne in Betracht gezogen werden: daß genetische Faktoren gleichermaßen auf seiten des Kindes wie auf seiten der Mutter mit ihren intuitiven Verhaltensbereitschaften günstige Voraussetzungen schaffen. Darüber hinaus kann ein primär genetisch bedingter günstiger Ablauf der Vokalisationsentwicklung positiv auf die Mutter zurückwirken, sie in ihren Verhaltensbereitschaften bestärken und früher differenziertere Formen der Förderung auslösen.

Die vorliegenden Daten lassen aus methodischen Gründung keine weitere Klärung zu, ob und in welchem Maße die spezifisch angepaßten Formen von Sprachangebot, Responsivität, Nachahmungsförderung und Interaktionsrahmen für Vokalisationsentwicklung und Wortschatzerwerb und andere Aspekte der Sprachentwicklung kritisch wichtig sind. Aus systemischer Sicht ist aufgrund der vorliegenden Evidenz über die vielfältigen Formen der intuitiven mütterlichen Früherziehung in der vorsprachlichen Kommunikation von Beginn an mit dynamischen Wechselbeziehungen zu rechnen, die in den vorigen Kapiteln auf der Grundlage der neueren empirischen Kenntnisse dargestellt und diskutiert wurden.

Trotz des rein deskriptiven Charakters der Daten kommt die Arbeit zu einem Ergebnis, das zu denken gibt und zu weiteren gezielten Untersuchungen herausfordert: Säuglinge mit einer relativ frühen Vokalisations- und Wortschatzentwicklung, die auf eine günstige primäre Disposition hinweist, wachsen mit größerer Wahrscheinlichkeit in eine sprachliche Umwelt hinein, die ihnen sekundär oder bereits primär besonders günstige Voraussetzungen und Unterstützung für den Spracherwerb anbietet. Umgekehrt wachsen Kinder mit einer verspäteten, weniger differenzierten Vokalisationsentwicklung mit größerer Wahrscheinlichkeit in einer weniger optimalen sprachlichen Umwelt auf und sind somit womöglich doppelt benachteiligt. Die Stichprobe ist allerdings bei weitem zu klein, um die Generalisierung einer solchen Schlußfolgerung zu erlauben.

Abschließende Bemerkungen

Die vorliegende Arbeit gibt eine detaillierte empirische Bestandsaufnahme der artikulatorischen und kommunikativen Vokalisationsentwicklung des Säuglings bis zum Einwortalter in Zusammenhang mit längsschnittlichen Daten über prosodische und linguistische Strukturmerkmale des mütterlichen Sprachangebotes, über die mütterliche Responsivität gegenüber den Säuglingslauten, über Nachahmungs- und Modellverhalten und Gestaltung des Interaktionskontextes. Die Darstellung der eigenen Daten wird durch eine umfangreiche kritische Literaturübersicht aus der neueren interdisziplinären Säuglingsforschung ergänzt, die erstaunlich frühe sprachrelevante Fähigkeiten auf seiten des Säuglings und ebenso erstaunliche komplementäre Strukturen in der frühen sozialen und sprachlichen Umwelt aufgedeckt hat. Bereits in den ersten Lebensmonaten ist demnach mit frühen Formen der Sprachwahrnehmung, artikulatorischen Kontrolle, stimmlichen Nachahmung und intersensorischen/amodalen Integration und mit prozeduralem Lernen, vorsprachlicher Integration von Erfahrungen, Abstraktion, Konzeptbildung und zielgerichtetem Handeln zu rechnen. Diese Fähigkeiten beruhen heutigen Kenntnissen nach auf angeborenen Prädispositionen und Programmen. Es zeigt sich jedoch ebenso deutlich, daß sie sich von Anfang an (z. T. bereits intrauterin) in Wechselwirkung mit angemessenen Anregungen von seiten der sozialen Umwelt entfalten und sich auch untereinander wechselseitig beeinflussen.

Ein weiterer wichtiger Beitrag der vorliegenden Arbeit liegt in der erstmaligen Dokumentation von zahlreichen, dem Säuglingsalter angemessen intuitiven Verhaltensanpassungen auf seiten der Mutter. Das mütterliche Kommunikationsverhalten macht deutlich, daß der Säugling mit seinen Kompetenzen, aber auch entwicklungsspezifischen Grenzen und Abhängigkeiten, in eine soziale und sprachliche Umwelt hineinwächst, die trotz individueller Vielfalt zunächst durch universelle Strukturen gekennzeichnet ist.

Im Rahmen einer mikroanalytischen Interaktionsstudie läßt sich der Nachweis nicht erbringen, ob und in welchem Maße die einzelnen Strukturen der vorsprachlichen Kommunikation eine notwendige oder ausreichende Voraussetzung für die Entwicklung der Sprache darstellen. Die Strukturen lassen sich jedoch auf der Grundlage der ständig wachsenden Kenntnisse über die kindlichen Fähigkeiten und Grenzen in ihren Funktionen und unmittelbaren Auswirkungen zunehmend besser interpretieren und erklären. Bezogen auf diese Kenntnisse zeichnet sich in den mütterlichen Verhaltensbereitschaften das Bild einer didaktischen Feinabstimmung auf den kindlichen Entwicklungsstand und seine Lernbereitschaften ab. Dadurch wird die vorsprachliche Kommunikation zu natürlichen Lernkontexten gestaltet, mit komplementären, kompensatorischen, erleichternden und motivierenden Eigenschaften und Funktionen.

Auf seiten des Kindes werden heute auch in der Sprachentwicklungsforschung kritische Vorläufer der Sprachentwicklung im frühen vorsprachlichen oder sogar pränatalen Alter ernsthaft in Betracht gezogen. Sowohl die Vokalisationsentwicklung (Locke, 1990) wie auch die Entwicklung der Sprachwahrnehmung (Jusczyk & Bertoncini, 1988) werden als Lernprozesse verstanden, die durch angeborene Prädispositionen gesteuert werden. Dies trifft auch schon auf das Vorsilben- und beginnende Silbenalter zu, in dem in Lautproduktionen und mütterlichem Sprachangebot noch Universalien vorherrschen, in denen noch kaum spezifisch muttersprachliche Einflüsse nachweisbar sind. Die Frage jedoch, in welchem Maße den natürlichen Lernsituationen im Kontext der vorsprachlichen Kommunikation eine kritisch wichtige Rolle für den Spracherwerb zukommt, bleibt zunächst noch eine offene Herausforderung für die künftige Forschung.

Wegen begrenzter personeller Kapazität in der eigenen Forschungsgruppe konnte nur ein kleiner Teil der notwendigen gezielten Ergänzungsstudien zur Überprüfung und Verifikation einzelner Beobachtungen und Hypothesen durchgeführt werden. Weitere Studien erfordern die methodische Expertise benachbarter Disziplinen, insbesondere auch die Zusammenarbeit mit Psycholinguisten und Neurolinguisten.

Die neuen Ergebnisse über die vorsprachliche Kommunikation lösen noch nicht die Rätsel des Spracherwerbs. Sie weisen jedoch auf eine Reihe interessanter vorsprachlicher Interaktionsprozesse hin, die in Zukunft in Konzepten und Forschung besondere interdisziplinäre Aufmerksamkeit verlangen, aber auch in klinischen Applikationen in Betracht genommen werden sollten:

1. Es hat sich gezeigt, daß die Vorbereitung und Anbahnung des Spracherwerbs bereits vor der Geburt beginnt, sich unmittelbar nach der Geburt fortsetzt und sich in enger Beziehung zur Entwicklung von Wahrnehmung, integrativen Prozessen, Intentionalität und kommunikativen Fähigkeiten vollzieht. Dabei wirken genetische Programme, Reifungsprozesse und prozedurales Lernen in Wechselbeziehung mit entsprechenden spezifischen Anregungen und Erleichterungen von seiten der sozialen Umwelt.
2. Das menschliche Neugeborene bringt für den Spracherwerb einzigartige Voraussetzungen mit. Es ist motiviert und fähig, relevante Aspekte der sozialen Umwelt multisensorisch wahrzunehmen, zu integrieren und mit der sozialen Umwelt zu interagieren und seine Erfahrungen zu teilen. Eine optimale Entfaltung der angeborenen kindlichen Fähigkeiten hängt von spezifischen Voraussetzungen auf seiten der primären Umwelt des Säuglings ab, die er normalerweise im Zwiegespräch mit seinen Eltern findet.
3. Mit Hilfe intuitiver, didaktisch wirksamer Verhaltensanpassungen auf nahezu allen Ebenen der vorsprachlichen Kommunikation und des Sprachangebotes trägt die Mutter aktiv zum prozeduralen Einüben sprachrelevanter Fähigkeiten in den Bereichen der artikulatorischen und kommunikativen Lautentwicklung und der basalen integrativen Fähigkeiten bei.

4. In den mütterlichen Verhaltensanpassungen zeichnet sich ein einzigartiges didaktisches Grundprinzip ab, das sich konsistent in den verschiedenen Phasen der vorsprachlichen und beginnenden sprachlichen Entwicklung wiederholt. Die Mutter gestaltet die spontanen Interaktionen des Alltags zu kontingenten, auf das Kind abgestimmten Bezugsrahmen, innerhalb derer es nicht nur angemessene Anregungen sucht und findet, sondern auch Gelegenheiten, die noch unkontrollierten Vorläufer späterer Fähigkeiten wirksam zu praktizieren, zu automatisieren und zu integrieren und damit die nächsten "Meilensteine" der Entwicklung vorzubereiten. Die spezifischen, dynamisch angepaßten Strukturen der Interaktionsrahmen können auch dazu beitragen, den Übergang zur jeweils folgenden Ebene der integrativen und kommunikativen Entwicklung anzustoßen und zu erleichtern. Sie bieten dem Kind kompensatorische Unterstützung, verringern die Anforderungen an das Kind auf ein individuell abgestimmtes Maß und ermöglichen ihm, seine noch unreifen Verhaltensformen in ihren Wirkungen zu erproben.

   Zahlreiche Formen der kontingenten, ritualisierten Bezugsrahmen wurden bereits mikroanalytisch analysiert: z.B. die Kontexte für das Einüben des Blickkontaktes, der stimmlichen Nachahmung, des Spiels mit der Stimme, des Abwechselns von Zuhören und Antworten, der gemeinsamen Ausrichtung der Aufmerksamkeit, der intentionalen, gestischen und referentiellen Kommunikation, der Bearbeitung von prosodischen und linguistischen Einheiten des mütterlichen Sprachangebotes, der Integration gemeinsamer Erfahrungen und des Verstehens und des Gebrauchs der ersten Wörter.

5. Die Formen der didaktischen elterlichen Sprachanbahnung in der vorsprachlichen Kommunikation gehören zu einer Kategorie nicht bewußter, intuitiver Verhaltensanpassungen, die sich universell bei beiden Geschlechtern, in verschiedenen Altersgruppen und in Kulturen mit sehr unterschiedlichen Traditionen und Sprachen finden lassen. Die heutige Evidenz unterstützt die Annahme, daß die Natur im Rahmen der vorsprachlichen Kommunikation für eine wirksame artspezifische Anbahnung und Förderung der Sprachentwicklung verläßlich Vorsorge getragen hat, die sich auf die Co-Evolution komplementärer Prädispositionen auf seiten des Kindes und der erwachsenen Bezugspersonen gründet.

6. Es wundert nicht, daß die Sprachentwicklung als eine artspezifische Form der psychobiologischen Anpassung allem Anschein nach überdeterminiert, im Überschuß angelegt ist. Die individuelle Variabilität in vorsprachlicher Kommunikation und Spracherwerb weist deutlich darauf hin, daß nicht das gesamte Spektrum begünstigender Voraussetzungen auf seiten des Kindes und auf seiten der Umwelt für den normalen Erwerb der Muttersprache erforderlich ist und daß es auf dem Weg zur Sprache unterschiedliche Strategien und unterschiedliche Umwelterfahrungen mit vergleichbaren Erfolgen gibt. Einzelne erleichternde Faktoren auf seiten der sozialen Umwelt wie die mütterliche

Nachahmung oder eine erhöhte Stimmlage fehlen beispielsweise bei manchen Mutter-Kind-Paaren ohne nachteilige Auswirkungen. Sie können durch andere Interaktionspartner des Kindes kompensiert werden, oder aber durch andere Komponenten des intuitiven Früherziehungspotentials der Mutter. Eine einzelne Strategie muß daher nicht für alle Kinder kritisch wichtig sein, und es ist vermutlich nicht erforderlich, daß für den normalen Spracherwerb eines gesundes Kindes "alle Register" gezogen werden. Ein Zugang zu einem Teil der spezifischen didaktischen Erleichterungen in der vorsprachlich-sprachlichen Umwelt ist nach Snow (1989b) jedoch eine unabdingbare Voraussetzung für die Sprachentwicklung.

7. Die intuitive frühe Sprachförderung, die dem Säugling in der vorsprachlichen Kommunikation mit seinen vertrauten Bezugspersonen zuteil wird, bietet ein didaktisch optimal anpassungsfähiges Modell für frühpädagogische oder frühtherapeutische Interventionen für die Hörerziehung oder für die Anbahnung und den Aufbau der Sprache bei Kindern mit unterschiedlichen Behinderungen. Das breit angelegte Repertoire an didaktisch wirksamen Verhaltensbereitschaften auf seiten der Eltern öffnet eine interessante Perspektive vor allem für die Säuglinge, deren Voraussetzungen für den Spracherwerb insgesamt oder in einzelnen Subsystemen beeinträchtigt sind.

Literaturverzeichnis

Abravanel, E., & Sigafoos, A. D. (1984). Exploring the presence of imitation during early infancy. *Child Development, 55*, 381-392.

Akhtar, N., Dunham, F., & Dunham, P. J. (1991). Directive interactions and early vocabulary development: the role of joint attentional focus. *Journal of Child Language, 18*, 41-49.

Anderson, B. J., Vietze, P., & Dokecki, P. R. (1977). Reciprocity in vocal interactions of mothers and infants. *Child Development, 48*, 1676-1681.

Armstrong, E. (1986). Enlarged limbic structures in the human brain: The anterior thalamus and medial mamillary body. *Brain Research, 362*, 394-397.

Aslin, R., Pisoni, D., & Jusczyk, P. W. (1983). Auditory development and speech perception in infancy. In M. Haith & J. Campos (Eds.), *Infancy and Developmental Psychobiology, Vol. 2* of P. H. Mussen (Ed.), *Handbook of Child Development* (pp. 573-687). New York: Wiley.

Bakeman, R., & Gottman J. M. (1987). Applying observational methods: A systematic view. In J. D. Osofsky (Ed.), *Handbook of infant development,* (2nd edition) (pp. 818-854). New York: Wiley.

Baldwin, J. M. (1895). *Social and ethical interpretations in mental development.* New York: Macmillan.

Bard, K. A. (1994). Evolutionary roots of intuitive parenting: Maternal competence in chimpanzees. Early Development and Parenting, 3 (1) Special Issue on "Intuitive parenting: Comparative and clinical approaches".

Barry, W. J. (1981 Prosodic functions revisited again! *Phonetica, 38*, 320-340.

Bates, E., O'Connell, B., & Shore, C. (1987). Language and communication in infancy. In J. D. Osofsky (Ed.), *Handbook of infant development,* (2nd. ed.) (pp. 149-203). New York: Wiley.

Bates, E., Benigni, L., Bretherton, I., Camaioni, L., & Volterra, V. (1979). *The emergence of symbols: Cognition and communication in infancy.* New York: Academic.

Bates, E., Bretherton, I., & Snyder, L. (1988). *From first words to grammar: Individual differences and dissociable mechanisms.* Cambridge: Cambridge University Press.

Bates, E., Camaioni, L., & Volterra, V. (1975). The acquisition of performatives prior to speech. *Merrill-Palmer Quaterly, 21*, 205-226.

Bench, J. (1969). Some effects of audio-frequency stimulation on the crying baby. *The Journal of Auditory Research, 9*, 122-128.

Benedict, H. (1979). Early lexical development: Comprehension and production. *Journal of Child Language, 6*, 183-200.

Berger, J., & Cunningham, C. C. (1983). Development of early vocal behaviors and interactions in Down's Syndrome and nonhandicapped infant-mother pairs. *Developmental Psychology, 19*, 322-331.

Bertalanffy, L. von (1968). *Organismic psychology theory.* Barre, MA: Clark University with Barre publishers.

Bertoncini, J., Bijeljac-Babic, R., Blumstein, S. E., & Mehler, J. (1987). Discrimination in neonates of very short CV's. *Journal of the Acoustical Society of America, 82*, 31-37.

Bertoncini, J., Bijeljac-Babic, R., Jusczyk, P. W., Kennedy, L. J., & Mehler, J. (1988). An investigation of young infants' perceptual representations of speech sounds. *Journal of Experimental Psychology: General, 117*, 21-33.173

Best, C., Hoffman, H., & Glanville, B. (1982). Development of infant ear asymmetries for speech and music. *Perception and Psychophysics, 31*, 75-85.

Blass, E. M. (1986). The development of olfactory control over behavior. In W. T. Greenough & J. M. Juraska (Eds.), *Developmental neuropsychobiology* (pp. 423-447). Orlando: Academic Press.

Bloom, L. (1973). *One word at a time: The use of single word utterances before syntax.* The Hague: Mouton.

Bloom, L., Hood, L., & Lightbown, P. (1974). Imitation in language development: if, when, and why. *Cognitive Psychology, 6*, 380-420.

Bloom, K. (1975). Social elicitation of infant vocal behaviour. *Journal of Experimental Child Psychology, 20,* 51-58.

Bloom, K., Russell, A., & Wassenberg, K. (1987). Turn taking affects the quality of infant vocalizations. *Journal of Child Language, 14,* 211-227.

Bornstein, M. H. (1989). Between caretakers and their young: Two modes of caretaking interaction and their consequence for cognitive growth. In M. H. Bornstein & J. S. Bruner (Eds.), *Interaction in human development* (pp. 197-214). Hillsdale, NJ: Erlbaum.

Bornstein, M. H., & Ruddy, M. G. (1984). Infant attention and maternal stimulation: Prediction of cognitive and linguistic development in singletons and twins. In H. Bouma & D. G. Bouwhuis (Eds.), *Attention and performance X: Control of language processes.* London: Erlbaum.

Boukydis, C. F. Z., & Burgess, R. L. (1982). Adult physiological response to infant cries: Effects of temperament of infant, parental status, and gender. *Child Development, 53,* 1291-1298.

Bowlby, J. (1969). *Attachment and loss (Vol. 1): Attachment.* New York: Basic Books.

Boysson-Bardies, B., Halle, P., Sagart, L., & Durand, C. (1989). A crosslinguistic investigation of vowel formants in babbling. *Journal of Child Language, 16,* 1-17.

Boysson-Bardies, B., Sagart, L., & Durand, C. (1984). Discernible differences in the babbling of infants according to target language. *Journal of Child Language, 11,* 1-15.

Boysson-Bardies, B., Sagart, L., Halle, P., & Durand, C. (1986). Acoustic investigations of crosslinguistic variability in babbling. In B. Lindblom & R. Zetterström (Eds.), *Precursors of early speech. Wenner-Gren Symposium Series, Vol. 44* (pp. 113-126). New York: Stockton.

Bregman, A. S., & Dannenbring, G. L. (1973). The effect of continuity on auditory stream segregation. *Perception & Psychophysics, 13,* 308-312.

Bresson, F. Maury, L., Fierault-LeBonniec, G., & de Schonen (1977). Organization and lateralization of reaching in infants: An instance of asymmetric functions in hand collaboration. *Neuropsychologia, 15,* 311-320.

Bretherton, I., McNew, S., Snyder, L., & Bates, E. (1983). Individual differences at twenty months: analytic and holistic strategies in language acquisition. *Journal of Child Language, 10,* 293-320.

Bridges, A. (1986). Actions and things: What adults talk about to 1- year-olds. In S. A. Kuczaj II & M. D. Barrett (Eds.), *The development of word meaning: Progress in cognitive development research* (pp. 226- 255). New York: Springer.

Bronson, G. W. (1982). Structure, status and characteristics of the nervous system at birth. In P. Stratton (Ed.), *Psychobiology of the human newborn* (pp. 99-118). New York: Wiley.

Brown, C. J. (1979). Reactions of infants to their parents' voices. *Infant Behavior and Development, 2,* 295-300.

Brown, R. (1973). *A first language: The early stages.* Cambridge, MA: Harvard University Press.

Bruner, J. (1975). The ontogenesis of speech acts. *Journal of Child Language, 2,* 1-19.

Bruner, J. (1977). Early social interaction and language acquisition. In H. R. Schaffer (Ed.), *Studies in mother-infant interaction* (pp. 271- 289). London: Academic.

Bruner, J. (1983). Child's talk: Learning to use language. New York: Norton. Dt. Übers. (1987). *Wie das Kind sprechen lernt.* Bern: Huber.

Bruner, J., Roy, C., & Ratner, N. (1982). The beginnings of request. In K. E. Nelson (Ed.), *Children's language, Vol. 3* (pp. 91-138). Hillsdale, NJ: Erlbaum.

Bryden, M. P., & Saxby, L. (1986). Developmental aspects of cerebral lateralization. In J. E. Obrzut & G. W. Hynd (Eds.), *Child Neuropsychology* (Vol. 1, pp. 73-94). San Diego: Academic Press.

Bühler, K. (1934). *Sprachtheorie.* Jena: Fischer.

Busnel, M. C., Granier-Deferre, & Lecanuet, J. P. (1990). Fetal audition, known facts and their consequences. *Infant Behavior and Development, 13* (Special ICIS Issue), 298.

Butterworth, G. E., & Cochran, E. (1980). Towards a mechanism of joint visual attention in human infancy. *International Journal of Behavioral Development, 3,* 253-272.

Butterworth, G. E., & Grover, L. (1988). The origins of referential communication in human infancy. In L. Weiskrantz (Ed.), *Thought without language* (pp. 5-24). Oxford University Press.

Butterworth, G. E. (1991). What minds have in common is space: Spatial mechanisms serving joint visual attention in infantcy. *British Journal of Developmental Psychology*, 9, 55-72.
Campbell, S., & Whitaker, H. (1986). Cortical maturation and developmental neurolinguistics. In J. E. Obrzut & G. W. Hynd (Eds.), *Child neuropsychology* (Vol. 1, pp. 55-72). San Diego: Academic Press.
Chomsky, N. (1965). *Aspects of the theory of syntax*. Cambridge, MA: MIT Press.
Clark, E. (1976). What's the use of imitation? *Journal of Child Language*, 4, 341-358.
Clark, R. A. (1978). The transition from action to gesture. In A. Lock (Ed.), *Action, gesture, and symbol: The emergence of language* (pp. 231-257). London: Academic.
Cohen, S. E., & Beckwith, L. (1976). Maternal language in infancy. *Developmental Psychology*, 12, 371-372.
Cohen, N. J., & Squire, L. R. (1980). Preserved learning and retention of pattern-analyzing skill in amnesia: Dissociation of knowing how and knowing that. *Science*, 210, 207-210.
Collis, G. M. (1977). Visual co-orientation and maternal speech. In H. R. Schaffer (Ed.), *Studies in mother-infant interaction* (pp. 355 - 375). London: Academic Press.
Collis, G. M. (1979). Describing the structure of social interaction in infancy. In M. Bullowa (Ed.), *Before speech: The beginning of interpersonal communication* (pp. 111-130). Cambridge/London/New York/Melbourne: Cambridge University Press.
Collis, G. M., & Schaffer, H. R. (1975). Synchronization of visual attention in mother-infant pairs. *Journal of Child Psychology and Psychiatry*, 16, 315-320.
Colombo, J. (1985). Spectral complexity and infant attention. *Journal of Genetic Psychology*, 146, 519-526.
Colombo, J., & Horowitz, F. D. (1986). Infants' attentional responses to frequency modulated sweeps. *Child Development*, 57, 287-291.
Conel, J. L. (1939-1967). *The postnatal development of the human cerebral cortex* (Vols. 1-8). Cambridge, MA: Harvard University Press.
Cooper, R. P. (1993). The effect of prosody on young infants' speech perception. In C. Rovee-Collier & L. P. Lipsitt (Eds.),*Advances in Infancy Research*, Vol. 8 (pp. 137-167). Norwwood, NJ: Ablex.
Cooper, R. P., & Aslin, R. N. (1989). The language environment of the young infant: Implications for early perceptual development. *Canadian Journal of Psychology*, 43, 247-265.
Cooper, R. P., & Aslin, R. N. (1990). Preference for infant-directed speech in the first month after birth. *Child Development*, 61, 1584-1595.
Coplan, J., Gleason, J. R., Ryan, R., Burke, M. G., & Williams, M. L. (1982). Validation of an early language milestone scale in a high-risk population. *Pediatrics*, Vol. 70, 677-683.
Cruttenden, A. (1986). *Intonation*. Cambridge: Cambridge University Press.
Crystal, D. (1986). Prosodic development. In P. Fletcher & M. Garman (Eds.), *Language acquisition* (pp. 174-197). Cambridge: Cambridge University Press.
DeCasper, A. J., & Fifer, W. P. (1980). Of human bonding: Newborns prefer their mothers' voices. *Science*, 208, 1174-1176.
DeCasper, A. J., & Prescott, P. A. (1984). Human newborns' perception of male voices: Preference, discrimination, and reinforcing value. *Developmental Psychobiology*, 17, 481-491.
DeCasper, A. J., & Sigafoos, A. D. (1983). The intrauterine heartbeat: A potent reinforcer for newborns. *Infant Behavior and Development*, 6,19-25.
DeCasper, A. J., & Spence, M. J. (1986). Newborns prefer a familiar story over an unfamiliar one. *Infant Behavior and Development*, 9, 133-150.
Delack, J. B., & Fowlow, P. J. (1978). The ontogenesis of differential vocalization: development of prosodic contrastivity during the first year of life. In N. Waterson & C. Snow (Eds.), *The development of communication* (pp. 93-110). Chichester/Brisbane/Toronto/New York: Wiley.
Della Corte, M., Benedict, H., & Klein, D. (1983). The relationship of pragmatic dimensions of mothers' speech to the referential-expressive distinction. *Journal of Child Language*, 10, 35-43.
Demany, L. (1982). Auditory stream segregation in infancy. *Infant Behavior and Development*, 5, 261-276.

Dennis, M., & Whitaker, H. (1977). Hemispheric equipotentiality and language acquisition. In S. Segalowitz & L. F. Gruber (Eds.), *Language development and neurological theory* (pp. 93-107). New York: Academic Press.

de Schonen, S., & Mathivet, E. (1989). First come, first served: A scenario about the development of hemispheric specialization in face recognition during infancy. Cahiers de Psychologie Cognitive. *European Bulletin of Cognitive Psychology, 9*, 3-44 (Special Issue).

Divenyi, P. L., & Hirsh, I. J. (1974). Identification of temporal order in three-tone sequences. *Journal of the Acoustical Society of America, 56*, 144-151.

Dodd, B. (1979). Lip reading in infants: Attention to speech presented in- and out-of-synchrony. *Cognitive Psychology, 11*, 478-484.

Dore, J. (1975). Holophrases, speech acts and language universals. *Journal of Child Language, 2*, 21-40.

Dore, J. (1983). Feeling, form, and intention in the baby's transition to language. In R. M. Golinkoff (Ed.), *The transition from prelinguistic to linguistic communication* (pp. 167-190). London/Hillsdale, NJ: Erlbaum.

Dore, J., Franklin, M. B., Miller, R. T., & Ramer, A. L. H. (1976). Transitional phenomena in early language acquisition. *Journal of Child Language, 3*, 13-28.

Eimas, P. D. (1974). Auditory and linguistic processing of cues for place of articulation by infants. *Perception and Psychophysics, 16*, 513-521.

Eimas, P. D., & Miller, J. L. (1980). Discrimination of the information for manner of articulation by young infants. *Infant Behavior and Development, 3*, 367-375.

Eimas, P. D., Siqueland, E. R., Jusczyk, P. W., & Vigorito, J. (1971). Speech perception in early infancy. *Science, 171*, 304-306.

Eisenberg, R. B. (1976). *Auditory competence in early life.* Baltimore, MD: University Park Press.

Ekman, P., Friesen, W., & Ellsworth, P. (1972). *Emotion in the human face: Guidelines for research and an integration of findings.* New York: Pergamon.

Elbers, L., & Ton, J. (1985). Play pen monologues: the interplay of words and babbles in the first words period. *Journal of Child Language, 12*, 551-565.

Entus, A. (1977). Hemispheric asymmetry in the processing of dichotically presented speech stimuli by infants. In S. Segalowitz & F. Gruber (Eds.), *Language development and neurological theory* (pp. 64-75). New York: Academic Press.

Fahrbach, S. E., Morell, J. I., & Pfaff, D. W. (1986). Identification of medial preoptic neurons that concentrate extradiol and project to the midbrain in the rat. *Journal of Comparative Neurology, 247*, 364-382.

Fassbender, C. (1993). *Auditory grouping and segregation processes in infancy.* Norderstedt: Kaste Verlag.

Ferguson, C. A. (1964). Baby talk in six languages. *American Psychologist, 66*, 103-114.

Ferguson, C. A. (1977). Baby talk as a simplified register. In C. E. Snow & C. A. Ferguson (Eds.), *Talking to children: Language input and acquisition.* Cambridge: Cambridge University Press.

Ferguson, C. A. (1979). Phonology as an individual access system: Some data from language acquisition. In C. J. Fillmore, D. Kempler & W. S- Y. Wang (Eds.), *Individual differences in language ability and language behavior.* New York: Academic Press.

Ferguson, C. A., & Macken, M. (1983). The role of play in phonological development. In K. Nelson (Ed.), *Children's language*, Vol. 4. Hillsdale, NJ: Erlbaum.

Fernald, A. (1984). The perceptual and affective salience of mothers' speech to infants. In L. Feagans, D. Garvey, & R. Golinkoff (Eds.), *The origins and growth of communication* (pp. 5-29). Norwood, NJ: Ablex.

Fernald, A. (1985). Four-month-old infants prefer to listen to motherese. *Infant Behavior and Development, 8*, 181-195.

Fernald, A. (1989). Intonation and communicative intent in mothers' speech to infants: Is the melody the message? *Child Development, 60*, 1497-1510.

Fernald, A. (1992). Meaningful melodies in mothers' speech to infants. In H. Papoušek, U. Jürgens & M. Papoušek (Eds.), *Nonverbal vocal communication: Comparative and developmental approaches* (pp. 262-282). Cambridge, UK: Cambridge University Press.
Fernald, A., & Kuhl, P. K. (1987). Acoustic determinants of infant preference for motherese speech. *Infant Behavior and Development, 10*, 279-293.
Fernald, A., & Mazzie, C. (1991). Prosody and focus in speech to infants and adults. *Developmental Psychology, 27*, 209-221.
Fernald, A., & Simon, T. (1984). Expanded intonation contours in mothers' speech to newborns. *Developmental Psychology, 20*, 104-113.
Fernald, A., Taeschner, T., Dunn, J., Papousek, M., Boysson-Bardies, B., & Fukui. I. (1989). A cross-language study of prosodic modifications in mothers' and fathers' speech to preverbal infants. *Journal of Child Language, 16*, 977-1001.
Ferrier, L. J. (1985). Intonation in discourse: Talk between 12-month-olds and their mothers. In K. Nelson (Ed.), *Children's language*, Vol. 5 (pp.35-60). Hillsdale, NJ: Erlbaum.
Field, T. (1985). Attachment as psychobiological attunement: Being on the same wave length. In M. Reite & T. Field (Eds.), *Psychobiology of attachment*. Orlando, FL: Academic Press.
Field, T., Woodson, R., Greenberg, R., & Cohen, D. (1982). Discrimination and imitation of facial expressions by neonates. *Science, 218*, 179-181.
Fifer, W., & Moon, C. (1989). Early voice discrimination. In C. von Euler, H. Forssberg, H. Lagercrantz & V. Landin (Eds.), *Neurobiology of early infant behavior* (pp. 277-285). New York: Stockton Press.
Flax, J., Lahey, M., Harris, K., & Boothroyd, A. (1990). Relations between prosodic variables and communicative functions. *Journal of Child Language, 17*, 3-19.
Flechsig, P. (1901). Developmental (myelogenetic) localization of the cerebral cortex in the human subject. *Lancet, 11*, 1027-1029.
Fleming, A. S., & Corter, C. (1988). Factors influencing maternal responsiveness in humans: usefulness of an animal model. *Psychoneuroendocrinology*, 13, 189-212.
Fogel, A., & Hannan, T. E. (1985). Manual actions of nine- to fifteen-week-old human infants during face-to-face interaction with their mothers. *Developmental Psychology, 56*, 1271-1279.
Fogel, A., & Thelen, E. (1987). Development of early expressive and communicative action: Reinterpreting the evidence from a dynamic systems perspective. *Developmental Psychology, 23*, 747-761.
Franco, F., & Butterworth, G. (April, 1991). *Infant pointing: Prelinguistic reference and co-reference*. Presentation at the 59th Meeting of the Society for Research in Child Development Biennial Meeting, Seattle, WA.
Frisch, K. von (1965). *Tanzsprache und Orientierung der Bienen*. Berlin: Springer.
Furrow, D., & Nelson, K. (1984). Environmental correlates of individual differences in language acquisition. *Journal of Child Language, 11*, 523-534.
Furrow, D., Nelson, K., & Benedict, H. (1979). Mothers' speech to children and syntactic development: Some simple relationships. *Journal of Child Language, 6*, 423-442.
Galligan, R. (1987). Intonation with single words: purposive and grammatical use. *Journal of Child Language, 14*, 1-21.
Garnica, O. K. (1977). Some prosodic and paralinguistic features of speech to young children. In C. E. Snow & C. A. Ferguson (Eds.), *Talking to children: Language input and acquisition* (pp. 63-88). London/New York: Cambridge University Press.
Gibson, E. J. (1969). *Principles of perceptual learning and development*. New York: Appleton-Century-Crofts.
Gillis, S., & De Schutter, G. (1986). Transitional phenomena revisited: Insights into the nominal insight. In B. Lindblom & R. Zetterström (Eds.), *Precursors of early speech. Wenner-Gren International Symposium Series*, Vol. 44 (pp. 127-142). New York: Stockton Press.
Gleason, J. B., & Weintraub, S. (1978). Input language and the acquisition of communicative competence. In K. E. Nelson (Ed.), *Children's language*, Vol. 1. (pp. 171-222). New York: Gardner.

Gleitman, L. R., Newport, E. L., & Gleitman, H. (1984). The current status of the motherese hypothesis. *Journal of Child Language, 11*, 43-79.

Goldfield, B. A. (1987). The contributions of child and caregiver to referential and expressive language. *Applied Psycholinguistics, 8,* 267-280.

Goldfield, B. A., & Reznick, J. S. (1990). Early lexical acquisition: rate, content, and the vocabulary spurt. *Journal of Child Language, 17,* 171-183.

Goldfield, B. A., & Snow, C. E. (1985). Individual differences in language acquisition. In J. Berko-Gleason (Ed.), *The development of language.* Columbus, OH: Merrill.

Golinkoff, R. M. (Ed.) (1983a). *The transition from prelinguistic to linguistic communication.* Hillsdale, NJ: Erlbaum.

Golinkoff, R. M. (1983b). In the beginning was the word: A history of the study of language acquisition. In R. M. Golinkoff (Ed.), *The transition from prelinguistic to linguistic communication* (pp. 1-25). London/Hillsdale, NJ: Erlbaum.

Gouzoules, H., Gouzoules, S., & Marler, P. (1985). External reference and affective signalling in mammalian vocal communication. In G. Zivin (Ed.), *The development of expressive behavior* (pp. 77-101). New York: Academic Press.

Greenfield, P., & Smith, J. (1976). *The structure of communication in early development.* New York: Academic.

Greenough, W. T., Black, J. F., & Wallace, C. S. (1987). Experience and brain development. *Child Development, 58,* 539-559.

Grieser, D. L., & Kuhl, P. K. (1988). Maternal speech to infants in a tonal language: Support for universal prosodic features in motherese. *Developmental Psychology, 24,* 14-20.

Grieser, D. L., & Kuhl, P. K. (1989). Categorization of speech by infants: Support for speech-sound prototypes. *Developmental Psychology, 25,* 577-588.

Grimm, H., & Schöler, H. (1985). *Sprachentwicklungsdiagnostik.* Göttingen/Toronto/Zürich: Verlag für Psychologie, Hogrefe.

Grohnfeldt, M. (1989). *Störungen der Sprachentwicklung.* Berlin: Marhold.

Gubernick, D. J. (1981). In D. J. Gubernick & P. H. Klopfer (Eds.), *Parental care in mammals* (pp. 243-305). New York: Plenum.

Gustafson, G. E., & DeConti, K. A. (1990). Infants' cries in the process of normal development. *Early Child Development and Care, 65.*

Gustafson, G. E., & Harris, K. L. (1990). Women's responses to young infants' cries. *Developmental Psychology, 26,* 144-152.

Halliday, M. (1975). *Learning how to mean: Explorations in the development of language.* London: Edward Arnold.

Halliday, M. (1979). One child's protolanguage. In M. Bullowa (Ed.), *Before speech: The beginning of interpersonal communication* (pp. 171-190). Cambridge: Cambridge University Press.

Harding, C. G. (1983). Setting the stage for language acquisition: Communication development in the first year. In R. M. Golinkoff (Ed.), *The transition from prelinguistic to linguistic communication* (pp. 93-113). London/Hillsdale, NJ: Erlbaum.

Harding, C. G. (1984). Acting with intention: A framework for examining the development of the intention to communicate. In L. Feagans, C. Garvey, R. Golinkoff, M. T. Greenberg, C. Harding & J. N. Bohannon (Eds.), The origins and growth of communication (pp. 123-135). Norwood, NJ: Ablex.

Harding, C. G., & Golinkoff, R. M. (1979). The origins of intentional vocalizations in prelinguistic infants. *Child Development, 50,* 33-40.

Harris, M., Barrett, M., Jones, D., & Brookes, S. (1988). Linguistic input and early word meaning. *Journal of Child Language, 15,* 77-94.

Harris, M., Jones, D., Brookes, S., & Grant, J. (1986). Relations between non-verbal context of maternal speech and rate of language development. *British Journal of Developmental Psychology, 4,* 261-268.

Hassenstein, B. (1987). *Verhaltensbiologie des Kindes.* 4. überarb. und erw. Aufl. München: Piper.

Heffner, H. E., & Heffner, R. S. (1984). Temporal lobe lesions and perception of species-specific vocalizations by macaques. *Science, 226*, 75-76.

Heilbroner, P. L., & Holloway, R. L. (1988). Anatomical brain asymmetries in New World and Old World monkeys: Stages of temporal lobe development in primate evolution. *American Journal of Physical Anthropology, 76*, 39-48.

Heimann, M., & Schaller, J. (1985). Imitative reactions among 14-21 days-old infants. *Infant Mental Health Journal, 6*, 31-39.

Hellbrügge, T., Lajosi, F., Menara, D., Schamberger, R., & Rautenstrauch, D. (1978). *Münchner Funktionelle Entwicklungsdiagnostik. Erstes Lebensjahr.* München: Urban & Schwarzenberg.

Herzka, H. S. (1979). *Gesicht und Sprache des Säuglings.* Basel/Stuttgart.

Hirsh-Pasek, K., Kemler Nelson, D. G., Jusczyk, P. W., Wright Cassidy, K., Druss, B., & Kennedy, L. (1987). Clauses are perceptual units for infants. *Cognition, 26*, 269-286.

Holmgren, K., Lindblom, B., Aurelius, G., Jalling, B., & Zetterström, R. (1986). On the phonetics of infant vocalization. In B. Lindblom & R. Zetterström (Eds.), *Precursors of early speech. Wenner-Gren International Symposium Series*, Vol. 44 (pp. 51-63). New York: Stockton Press.

Horowitz, F. D. (Ed.) (1975). Visual attention, auditory stimulation, and language discrimination in young infants. *Monographs of the Society for Research in Child Development, 39*, Nos. 5-6, Serial No. 158.

Hupfer, K., Jürgens, U., & Ploog, D. (1977). The effects of superior temporal lesions on the recognition of species-specific calls in the squirrel monkey. *Experimental Brain Research, 30*, 75-87.

Huttenlocher, P. R. (1979). Synaptic density in human frontal cortex: Developmental changes and effects of aging. *Brain Research, 163*, 195-205.

Huttenlocher, J., Haight, W., Bryk, A., Seltzer, M., & Lyons, T. (1991). Early vocabulary growth: Relation to language input and gender. *Developmental Psychology, 27*, 236-248.

Ichijima, T. (July, 1987). *A study of infants' utterances during the babbling period: Cross-linguistic analysis through perceptual and acoustic experiments.* Presentation at the Meetings of the International Society for the Study of Behavioral Development, Tokyo.

Irwin, O. C. (1947). Infant speech: consonantal sounds according to place of articulation. *Journal of Speech and Hearing Disorders, 12*, 397-401.

Jakobson, R. (1941). *Kindersprache, Aphasie, und allgemeine Lautgesetze.* Uppsala: Almqvist and Wiksell.

Jasnow, M., & Feldstein, S. (1986). Adult-like temporal characteristics of mother-infant vocal interactions. *Child Development, 56*, 754-761.

Jirikowski, G. F., Caldwell, J. D., Pilgrim, C., Stumpf, W. E., & Pedersen, C. A. (1989). Changes in immunostaining for oxytocin in the forebrain of the female rat during late pregnancy, parturition and early lactation. *Cell and Tissue Research, 256*, 411-417.

Jürgens, U. (1984). The efferent and afferent connections of the supplementary motor area. *Brain Research, 300*, 63-81.

Jürgens, U. (1992). On the neurobiology of vocal communication. In H. Papoušek, U. Jürgens & M. Papoušek (Eds.), *Nonverbal vocal communication: Comparative and developmental aspects* (pp. 31-42). New York: Cambridge University Press.

Jürgens, U., & Ploog, D. (1976). Zur Evolution der Stimme. *Archiv für Psychiatrie und Nervenkrankheiten, 222*, 117-137.

Jusczyk, P. W. (1991). Undoing Hockett's Wringer: Discovering the sound patterns of the native language. *Reports on Child Language Development, 30*.

Jusczyk, P. W., & Bertoncini, J. (1988). Viewing the development of speech perception as an innately guided learning process. *Language and Speech, 31*, 217-237.

Jusczyk, P. W., Kemler Nelson, D. G., Hirsh-Pasek, K., Kennedy, L., Woodward, A., & Piwoz, J. (in press). Perception of acoustic correlates of major phrasal units by young infants. (cited in P. W. Jusczyk, 1991).

Karzon, R. G. (1985). Discrimination of polysyllabic sequences by one- to four-month-old infants. *Journal of Experimental Child Psychology, 39*, 326-342.

Kaye, K. (1979). Thickening thin data: The maternal role in developing communication and language. In M. Bullowa (Ed.), *Before speech: The beginning of interpersonal communication* (pp. 191-206). Cambridge University Press.

Kaye, K. (1982). *The mental and social life of babies: How parents create persons*. Chicago, Ill.: The University of Chicago Press.

Kaye, K., & Charney, R. (1981). Conversational asymmetry between mothers and children. *Journal of Child Language, 8*, 35-50.

Kaye, K., & Marcus, J. (1978). Imitation over a series of trials without feedback: Age six months. *Infant Behavior and Development, 1*, 141-155.

Kaye, K., & Marcus J. (1981). Infant imitation: The sensory-motor agenda. *Developmental Psychology, 17*, 258-265.

Kaye, K., & Wells, A. (1980). Mothers' jiggling and the burst-pause pattern in neonatal sucking. *Infant Behavior and Development, 3*, 29-46.

Kegel, G. (1987). *Sprache und Sprechen des Kindes*. Opladen: Westdeutscher Verlag.

Keller, H., & Schölmerich, A. (1987). Infant vocalizations and parental reactions during the first four months of life. *Developmental Psychology, 23*, 62-67.

Kemler Nelson, D. G., Hirsh-Pasek, K., Jusczyk, P., & Wright Cassidy K. (1989). How the prosodic cues in motherese might assist language learning. *Journal of Child Language, 16*, 55-68.

Kent, R. D., & Bauer, H. R. (1985). Vocalizations of one-year-olds. *Journal of Child Language, 12*, 491-526.

Kent, R. D., & Murray, A. D. (1982). Acoustic features of infants' vocalic utterances at 3, 6, and 9 months. *Journal of the Acoustical Society of America, 72*, 353-365.

Kessen, W., Levine, J., & Wendrich, K. (1979). The imitation of pitch in infants. *Infant Behavior and Development, 2*, 93-99.

Keverne, E. B. (1988). Central mechanisms underlying the neural and neuroendocrine determinants of maternal behaviour. *Psychoneuroendocrinology, 13*, 127-141.

Klatt, D. (1976). Linguistic uses of segment duration in English: Acoustic and perceptual evidence. *Journal of the Acoustical Society of America, 59*, 1208-1221.

Koester, L. S., Papoušek, H., & Papoušek, M. (1989). Patterns of rhythmic stimulation by mothers with three-month-olds: A cross-modal comparison. *International Journal of Behavioural Development, 12*, 143-154.

Konishi, M. (1965). The role of auditory feedback in the control of vocalization in the white-crowned sparrow. *Zeitschrift für Tierpsychologie, 22*, 770-783.

Koopmans-van Beinum, F. J., & van der Stelt, J. M. (1986). Early stages in the development of speech movements. In B. Lindblom & R. Zetterström (Eds.), Precursors of early speech. *Wenner-Gren International Symposium Series*, Vol. 44 (pp. 37-50). New York: Stockton.

Kuczaj II, S. A. (1983). *Crib speech and language play*. Tokyo: Springer.

Kuhl, P. K. (1983). Perception of auditory equivalence classes for speech in early infancy. *Infant Behavior and Development, 6*, 263-285.

Kuhl, P. K. (1984). Categorization of speech by infants. In J. Mehler & R. Fox (Eds.), *Neonate Cognition: Beyond the blooming, buzzing confusion* (pp. 231-261). Hillsdale, N. J.: Erlbaum.

Kuhl, P. K., & Meltzoff, A. N. (1982). The bimodal perception of speech in infancy. *Science, 218*, 1138-1141.

Kuhl, P. K., & Meltzoff, A. N. (1984). The intermodal representation of speech in infants. *Infant Behavior and Development, 7*, 361-381.

Kuo, H.-T., & Papoušek, M. (Juli, 1991). *Regulation of visual contact in interactions between infants with mild neuromotor disturbances and their mothers*. Presentation at the 3rd International Workshop on the At Risk Infant, Tel Aviv.

Kuypers, H. G. (1958). Corticobulbar connections to the pons and lower brainstem in man. *Brain, 81*, 364-388.

Lampl, M., & Emde, R. N. (1983). Episodic growth in infancy: A preliminary report on length, head circumference, and behavior. In K. W. Fischer (Ed.), *Levels and transitions in children's*

development: New directions for child development, Vol. 21 (pp. 21-36). San Francisco: Jossey-Bass.
Landahl, K. L. (1982). *The onset of structured discourse: A developmental study of the acquisition of language*. Unpublished PhD thesis, Brown University.
Largo, R. H., Molinari, L., Comenali Pinto, L., & Duc, G. (1986). Language development during the first five years of life in term and preterm children: Significance of pre-, peri- and postnatal events. *Developmental Medicine and Child Neurology, 28*, 333-350.
Laver, J. (1980). *The phonetic description of voice quality*. Cambridge: Cambridge University Press.
Lecours, A. R. (1975). Myelogenetic correlates of the development of speech and language. In E. H. Lenneberg & E. Lenneberg (Eds.), *Foundations of language development: A multidisciplinary approach*, Vol. 1 (pp. 121-135). New York: Academic Press.
Legerstee, M. (1990). Infants use multimodal information to imitate speech sounds. *Infant Behavior and Development, 13*, 343-354.
Legerstee, M., Corter, C., & Kienapple, K. (1990). Hand, arm, and facial actions of young infants to a social and nonsocial stimulus. *Child Development, 61*, 774-784.
Lenneberg, E. H. (1967). *Biological foundations of language*. New York: Wiley.
Leonard, L. B., Schwartz, R. G., Folger, M. K., Newhoff, M., & Wilcox, M. J. (1979). Children's imitations of lexical items. *Child Development, 50*, 19-27.
Lerdahl, F., & Jackendoff, R. (1983). *A generative theory of tonal music*. Cambridge, MA: MIT Press.
Lester, B. M. (1985). There's more to crying than meets the ear. In B. M. Lester & C. F. Z. Boukydis (Eds.), *Infant crying: Theoretical and research perspectives* (pp. 1-27). New York: Plenum.
Lester, B. M., Hoffman, J., & Brazelton, T. B. (1985). The rhythmic structure of mother-infant interaction in term and preterm infants. *Child Development, 56*, 15-27.
Lewis, M. M. (1936). *Infant speech. A study of the beginning of language*. New York: Harcourt Brace.
Lieberman, P. (1973). On the evolution of language: A unified view. *Cognition, 2*, 59-94.
Lieberman, P. (1980). On the development of vowel production in young children. In G. H. Yeni-Komshian, J. F. Kavanagh & C. A. Ferguson (Eds.), *Child Phonology, Vol.1. Production* (pp. 113-142). New York: Academic Press.
Lieberman, P. (1984). *The biology and evolution of language*. Cambridge, MA: Harvard University Press.
Lieberman, P., Crelin, E. S., & Klatt, D. H. (1972). Phonetic ability and related anatomy of the newborn and adult human, neanderthal man, and the chimpanzee. *American Anthropologist, 74*, 287-307.
Lindblom, B. (1989). Role of input in children's early vocal behavior. In C. von Euler, H. Forssberg, H. Lagercrantz & V. Landin (Eds.), *Neurobiology of early infant behavior* (pp. 303-307). New York: Stockton Press.
Lindblom, B., & Maddieson, I. (1988). Phonetic universals in consonant systems. In L. M. Hyman & C. N. Li (Eds.), *Language, speech and mind* (pp. 62-78). London: Routledge.
Lock, A. (1978). *Action, gesture, and symbol*. New York: Acadmic.
Locke, J. L. (1983). *Phonological acquisition and change*. New York: Academic Press.
Locke, J. L. (1985). The role of phonetic factors in parent reference. *Journal of Child Language, 12*, 215-220.
Locke, J. L. (1986). The linguistic significance of babbling. In B. Lindblom & R. Zetterström (Eds.), *Precursors of early speech. Wenner-Gren International Symposium Series*, Vol. 44 (pp. 143-160). Hampshire: Macmillan.
Locke, J. L. (1990). Structure and stimulation in the ontogeny of spoken language. *Developmental Psychobiology, 23*, 621-643.
Locke, J. L., & Pearson, D. M. (1990). Linguistic significance of babbling: Evidence from a tracheostomized infant. *Journal of Child Language, 17*, 1-16.
Löffler, C. (1994). *Kindliche Melodik im Kontext der vorsprachlichen Kommunikation zwischen Eltern und Kind*. Doktordissertation, Ludwig-Maximilians-Universität München.
Löwe, A. (1991). *Hörerziehung für hörgeschädigte Kinder: Geschichte - Methoden - Möglichkeiten; eine Handreichung für Eltern, Pädagogen und Therapeuten*. Heidelberg: HVA Edition Schindele.

MacFarlane, A. (1975). Olfaction in the development of social preference in the human neonate. In M. A. Hoffer (Ed.), *Parent-infant interaction*. Ciba Foundation Symposium, 33 (new series), 103-113.

MacKain, K. S., Studdert-Kennedy, M., Spieker, S., & Stern, D. (1983). Infant intermodal speech perception is a left hemisphere function. *Science, 219*, 1347-1349.

Makin, J. W., & Porter, R. H. (1989). Attractiveness of lactating females' breast odors to neonates. *Child Development, 60*, 803-810.

Malatesta, C. Z. (1981). Infant emotion and the vocal affect lexicon. *Motivation and Emotion, 5*, 1-23.

Maratos, O. (1973). *The origin and development of imitation in the first six months of life*. PhD Thesis: University of Geneva.

Marcos, H. (1987). Communicative functions of pitch range and pitch direction in infants. *Journal of Child Language, 14*, 255-268.

Markides, A. (1986). Age at fitting hearing aids and speech intelligibility. *British Journal of Audiology, 20*, 165-167.

Martin, J. A. M. (1981). Voice, speech, and language in the child: development and disorder. In G. E. Arnold, F. Winckel & B. D. Wyke (Eds.), *Disorders of human communication*, Vol.4. New York: Springer.

Masur, E. F. (1987). Imitative interchanges in a social context: mother-infant matching behavior at the beginning of the second year. *Merrill-Palmer Quarterly, 33*, 453-472.

Masur, E. F. (1989). Individual and dyadic patterns of imitation: Cognitive and social aspects. In G. E. Speidel & K. E: Nelson (Eds.), *The many faces of imitation in language learning* (pp. 53-71). New York/Berlin/Heidelberg: Springer.

Mayer, N. K., & Tronick, E. Z. (1985). Mothers' turn-giving signals and infant turn-taking in mother-infant interaction. In T. M. Field & N. A. Fox (Eds.), Social perception in infants (pp. 199-216). Norwood, NJ: Ablex.

McCune, L., & Vihman, M. M. (1987). *Vocal motor schemes*. Mimeographed report.

McGurk, H., & MacDonald, J. (1976). Hearing lips and seeing voices. *Nature, 264*, 746-748.

Mehler, J., Bertoncini, J., Barriere, M., & Jassik-Gerschenfeld, D. (1978). Infant recognition of the mother's voice. *Nature, 7*, 491-497.

Mehler, J., Jusczyk, P., Lambertz, G., Halsted, N., Bertoncini, J., & Amiel Tison, C. (1988). A precursor of language acquisition in young infants. *Cognition, 29*, 143-178.

Meltzoff, A. N., & Borton, R. W. (1979). Intermodal matching by human neonates. *Nature, 282*, 403-404.

Meltzoff, A. N., & Gopnik, A. (1989). On linking nonverbal imitation, representation, and language learning in the first two years of life. In G. E. Speidel & K. E. Nelson (Eds.), *The many faces of imitation in language learning* (pp. 32-51). New York: Springer.

Meltzoff, A. N., & Moore, M. K. (1977). Imitation of facial and manual gestures by human neonates. *Science, 198*, 75-78.

Meltzoff, A. N., & Moore, M. K. (1983). The origins of imitation in infancy: Paradigm, phenomena, and theories. In L. P. Lipsitt (Ed.), *Advances in infancy research*, Vol. 2 (pp. 265-301). Norwood, NJ: Ablex.

Meltzoff, A. N., & Moore, M. K. (1989). Imitation in newborn infants: Exploring the range of gestures imitated and the underlying mechanisms. *Developmental Psychology, 25*, 954-962.

Menn, L. (1978). *Pattern, control and contrast in beginning speech: a case study in the development of word form and word function*. Unpublished doctoral dissertation, Boston University.

Michel, G. F., Ovrut, M. R., & Harkins, D. A. (1985). Hand-use preferences for reaching and object manipulation in 6-13 month old infants. *Genetics, Sociology and Psychology Monographs, 111*, 407-427.

Mitchell, P. R., & Kent, R. D. (1990). Phonetic variation in multisyllable babbling. *Journal of Child Language, 17*, 247-265.

Mitzdorf, U. (1990). Neurobiologische Grundlagen des Psychischen. In E. Pöppel & M. Bullinger (Eds.), *Medizinische Psychologie* (pp. 19-70). Weinheim: Edition Medizin, VCH.

Molfese, D. L. (1977). Infant cerebral asymmetry. In S. J. Segalowitz & F. A. Gruber (Eds.), *Language development and neurological theory*. New York: Academic Press.

Molfese, D., Freeman, R., & Palermo, D. (1975). The ontogeny of brain lateralization for speech and non-speech stimuli. *Brain and Language, 2*, 356-368.

Moon, C., Cooper, R. P., & Fifer, W. P. (April, 1991). *Two-day-olds prefer the maternal language*. Presentation at the 1991 Biennial Meeting of the Society for Research in Child Development, Seattle, WA.

Murai, J. I. (1963). The sounds of infants: "Their phonemization and symbolization". *Studia Phonologica III*, 17-34.

Murphy, C. M., & Messer, D. J. (1977). Mothers, infants and pointing: A study of gesture. In H. R. Schaffer (Ed.), *Studies in mother-infant interaction*. London: Academic Press.

Murray, A. D. (1979). Infant crying as an elicitor of parental behavior: An examination of two models. *Psychological Bulletin, 86*, 191-215.

Murray, A. D., Johnson, J., & Peters, J. (1990). Fine-tuning of utterance length to preverbal infants: effects on later language development. *Journal of Child Language, 17*, 511-525.

Nelson, K. (1973). Structure and strategy in learning to talk. *Monographs of the Society for Research in Child Development, 38*, nos. 1-2, Serial No. 149.

Nelson, K. (1981). Individual differences in language development: Implications of development and language. *Developmental Psychology, 17*, 170-187.

Newman, J. D. (1985). The infant cry of primates: an evolutionary perspective. In B. M. Lester & C. F. Z. Boukydis (Eds.), *Infant crying: Theoretical and research perspectives* (pp. 307-323). New York: Plenum Press.

Newport, E. L. (1976). Motherese: the speech of mothers to young children. In N. Castellan, D. B. Pisoni & G. R. Potts (Eds.), *Cognitive theory*, Vol. 2. Hillsdale, N.J.: Erlbaum.

Newport, E. L., & Meier, R. P. (1985). The acquisition of American Sign Language. In D. I. Slobin (Ed.), *The cross-linguistic study of language acquisition*. Vol. 1: The data (pp. 881-938).

Nieuwenhuys, R., Voogd, J., & Huijzen, C. van (1991). *Das Zentralnervensystem des Menschen*, 2. vollst. überarb. Aufl., Übersetzung von W. Lange. Berlin: Springer.

Ninio, A., & Bruner, J. S. (1978). The achievement and antecedents of labelling. *Journal of Child Language, 5*, 1-15.

Nottebohm, F. (1975). A zoologist's view of some language phenomena with particular emphasis on vocal learning. In E. H. Lenneberg & E. Lenneberg (Eds.), *Foundations of language development: A multidisciplinary approach*, Vol. 1 (pp. 61-103). New York: Academic.

Nottebohm, F. (1984). Vocal learning and its possible relation to replaceable synapses and neurons. In D. Caplan, A. R. Lecours, & A. Smith (Eds.), *Biological perspectives on language* (pp. 65-95). Cambridge: MIT Press.

Numan, M., McSparren, J., & Numan, M. J. (1990). Dorsolateral connections of the medial preoptic area and maternal behavior in the rat. *Behavioral Neurosciences, 104*, 964-979.

Nwokah, E., Hsu, H.-C., & Fogel, A. (1990). The dynamics of shared laughter in mother-infant interaction. *Infant Behavior and Development, 13*, (Special ICIS Issue), 69.

Oller, D. K. (1980). The emergence of the sounds of speech in infancy. In G. H. Yeni-Komshian, J. F. Kavanagh & C. A. Ferguson (Eds.), *Child Phonology, Vol. 1: Production* (pp. 93-112). New York: Academic Press.

Oller, D. K. (1981). Infant vocalizations: Exploration and reflexivity. In R. E. Stark (Ed.), *Language behavior and early childhood*. Amsterdam: Elsevier North Holland.

Oller, D. K. (1986). Metaphonology and infant vocalizations. In B. Lindblom & R. Zetterström (Eds.), *Precursors of early speech. Wenner-Gren International Symposium Series*, Vol. 44 (pp. 21-35). New York: Stockton.

Oller, D. K., & Eilers, R. E. (1982). Similarity of babbling in Spanish- and English-learning babies. *Journal of Child Language, 9*, 565-577.

Oller, D. K., & Eilers, R. E. (1988). The role of audition in infant babbling. *Child Development, 59*, 441-449.

Oller, D. K., & Eilers, R. E. (1992). Development of vocal signaling in human infants; Toward a methodology for cross-species vocalization comparisons. In H. Papoušek, U. Jürgens & M. Papoušek (Eds.), *Nonverbal vocal communication: Comparative and developmental approaches (pp. 174-191)*. Cambridge, UK: Cambridge University Press.

Panneton, R. K. (1985). *Prenatal experience with melodies: Effect on postnatal auditory preference in human newborns*. Unpublished doctoral dissertation, University of North Carolina at Greensboro.

Papoušek, H. (1967). Experimental studies of appetitional behavior in human newborns and infants. In H. W. Stevenson, E. H. Hess & H. L. Rheingold (Eds.), *Early Behavior: Comparative and developmental approaches* (pp. 249-277). New York: Wiley.

Papoušek, H. (1969). Individual variability in learned responses during early post-natal development. In R. J. Robinson (Ed.), *Brain and early behavior. Development in the fetus and infant* (pp. 229-252). London: Academic.

Papoušek, H. (1977). Entwicklung der Lernfähigkeit im Säuglingsalter. In G. Nissen (Ed.), *Intelligenz, Lernen und Lernstörungen* (pp. 89-197). Berlin: Springer.

Papoušek, H. (1979). From adaptive responses to social cognition: The learning view of development. In M. H. Bornstein & W. Kessen (Eds.), *Psychological development from infancy: Image to intention* (pp. 251-267). Hillsdale, NJ: Erlbaum.

Papoušek, H. (1985). Biologische Wurzeln der ersten Kommunikation im menschlichen Leben. In W. Böhme (Ed.), *Evolution und Sprache: Über Entstehen und Wesen der Sprache* (Herrenalber Texte 66) (pp. 33-64). Karlsruhe: Tron.

Papoušek, H., & Papoušek, M. (1977a). Mothering and the cognitive headstart: Psychobiological considerations. In H. R. Schaffer (Ed.), *Studies in mother-infant interaction* (pp. 63-85). London, New York: Academic Press.

Papoušek, H., & Papoušek, M. (1977b). Das Spiel in der Frühentwicklung des Kindes. *Suppl. Pädiatrische Praxis, 18*, 17-32.

Papoušek, H., & Papoušek, M. (1979a). The infant's fundamental adaptive response system in social interaction. In E. B. Thoman (Ed.), *Origins of the infant's social responsiveness* (pp. 175-208). Hillsdale, NJ: Erlbaum.

Papoušek, H., & Papoušek, M. (1979b). Early ontogeny of human social interaction: its biological roots and social dimensions. In M. von Cranach, K. Foppa, W. Lepenies, & D. Ploog (Eds.), *Human ethology: Claims and limits of a new discipline* (pp. 456-490). Cambridge: Cambridge University Press.

Papoušek, H., & Papoušek, M. (1982). Infant-adult social interactions: Their origins, dimensions, and failures. In T. M. Field, A. Huston, H. C. Quay, L. Troll & G. A. Finley (Eds.), *Review of developmental psychology* (pp. 148-163). New York: Wiley.

Papoušek, H., & Papoušek, M. (1984a). Learning and cognition in the everyday life of human infants. In J. S. Rosenblatt, C. Beer, M.-C. Busnel, & P. J. B. Slater (Eds.), *Advances in the study of behavior*, Vol. 14 (pp. 127-163). New York: Academic.

Papoušek, H., & Papoušek, M. (1987). Intuitive parenting: A dialectic counterpart to the infant's integrative competence. In J. D. Osofsky (Ed.), *Handbook of infant development*, 2nd Edition (pp. 669-720). New York: Wiley.

Papoušek, H., & Papoušek, M. (1991a). Innate and cultural guidance of infants' integrative competencies: China, the United States, and Germany. In M. H. Bornstein (Ed.), *Cultural approaches to parenting* (pp. 23-44). Hillsdale, NJ: Lawrence Erlbaum.

Papoušek, H., & Papoušek, M. (1991c). Early integrative and communicative development: Pointers to humanity. In H. M. Emrich & M. Wiegand (Eds.), *Integrative biological psychiatry*. Berlin/Heidelberg/New York: Springer.

Papoušek, H., & Papoušek, M. (1992). Beyond emotional bonding: The role of preverbal communication in mental growth and health. *Infant Mental Health Journal, 13*, 43-53.

Papoušek, H., & Papoušek, M. (1994). Intuitive parenting. In M. H. Bornstein (Ed.), *Handbook of parenting. Vol. 2: Ecology and Biology of parenting*. Hillsdale, NJ: Erlbaum.

Papoušek, H., Papoušek, M., & Giese, R. (1984). Die Anfänge der Eltern-Kind-Beziehung. In V. Frick-Bruder & P. Platz (Eds.), *Psychosomatische Probleme in der Gynäkologie und Geburtshilfe* (pp. 187-204). Berlin/Heidelberg/New York/Tokyo: Springer.

Papoušek, H., Papoušek, M., & Koester, L. S. (1986). Sharing emotionality and sharing knowledge: A microanalytic approach to parent-infant communication. In C. E. Izard & P. Read (Eds.), *Measuring emotions in infants and children*, Vol. 2 (pp. 93-123). Cambridge: Cambridge University Press.

Papoušek, M. (1981). Die Bedeutung musikalischer Elemente in der frühen Kommunikation zwischen Eltern und Kind. *Sozialpädiatrie in Praxis und Klinik, 3*, 412-415, 468-473.

Papoušek, M. (1984a). Wurzeln der kindlichen Bindung an Personen und Dinge: die Rolle der integrativen Prozesse. In C. Eggers (Ed.), *Bindungen und Besitzdenken beim Kleinkind* (pp. 155-184). München: Urban & Schwarzenberg.

Papoušek, M. (1984b). Psychobiologische Aspekte des Schreiens im frühen Säuglingsalter. *Sozialpädiatrie, 6*, 517-526.

Papoušek, M. (1985a). Beobachtungen zur Auslösung von Schreiepisoden im frühen Säuglingsalter. *Sozialpädiatrie, 7*, 86-92.

Papoušek, M. (1985b). Umgang mit dem schreienden Säugling und sozialpädiatrische Beratung. *Sozialpädiatrie, 7*, 294-300, 352-357.

Papoušek, M. (1985c). Die Entwicklung der Sprache im Leben des Kindes. In W. Böhme (Ed.), *Evolution und Sprache: Über Entstehung und Wesen der Sprache* (Herrenalber Texte 66) (pp. 48-64). Karlsruhe: Tron.

Papoušek, M. (1987). *Melodies in motherese in tonal and nontonal languages: Mandarin Chinese, Caucasian American, and German*. ERIC Document ED 292 555 PS 017229, Resources in Education. Urbana: Clearing House on Early Childhood Education.

Papoušek, M. (1989). Determinants of responsiveness to infant vocal expression of emotional state. *Infant Behavior and Development, 12*, 505-522.

Papoušek, M. (1990). Affektive Verhaltensregulation des Säuglings in der Eltern-Kind-Interaktion. In M. J. Pachler & H.-M. Straßburg (Hrsg.), Der unruhige Säugling (pp. 203-221). *Fortschritte der Sozialpädiatrie, 13*. Lübeck: Hansisches Verlagskontor.

Papoušek, M. (1992). Early ontogeny of vocal communication in parent-infant interactions. In H. Papoušek, U. Jürgens, M. Papoušek (Eds.), *Nonverbal vocal communication: Comparative and developmental aspects* (pp. 230-261). New York: Cambridge University Press.

Papoušek, M. (1994a). Responsiveness to infant cry and non-cry vocalizations. In J. Newman, B. Lester, & F. Pedersen (Eds.), *Biological and social aspects of infant crying*. New York: Plenum Press.

Papoušek, M. (1994b). Melodies in caregivers' speech: A species-specific guidance toward language. *Early Development and Parenting, 3* (1) Special Issue on "Intuitive parenting: Comparative and clinical approaches".

Papoušek, M. (1994c). Die muttersprachliche Umwelt des Säuglings und ihre Bedeutung für die Entwicklung von Vokalisation und Sprache. In K. F. Wessel & F. Naumann (Hrsg.), *Kommunikation und Humanontogenese*. Bielefeld: Kleine Verlag.

Papoušek, M., Bornstein, M. H., Nuzzo, C., Papoušek, H., Symmes, D. (1990). Infant responses to prototypical melodic contours in parental speech. *Infant Behavior and Development, 13*, 539-545.

Papoušek, M., & Hwang, S.-F. C. (1991). Tone and intonation in Mandarin babytalk to presyllabic infants: Comparison with registers of adult conversation and foreign language instruction. *Applied Psycholinguistics, 12*, 481-504.

Papoušek, M., & C. Löffler (in Vorb.). *The meanings of melodies in the infant's preverbal vocal repertoire*.

Papoušek, M., & Papoušek, H. (1981a). Neue Wege der Verhaltensbeobachtung und Verhaltensmikroanalyse. *Sozialpädiatrie in Praxis und Klinik, 3*, 20-22.

Papoušek, M., & Papoušek, H. (1981b). Verhaltensmikroanalyse mit Hilfe der Fernsehtechnik. *Sozialpädiatrie in Praxis und Klinik, 3*, 137-141.

Papoušek, M., & Papoušek, H. (1981c). Intuitives elterliches Verhalten im Zwiegespräch mit dem Neugeborenen. *Sozialpädiatrie in Praxis und Klinik, 3*, 229-238.

Papoušek, M., & Papoušek, H. (1981d). Musikalische Ausdruckselemente der Sprache und ihre Modifikation in der "Ammensprache". *Sozialpädiatrie in Praxis und Klinik, 3*, 294-296.
Papoušek, M., & Papoušek, H. (1981e). Musical elements in the infant's vocalizations: Their significance for communication, cognition and creativity. In L. P. Lipsitt (Ed.), *Advances in Infancy Research*, Vol. 1 (pp. 163-224). Norwood, NJ: Ablex.
Papoušek, M., & Papoušek, H. (1984b). Categorical vocal cues in parental communication with presyllabic infants. (Abstract). *Infant Behavior and Development, 7*, Special Issue, p. 283.
Papoušek, M., & Papoušek, H. (1989a). Stimmliche Kommunikation im frühen Säuglingsalter als Wegbereiter der Sprachentwicklung. In H. Keller (Ed.), *Handbuch der Kleinkindforschung* (pp. 465-489). Heidelberg: Springer.
Papoušek, M., & Papoušek, H. (1989b). Forms and functions of vocal matching in precanonical mother-infant interactions. *First Language, 9*, 137-158, Special Issue "Precur- sors to speech".
Papoušek, M., & Papoušek, H. (1990a). Excessive infant crying and intuitive parental care: Buffering support and its failures in parent-infant interaction. *Early Child Development and Care, 65*, 117-26. Special Issue.
Papoušek, M., & Papoušek, H. (1990b). Intuitive elterliche Früherziehung in der vorsprachlichen Kommunikation. I. Teil: Grundlagen und Verhaltensrepertoire. Sozialpädiatrie in Praxis und Klinik, 12, 521- 527.
Papoušek, M., & Papoušek, H. (1991b). Preverbal vocal communication from zero to one: Preparing the ground for language acquisition. In M. E. Lamb & H. Keller (Eds.), *Perspectives on infant development: Contributions from German-speaking countries* (pp. 299-328). Hillsdale, NJ: Erlbaum.
Papoušek, M., Papoušek, H., & Bornstein, M. H. (1985). The naturalistic vocal environment of young infants: On the significance of homogeneity and variability in parental speech. In T. Field & N. Fox (Eds.), *Social perception in infants* (pp. 269-297). Norwood, NJ: Ablex.
Papoušek, M., Papoušek, H., & Haekel, M. (1987a). Didactic adjustments in fathers' and mothers' speech to their three-month-old infants. *Journal of Psycholinguistic Research, 16*, 491-516.
Papoušek, M., Papoušek, H., & Harris, B. J. (1987b). The emergence of play in parent-infant interactions. In D.Görlitz & J. F. Wohlwill (Eds.), Curiosity, imaginations, and play. *On the development of spontaneous cognitive and motivational processes* (pp. 214-246). Hillsdale, NJ: Erlbaum.
Papoušek, M., Papoušek, H., & Symmes, D. (1991). The meanings of melodies in motherese in tone and stress languages. *Infant Behavior and Development, 14*, 415-440.
Papoušek, M., & Sandner, G. W. (1981). Mikroanalyse musikalischer Ausdruckselemente in Sprache und präverbaler Lautentwicklung. *Sozialpädiatrie in Praxis und Klinik, 3*, 326-331.
Parton, D. A. (1976). Learning to imitate in infancy. *Child Development, 47*, 14-31.
Patterson, R. D. (1982). *Guidelines for auditory warning systems*. Civil Aviation Authority: London.
Pawlby, A. (1977). Imitative interaction. In H. R. Schaffer (Ed.), *Studies in mother-infant interaction*. London: Academic Press.
Peters, A. (1977). Language learning strategies. *Language, 53*, 560-573.
Petitto, L. A., & Marentette, P. F. (1991). Babbling in the manual mode: Evidence for the ontogeny of language. *Science, 251*, 1493-1496.
Phillips, J. (1973). Syntax and vocabulary of mothers' speech to young children: Age and sex comparisons. *Child Development, 44*, 182-185.
Piaget, J. (1962). *Play, dreams, and imitation in childhood*. New York: Norton.
Pine, J. M., & Lieven, E. V. (1990). Referential style at thirteen months: why age-defined cross-sectional measures are inappropriate for the study of strategy differences in early language development. *Journal of Child Language, 17*, 625-631.
Ploog, D. (1981). Hirnstruktur und phonetische Expression. *Nova acta Leopoldina N. F. 54 Nr. 245*, 565-580.
Ploog, D. (1990). Neuroethological foundations of human speech. In L. Deecke, J. C. Eccles & V. B. Mountcastle (Eds.), *From neuron to action. An appraisal of fundamental and clinical research* (pp. 365-374). Berlin: Springer.

Ploog, D. (1992). The evolution of vocal communication. In H. Papousek, U. Jürgens & M. Papousek (Eds.), *Nonverbal vocal communication: Comparative and Developmental Approaches* (pp. 6-30). New York: Cambridge University Press.

Poindron, P., Levy, F., & Krebiehl, D. (1988). Genital, olfactory, and endocrine interactions in the development of maternal behaviour in the parturient ewe. *Psychoneuroendocrinology, 13*, 99-125.

Porter, R. H., Cernoch, J. M., & McLaughlin, F. J. (1983). Maternal recognition of neonates through olfactory cues. *Physiol. Behavior, 30*, 151-154.

Portmann, A. (1969). *Biologische Fragmente zu einer Lehre vom Menschen.* Basel: Schwabe.

Porac, C., & Coren, S. (1981). *Lateral preferences and human behavior.* New York: Springer.

Prechtl, H. F. R. (1984). *Continuity of neural functions from prenatal to postnatal life.* London: Spastics International Medical Publications.

Querleu, D., Renard, X., Versyp, F., Paris-Delrue, & Crepin, G. (1988). Fetal hearing. *European Journal of Obstetrics, Gynecology & Reproductive Biology, 29*, 191-212.

Raffler-Engel, W. von, & Lebrun, Y. (1976). *Babytalk and infant speech.* Lisse, Netherlands: Swets and Zeitlinger.

Ramsay, D. S. (1984). Onset of duplicated syllable babbling and unimanual handedness in infancy: Evidence for developmental change in hemispheric specialization? *Developmental Psychology, 20*, 64-71.

Ratner, N. B. (1984a). Patterns of vowel modification in mother-child speech. *Journal of Child Language, 11*, 557-578.

Ratner, N. B. (1984b). Phonological rule usage in mother-child speech. *Journal of Phonetics, 12*, 245-254.

Ratner, N. B. (1985). *Durational cues which mark clause boundaries in mother-child speech.* Presentation at the American Speech-Language- Hearing Association Annual convention, Washington, D. C.

Ratner, N. B., & Bruner, J. S. (1978). Games, social exchange, and the acquisition of language. *Journal of Child Language, 5*, 391-401.

Renner, B., & Giebel, A. (1990). Hörbehinderungen und Sprachentwicklungsstörungen. In H. Weitzel (Hrsg.), *Praxis der Vorsorge.* Frankfurt/Main: Umwelt und Medizin Verlagsgesellschaft.

Rheingold, H. L., & Adams, J. L. (1980). The significance of speech to newborns. *Developmental Psychology, 16*, 397-403.

Rodgon, M., & Kurdek, L. (1977). Vocal and gestural imitation in 8-, 14, and 20-month-old children. *Journal of Genetic Psychology, 131*, 115-123.

Rogoff, B. (1990). *Apprenticeship in thinking: Cognitive development in social context.* New York: Oxford University Press.

Rogoff, B., Malkin, C., & Gilbride, K. (1984). Interaction with babies as guidance in development. In B. Rogoff & J. Wertsch (Eds.), *Children's learning in the "zone of proximal development"* (pp. 31- 44). San Francisco: Jossey-Bass.

Rosenblatt, J. S. (1975). Prepartum and postpartum regulation of maternal behaviour in the rat. In M. O'Conner (Ed.), *Parent-infant interaction. Ciba Foundation Symposium, 33 (new series)* (pp. 17-32). Amsterdam: Elsevier.

Rosenblatt, J. S., Mayer, A. D., & Giordano, A. L. (1988). Hormonal basis during pregnancy for the onset of maternal behavior in the rat. *Psychoneuroendocrinology, 13*, 29-46.

Roug, L., Landberg, I., & Lundberg, L.-J. (1989). Phonetic development in early infancy: a study of four Swedish children during the first eighteen months of life. *Journal of Child Language, 16*, 19-40.

Rumbaugh, D. M., & Savage-Rumbaugh, S. (1978). Chimpanzee language research: status and potential. *Behavior Research Methods and Instrumentation, 10*, 119-131.

Rutter, R., & Durkin, K. (1987). Turn-taking in mother-infant interaction: An examination of vocalizations and gaze. *Developmental Psychology, 23*, 54-61.

Sachs, J. (1977). The adaptive significance of linguistic input to prelinguistic infants. In C. E. Snow & C. A. Ferguson (Eds.), *Talking to children* (pp. 51-61). Cambridge: Cambridge University Press.

Sackett, G. P. (1987). Analysis of sequential social interaction data: Some issues, recent developments, and a causal inference model. In J. D. Osofsky (Ed.), *Handbook of infant development*, (2nd edition) (pp. 855-878). New York: Wiley.
Sasaki, C. T., Levine, P. A., Laitman, J. T., & Crelin, E. S. (1977). Postnatal descent of the epiglottis in man. *Archives of Otolaryngology, 103*, 169-171.
Scaife, M., & Bruner, J. S. (1975). The capacity for joint visual attention in the infant. *Nature, 253*, 265-266.
Schaal, B., Montagner, H., Hertling, E., Bolzoni, D., Moyse, A., & Quichon, R. (1980). Les stimulations olfactives dans les relations entre l'enfant et la mère. Reprod. Nutr. *Development, 20*, 843-858.
Schaal, B., & Porter, R. H. (1991). "Microsmatic humans" revisited: The generation and perception of chemical signals. *Advances in the study of behavior, 20*, 135-199.
Schachter, F. F. (1979). *Everyday mother talk to toddlers: Early intervention*. San Diego, CA: Academic Press.
Schaffer, H. R. (1979). Acquiring the concept of the dialogue. In M. H. Bornstein & W. Kessen (Eds.), *Psychological development from infancy* (pp. 279-305). Hillsdale, NJ: Erlbaum.
Schaffer, H. R. (1984). *The child's entry into a social world*. Glasgow/Scotland: Academic Press.
Schaffer, H. R., Collis, G. M., & Parsons, G. (1977). Vocal interchange and visual regard in verbal and preverbal children. In H. R. Schaffer (Ed.), *Studies in mother-infant interaction* (pp. 291-324). London: Academic Press.
Scherer, K. R. (1986). Vocal affect expression: A review and a modal for future research. *Psychological Bulletin, 99*, 143-165.
Schievenhövel, W., & Sich, D. (1983). Die Geburt aus ethnomedizinischer Sicht. *Curare, 81*, 1-299.
Scoville, R. (1984). Development of the intention to communicate: The eye of the beholder. In L. Feagans, C. Garvey, R. Golinkoff, M. T. Greenberg, C. Harding & J. N. Bohannon (Eds.), *The origins and growth of communication* (pp. 109-122). Norwood, NJ: Ablex.
Searle, J. (1969). *Speech acts*. Cambridge: Cambridge University Press.
Shannon, C. E., & Weaver, W. (1949). *The mathematical theory of communication*. Urbana/Illinois: University of Illinois Press.
Sherrod, K., Crawley, S., Petersen, G., & Bennett, P. (1978). Maternal language to prelinguistic infants: Semantic aspects. *Infant Behavior and Development, 1*, 335-345.
Sherrod, K., Friedman, S., Crawley, S., Drake, D., & Devieux, J. (1977). Maternal language to prelinguistic infants: Syntactic aspects. *Child Development, 48*, 1662-1665.
Simerly, R. B., & Swanson, L. W. (1986). The organization of neural inputs to the medial preoptic nucleus of the rat. *Journal of Comparative Neurology, 246*, 312-342.
Singer, W. (1986). The brain as a self-organizing system. *European Archives of Psychiatry and Neurological Sciences, 236*, 4-9.
Singh, P. G. (1987). Perceptual organization of complex tone sequences: A tradeoff between pitch and timbre? *Journal of the Acoustical Society of America, 2*, 886-899.
Sinnott, J. M., Pisoni, D. B., & Aslin, R. M. (1983). A comparison of pure tone auditory thresholds in human infants and adults. *Infant Behavior and Development, 6*, 3-17.
Smith, W. J. (1977). *The behavior of communicating*. Cambridge, MA: Harvard University Press.
Smolak, L., & Weinraub, M. (1983). Maternal speech: Strategy or response? *Journal of Child Language, 10*, 369-380.
Snow, C. E. (1972). Mothers' speech to children learning language. *Child Development, 43*, 549-565.
Snow, C. E. (1977). The development of conversation between mothers and babies. *Journal of Child Language, 4*, 1-22.
Snow, C. E. (1981). The uses of imitation. *Journal of Child Language, 8*, 205-212.
Snow, C. E. (1989a). Imitativeness: A trait or a skill? In G. Speidel & K. Nelson (Eds.), *The many faces of imitation in language learning* (pp. 73-90). Heidelberg/New York: Springer.

Snow, C. E. (1989b). Understanding social interaction and language acquisition; sentences are not enough. In M. H. Bornstein & J. S. Bruner (Eds.), *Interaction in human development* (pp. 83-103). Hillsdale, NJ.: Erlbaum.

Snow, C. E., & Ferguson, C. A. (Eds.) (1977). Talking to children: *Language input and acquisition*. Cambridge: Cambridge University Press.

Speidel, G. E. (1989). A biological basis for individual differences in learning to speak. In G. E. Speidel & K. E. Nelson (Eds.), *The many faces of imitation in language learning* (pp. 199-229). Heidelberg/New York: Springer.

Speidel, G. E. & Nelson, K. E. (1989). A fresh look at imitation in language learning. In G. E. Speidel & K. E. Nelson (Eds.), *The many faces of imitation in language learning* (pp. 1-21). Heidelberg/New York: Springer.

Spelke, E. S. (1976). Infants' intermodal perception of events. *Cognitive Psychology, 8*, 553-560.

Spelke, E. S. (1979). Perceiving bimodally specified events. *Journal of Experimental Child Psychology, 15*, 626-636.

Spence, M. J., & DeCasper, A. J. (1987). Prenatal experience with low-frequency maternal-voice sounds influence neonatal perception of maternal voice samples. *Infant Behavior and Development, 10*, 133-142.

Stark, R. E. (1978). Features of infant sounds: the emergence of cooing. *Journal of Child Language, 5*, 379-390.

Stark, R. E. (1980). Stages of speech development. In G. H. Yeni-Komshian, J. F. Kavanagh & C. A. Ferguson (Eds.), *Child Phonology*, Vol.1: Production. New York: Academic Press.

Stark, R. E. (1981). Infant vocalizations: A comprehensive view. *Infant Mental Health Journal, 2*, 118-128.

Stark, R. E. (April, 1990). Can developmental prespeech periods be identified in normal infants? *Infant Behavior and Development, 13* (Special ICIS Issue), 141.

Stark, R. E., Bernstein, L. E., & Demorest, M. E. (1983). *Assessment of vocal communication in infants 0 to 18 months*. Presentation at the Annual Convention of the American Speech-Language-Hearing Association.

Stark, R. E., & Bond, J. L. (1983). *Characteristics of reduplicated babbling in 6- to 8-month-old infants*. Presentation at the 106th Meeting of the Acoustical Society of America, San Diego.

Stark, R. E., & Bond, J. L. (1985). *Level of speech motor skill in infants 0 to 18 months*. Presentation at the Annual Convention of the American Speech-Language-Hearing Association, Washington.

Stark, R. E., Rose, S. N., & McLagen, M. (1975). Features of infant sounds: The first eight weeks of life. *Journal of Child Language, 2*, 205-221.

Stark, R. E., Talkin, D., Heinz, J. M., & Bond, J. (1982). *Emergence of vocants in infant utterances*. Presentation at the Fall Meeting of the Acoustic Society of America.

Stelt, van der J. M., & Koopmans-van Beinum, F. J. (1986). The onset of babbling related to gross motor development. In B. Lindblom & R. Zetterström (Eds.), *Precursors of early speech. Wenner-Gren International Symposium Series*, Vol. 44 (pp. 163-173). New York: Stockton Press.

Stern, C., & Stern, W. (1928). *Die Kindersprache*, (4th ed.). Leipzig: Barth.

Stern, D. N. (1984). Affect attunement. In J. D. Ca.., E. Galenson & R. L. Tyson (Eds.), *Frontiers of infant psychiatry*, Vol. 2. New York: Basic Books.

Stern, D. N. (1985). *The interpersonal world of the infant*. New York: Basic Books.

Stern, D. N., Beebe, B., Jaffe, J., & Bennet, S. L. (1977). The infant's stimulus world during social interaction: A study of caregiver behaviours with particular reference to repetition and timing. In H. R. Schaffer (Ed.), *Studies in mother-infant interaction*. London: Academic Press.

Stern, D. N., Jaffe, J., Beebe, B., & Bennett, S. L. (1975). Vocalizing in unison and in alternation: Two modes of communication within the mother-infant dyad. *Annals of the New York Academy of Sciences, 263*, 89-100.

Stern, D. N., Spieker, S., & MacKain, K. (1982). Intonation contours as signals in maternal speech to prelinguistic infants. *Developmental Psychology, 18*, 727-735.

Stern, D. N., Spieker, S., Barnett, J. R., & MacKain, K. (1983). The prosody of maternal speech: Infant age and context-related changes. *Journal of Child Language, 10,* 1-15.
Stern, J. M., & Johnson, S. K. (1989). Perioral somatosensory determinants of nursing behavior in Norway rats. *Journal of Comparative Psychology, 103,* 269-280.
Stevenson, M. B., Ver Hoeve, J. N., Roach, M. A., & Leavitt, L. A. (1986). The beginning of conversation: Early patterns of mother-infant vocal responsiveness. *Infant Behavior and Development, 9,* 423- 440.
Stevenson, M. B., Roach, M. A., Leavitt, L. A., Miller, J. F., & Chapman, R. S. (1988). Early receptive and productive language skills in preterm and full-term 8-month-old infants. *Journal of Psycholinguistic Research, 17,* 169-183.
Studdert-Kennedy, M. (1983). On learning to speak. *Human Neurobiology, 2,* 191-195.
Studdert-Kennedy, M. (1986). Development of the speech perceptuomotor system. In B. Lindblom & R. Zetterström (Eds.), Precursors of early speech. *Wenner-Gren International Symposium Series,* Vol. 44 (pp. 205- 217). New York: Stockton.
Studdert-Kennedy, M. (1989). The early development of phonological form. I. C. von Euler, H. Forssberg, H. Lagercrantz & V. Landin (Eds.), *Neurobiology of early infant behaviour* (pp. 287-301). New York: Stockton.
Sullivan, J. W., & Horowitz, F. D. (1983a). The effects of intonation on infant attention: The role of the rising intonation contour. *Child Language, 10,* 521-534.
Sullivan, J. W., & Horowitz, F. D. (1983b). Infant intermodal perception and maternal multimodal stimulation: Implications for language development. In L. P. Lipsitt & C. K. Rovee-Collier (Eds.), *Advances in infancy research,* Vol.2 (pp. 183-239). Norwood, NJ: Ablex.
Sutton, D. (1979). Mechanisms underlying learned vocal control in primates. In H. D. Steklis & M. J. Raleigh (Eds.), *Neurobiology of social communication in primates: An evolutionary perspective.* New York: Academic Press.
Sylvester-Bradley, B., & Trevarthen, C. (1978). Baby talk as an adaptation to the infant's communication. In N. Waterson & C. Snow (Eds.), *The development of communication* (pp. 75-92). Chichester/New York/ Brisbane/ Toronto: Wiley.
Tamis-LeMonda, C. S., & Bornstein, M. H. (1989). Habituation and maternal encouragement of attention in infancy as predictors of toddler language, play, and representational competence. *Child Development, 60,* 738-751.
Thelen, E. (1981). Rhythmical behavior in infancy: An ethological perspective. *Developmental Psychology, 17,* 237-257.
Thelen, M., Dollinger, S., & Roberts, M. (1975). On being imitated: its effects on attraction and reciprocal imitation. *Journal of Personality and Social Psychology, 31,* 467-472.
Tomasello, M., & Farrar, J. (1986). Joint attention and early language. *Child Development, 57,* 1454-1463.
Tomasello, M., Mannle, S., & Kruger, A. C. (1986). Linguistic environment of 1- to 2-year-old twins. *Developmental Psychology, 22,* 169-176.
Tomasello, M., & Todd, J. (1983). Joint attention and lexical acquisition style. *First Language, 4,* 197-212.
Tonkova-Yampol'skaya, R. V. (1973). Development of speech intonation in infants during the first two years of life. In C. A. Ferguson & D. I. Slobin (Eds.), *Studies of child language development.* New York: Holt, Rinehart & Winston.
Trehub, S. E. (1990). The perception of musical patterns by human infants: The provision of similar patterns by their parents. In M. A. Berkley & W. C. Stebbins (Eds.), *Comparative Perception, Vol. 1: Basic mechanisms* (pp. 429-459). New York: Wiley.
Trehub, S. E., Bull, D., & Thorpe, L. A. (1984). Infants' perception of melodies: The role of melodic contour. *Child Development, 55,* 821- 830.
Trehub, S. E., & Trainor, L. J. (1993). Rules for listening in infancy. In G. Ears (Ed.), *The development of attention: Research and theory* (pp. 87-119). Amsterdam: Elsevier.

Trevarthen, C. (1977). Descriptive analysis of infant communicative behavior. In H. R. Schaffer (Ed.), *Studies in mother-infant interaction* (pp. 227-270). New York: Academic Press.

Trevarthen, C. (1979). Communication and cooperation in early infancy: a description of primary intersubjectivity. In M. Bullowa (Ed.), *Before speech: The beginning of interpersonal communication* (pp. 321 -347). Cambridge: Cambridge University Press.

Trevarthen, C., & Marwick, H. (1986). Signs of motivation for speech in infants, and the nature of a mother's support for development of language. In B. Lindblom & R. Zetterström (Eds.), Precursors of early speech. *Wenner-Gren International Symposium Series*, Vol. 44 (pp. 279- 308). New York: Stockton Press.

Tronick, E., Als, H., & Brazelton, T. B. (1980). Monadic phases: A structural descriptive analysis of infant-mother face-to-face interaction. *Merrill-Palmer Quarterly, 26*, 3-24.

Uzgiris, I. C. (1972). patterns of vocal and gestural imitation in infants. In F. J. Mönks, W. E. Hartup & J. deWitt (Eds.), *Determinants of Behavioural Development*. New York: Academic Press.

Uzgiris, I. C. (1981). Two functions of imitation during infancy. *International Journal of Behavioural Development, 4*, 1-12.

Uzgiris, I. C. (1984). Imitation in infancy: Its interpersonal aspects. In M. Perlmutter (Ed.), *The Minnesota Symposia on Child Psychology*, Vol. 17 (pp. 1-32). Hillsdale, NJ: Erlbaum.

Veneziano, E. (1988). Vocal/verbal interaction and the construction of early lexical knowledge. In M. D. Smith & J. L. Locke (Eds.), *The emergent lexicon: The child's development of a linguistic vocabulary* (pp. 110-147). New York: Academic Press.

Vibbert, M., & Bornstein, M. H. (1989). Specific associations between domains of mother-child interaction and toddler referential language and pretense play. *Infant Behavior and Development, 12*, 163-184.

Vihman, M. M. (1986). Individual differences in babbling and early speech: Predicting to age three. In B. Lindblom & R. Zetterström (Eds.), Precursors of early speech. *Wenner-Gren International Symposium Series*, Vol. 44 (pp. 95-109). New York: Stockton Press.

Vihman, M. M., Ferguson, C. A., & Elbert, M. (1986). Phonological development from babbling to speech: Common tendencies and individual differences. *Applied Psycholinguistics, 7*, 3-40.

Vihman, M. M., & Miller, R. (1988). Words and babble at the threshold of language acquisition. In M. D. Smith & J. L. Locke (Eds.), *The emergent lexicon: The child's development of a linguistic vocabulary* (pp. 151-183). New York: Academic Press.

Villiers de, J. G., & Villiers de, P. A. (1978). Semantics and syntax in the first two years: The Output of form and function and the form and function of the input. In F. D. Minifie & L. L. Lloyd (Eds.), *Communicative and cognitive abilities - Early behavioral assessment* (309-348). Baltimore: University Park Press.

Vygotsky, L. S. (1978). *Mind in society: The development of higher psychological processes*. Cambridge, MA: Harvard University Press.

Wada, J., Clarke, R., & Hamm, A. (1975). Cerebral hemispheric asymmetry in humans. *Archives of Neurology, 32*, 239-246.

Watson, J. S. (1972). Smiling, cooing, and the "game." *Merrill-Palmer Quarterly, 15*, 323-340.

Weir, R. H. (1962). *Language in the crib*. The Hague: Mouton.

Weir, R. H. (1966). Some questions on the child's learning of phonology. In F. Smith & G. A. Miller (Eds.), *The genesis of language: A psycholinguistic approach* (pp. 153-168). Cambridge, MA/ London: M.I.T. Press.

Werker, J. F., & Lalonde, C. E. (1988). Cross-language speech perception: Initial capabilities and developmental change. *Developmental Psychology, 24*, 672-683.

Werker, J. F., & McLeod, P. J. (1989). Infant preference for both male and female infant-directed talk: A developmental study of attentional and affective responsiveness. *Canadian Journal of Psychology, 43*, 230-246.

Werker, J. F., & Tees, R. C. (1984). Cross-language speech perception: Evidence for perceptual reorganization during the first year of life. *Infant Behavior and Development, 27*, 49-63.

Werner, H., & Kaplan, B. (1963). *Symbol formation*. New York: Wiley.

West, M. J., & Rheingold, H. L. (1978). Infant stimulation of maternal instruction. *Infant Behavior and Development, 1*, 205-215.

Wirth, G. (1990). *Sprachstörungen, Sprechstörungen, kindliche Hörstörungen*. Köln: Deutscher Ärzte-Verlag.

Witelson, A., & Pallie. W. (1973). Left hemispheric specialization for language in the newborn: Neuroanatomical evidence of asymmetry. *Brain, 96*, 641-647.

Wolff, P. H. (1963). Observations on the early development of smiling. In B. M. Foss (Ed.), *Determinants of infant behavior*, Vol. 2. New York: Wiley.

Wolff, P. H. (1969). The natural history of crying and other vocalizations in early infancy. In B. Foss (Ed.), *Determinants of infant behavior*, Vol. 4 (pp. 81-109). London: Methuen.

Wolff, P. H. (1987). *The development of behavioral states and the expression of emotions in early infancy*. Chicago: University of Chicago Press.

Wood, D. J. (1989). Social interaction as tutoring. In M. H. Bornstein & J. S. Bruner (Eds.), *Interaction in human development* (pp. 59-80). Hillsdale, NJ: Erlbaum.

Woodward, J. Z., & Aslin, R. N. (1990). Segmentation cues in maternal speech to infants. *Infant Behavior and Development, 13*, (Special ICIS Issue), 678.

Wundt, W. (1904). *Völkerpsychologie. Bd. 1: Die Sprachen*. Leipzig: Engelmann.

Yakovlev, P. L., & Lecours, A. R. (1967). The myelogenetic cycles of regional maturation of the brain. In A. Minkowski (Ed.), *Regional development of the brain in early life* (pp. 3-70). Oxford: Blackwell.

Young, G., Bowman, J. G., Methot, C., Finlayson, M., Quintal, J., & Boissonneault, P. (1983). Hemispheric specialization development: What (inhibition) and how (parents). In G. Young, S. Segalowitz, C. Corter & S. Trehub (Eds.), *Manual specialization and the developing brain*. New York: Academic Press.

Zlatin, M. (1975). *Explorative mapping of the vocal tract and primitive syllabification in infancy: the first six months*. Presentation at the Annual Convention of the American Speech and Hearing Association, Washington, DC.

Zollinger, B. (1987). *Spracherwerbsstörungen: Grundlagen zur Früherfassung und Frühtherapie*. Bern/Stuttgart: Haupt.

Zukow, P. G. (1990). Socio-perceptual bases for the emergence of language: An alternative to innatist approaches. *Developmental Psychobiology, 23*, 705-726.

Zukow, P. G., Reilly, J., & Greenfield, P. M. (1982). Making the absent present: Facilitating the transition from sensorimotor to linguistic communication. In K. E. Nelson (Ed.), *Children's language*, Vol. 3 (pp. 1-90). Hillsdale, NJ.: Erlbaum.

Anlage

Manual zur Auswertung der intuitiven elterlichen Didaktik in der vorsprachlichen Kommunikation

Gestaltung des Interaktionskontextes
Der Fokus der mütterlichen Aufmerksamkeit wird aus dem Sprachinhalt deutlich, z.b. aus Fragen, Aufforderungen, Kommentaren, Reflexionen, Bestärkung, Lob in Bezug auf Zustand und Verhaltensformen des Kindes, gemeinsames Interesse für Objekte und gemeinsame Aktionen. Die Beurteilung des Kontextes berücksichtigt darüberhinaus das intuitive nichtstimmliche Verhaltensrepertoire der Mutter (z.B. Grußreaktion).

Unterstützen von Befinden und Aufnahmebereitschaft
1 Die Mutter interpretiert das Verhalten des Kindes als Ausdruck von Müdigkeit, emotionaler Befindlichkeit, Aufnahme- und Interaktionsbereitschaft und Interesse.
2 Sie sucht sich über sein Befinden Klarheit zu verschaffen.
3 Sie sucht den Befindlichkeitszustand zu beeinflussen. Z.B. Kommentare zu Gähnen, Stöhnen, konzentriertem Beobachten, angespannten Fäustchen, Abwendung, Hyperventilation, Schluckauf. Beruhigen und Trösten bei Erregung.
4 Typische melodische Gesten: fallende Kontur zum Beruhigen, steigende Kontur zum Aktivieren.
5 (Video: Spielen mit Händchen, Berühren der Mundregion, Streicheln).

Unterstützen von Blickkontakt
1 Bemühen um Blickkontakt mit dem Kind; "hallo", "guckuck", rhythmisches Schnalzen. Typische melodische Geste: Rufkontur.
2 Spielchen "guckguck - da";
3 Suchspielchen in Bezug auf Mutter oder Kind, z.B. im Spiegelbild: "Wo ist die Mama? - Da ist die Mama."
4 (Video: Grußreaktion, kurzer Dialogabstand (ca. 20 cm), Präsentieren des Gesichtes im Zentrum des Blickfeldes).

Anregen von Vokalisationen
1 Förderung der kindlichen Vokalisationsbereitschaft durch Anregungen, Modelle, Nachahmungen, kontingentes Antworten.
2 Typische melodische Gesten: steigende Kontur zum Anregen, gedehnte steigend-fallende Kontur zum kontingenten Belohnen.

Anregen von mimischem Verhalten
1 Förderung der kindlichen Mimik durch Anregen, Belohnen: Freude an Lächeln und Lachen und anderen mimischen Reaktionen.
2 Typische melodische Gesten: steigende Kontur zum Anregen, gedehnte steigend-fallende Kontur zum kontingenten Belohnen.
3 (Video: Prototypische mimische Modelle, mimisches Nachahmen).

Unterstützen von motorischen Verhaltensformen
1 Interesse an umschriebenen, "gezielten" kindlichen Verhaltensformen der Extremitäten oder des Körpers wie Strampeln, Gymnastik, Umdrehen, Sitzen, Hochziehen, Ausstrecken der Arme, Fingerspiel, orales Explorieren der Händchen.
2 Nonverbale bewegungssynchrone Äußerungen wie einfühlsame Anstrengungslaute, synchrones Klopfen, abgestimmte Dynamik oder Melodik.
3 Aktionsbegleitende Äußerungen als Wortmodell, in synchron abgestimmter Dynamik oder Melodik: "hoch", "hoppahoppa", "plumps", "hauruck", "So groß bist du!"

Monologisches Erzählen
Erzählen über Ereignisse, die keinen direkten Bezug zum Kontext haben, meist in langen Sätzen und in der für den Babytalk typischen verstärkten Melodik und Rhythmisierung, (wobei das Kind u.U. fasziniert zuhört).

Musikalische Anregungen
1. Summen, Lallen, rhythmische Silbenfolgen, rhythmisches Klatschen oder Klopfen (ausgenommen Zungenschnalzen zur Förderung des Blickkontaktes, Nachahmen oder Vorsprechen von kanonischen Silbenketten ohne Melodie), ohne Text;
2. Singen mit Text.

Gemeinsames Ausrichten der Aufmerksamkeit auf Objekt
Kindlichem Interesse folgen
1. Mutter folgt kindlichem Blick und geht darauf ein, was es sieht oder hört. "Wo schaust du hin? Da leuchtet das Licht so schön." "Horch, da hat's getutet." (Es geht um das gemeinsame Ausrichten der Aufmerksamkeit).
2. Benennen des Objektes, auf das die kindliche Aufmerksamkeit ausgerichtet ist. Das Kind bezeichnet das Objekt seines Interesses durch Blickrichtung, Zeigen, Berühren, Explorieren, indikative Vokalisationen wie "da!" Mutter: "Ja, das ist die Ente." Ente wird als Wortmodell betont und gut artikuliert. (Es geht um das Benennen).
3. Aussage zum benannten Objekt im Fokus der kindlichen Aufmerksamkeit: "Wie macht die Ente?" "Quakquak macht die Ente."

Kindliches Interesse lenken
1. Die Mutter lenkt die kindliche Aufmerksamkeit nonverbal und/oder verbal auf Objekte in der Umgebung (zeigt, bietet an, präsentiert im Blickfeld, berührt mit Objekt, sagt "schau mal").
2. Typische melodische Geste: leicht steigend-steil fallende Kontur.
3. wie 1. mit Benennen; gibt ein betontes und gut artikuliertes Wortmodell: "Schau, da ist eine Schildkröte."

Spiel mit Objekten
1. Die Mutter führt spielerische Aktionen mit einem Objekt vor, oder beide führen wechselseitige Aktionen aus, vom Kind oder Mutter initiiert, z.B. Erzeugen von rhythmischen Geräuschen mit Objekt. Mutter nimmt teil bzw. Anteil am kindlichen Spiel mit Objekten.
2. Aktionsbegleitende Verhaltens- oder Zustandsbezeichnungen, in Dynamik und/oder Melodik bewegungssynchron. "Hops macht der Frosch." "Jetzt ist er weg."

Kommunikative Routinen (Konventionen)
1. Gewöhnlich mit Gesten und Vokalisationen verbundene konventionalisierte Routinen, die die Interaktion z.B. nach konventionellen Regeln steuern. "Mach bitte-bitte", "winke-winke", "Sag hallo" (mit Grußreaktion), "nein-nein-nein" (mit Kopfschütteln).
2. Typische objektbezogene Spielchen wie Geben und Nehmen: "da! - bitte-danke"; Wegwerfen - Aufheben: "bums! - bitte - danke";
3. Zeigen und Benennen in beiden Richtungen: Kind zeigt, Mutter benennt; oder Mutter zeigt und fragt und läßt Kind zeigen oder benennen bzw. benennt selbst. "Wo ist.... - Da ist....." "Was ist das?.. - Das ist....." "Zeig mir....". Zeigen und Benennen beim Bilderbuchanschauen.

Interaktive Spielchen
Traditionelle Spielchen.
    Gewöhnlich mit Kinderreimen oder Liedchen verbundene allgemein gebräuchliche Spielchen: "Hammele-hammele - dutz", "Das ist der Daumen....", "Hoppe-hoppe Reiter....", "Guckguck - da!", "Kommt ein Mäuschen....".

Idiosynkratische Spielchen
1. Selbsterfundene Spielchen, die eine typische sequentielle Struktur aufweisen: Anregungsphase mit steigender Intensität und Heben der Stimme, erwartungsvolle Pause, Spannungsentladung mit abfallender Intensität und Tonhöhe, oft begleitet oder gefolgt von Lachen von Mutter und Kind oder gemeinsamem Vokalisieren. Meist verbunden mit synchroner taktiler Stimulation oder rhythmischer Gymnastik mit Händchen oder Füßchen des Kindes. Die Verhaltenssequenz wird mit Variationen wiederholt.

2 Interaktive Lautspiele.
3 (Video: nichtstimmliche Nachahmungsspiele, z.B. Zunge rausstrecken).
4 Ähnlich strukturierte Spielchensequenzen unter Einbeziehung von Objekten.

Linguistische Struktur der mütterlichen Sprache
Deutliche Artikulation
   Die sprachlichen Äußerungen bzw. die bedeutungstragenden Wörter innerhalb einer Äußerung werden exakt ausgesprochen, wie gegenüber einem Sprachschüler, der die Aussprache korrekt erlernen soll.

Wiederholen des Wortlautes
   Die sprachlichen Äußerungen werden im Ganzen oder in bedeutungstragenden Teilen im Wortlaut wiederholt, mit oder ohne Variationen, die inhaltlich irrelevant sind, wie Weglassen oder Zufügen von Füllwörtern, Umstellung der Wortfolge u.a..

Vokabular der Kindersprache
   Traditionelle oder idiosynkratische Wortvereinfachungen wie "ata" (spazierengehen), "hamham" (essen), "wauwau" (Hund).

Grammatisch vollständige Sätze
   Anteil der Äußerungen, die wohlgeformten, umgangssprachlich akzeptierbaren vollständigen Sätzen entsprechen. (1) bis 20%; (2) bis 33%; (3) bis 50%; (4) bis 66%; (5) bis 80%.

Einfache Syntax
   Die vollständigen Sätze (Fragen, Aufforderungen, Aussagen) sind kurz (bis fünf Wörter) und grammatisch einfach gebaut (Subjekt Prädikat, evtl. Objekt), z.B. "Da ist der Frosch. Quakquak macht der Frosch.", ohne komplizierende ausschmückende Wörter. (Bei vollständigen Sätzen über 50%, Kodierung 1-5; bei vollständigen Sätzen unter 50%, Kodierung 1-4.).

Fragen.
   Außer expliziten Ja/nein-Fragen oder W-Fragen auch indirekte Aufforderungen oder Kommentare mit deutlicher Frage-Intonation (global ansteigende oder am Ende ansteigende Melodik) oder Interjektionen wie "hm?", "gell?" mit anregender Botschaft.

Aufforderungen
   Direkte Aufforderungen, Bitten, oder Rufe, "na komm!", "hey! du!", "tu mal lachen!", wenn sie mit der Intonation von Aufforderungssätzen gesprochen werden.

Loben
   Anerkennende, lobende Äußerungen (unabhängig davon, ob sie sich kontingent auf konkrete kindliche Verhaltensformen beziehen), auch Ausrufe mit Intonation einer lobenden Botschaft: "Schön machst du das!", "ja fein!", "ei!", "oh!", "ah!".

Verbieten
   Negative Verhaltensanweisungen und Restriktionen, Ablehnen und Verbieten: "Tu den Finger aus dem Mund!", "Nein, nicht anfassen!"

Prosodische Struktur der mütterlichen Sprache
Langsames, rhythmisches Sprechen
   Die sprachlichen Äußerungen werden vgl. mit der Erwachsenensprache in langsamerem Tempo und deutlich rhythmisiert ausgesprochen. (Bei der Beurteilung spielt die Pausenlänge keine Rolle.)

Erhöhte Stimmlage
   Gegenüber der durchschnittlichen Erwachsenensprechweise insgesamt erhöhte Tonlage.

Erweiterter Stimmumfang
   Der gesamte Stimmumfang ist gegenüber der Erwachsenensprechweise deutlich erweitert. Die Mutter wechselt zwischen hohen und tiefen Äußerungen und/oder in einzelnen Äußerungen zwischen hohen und tiefen Frequenzen. Tonhöhenkontraste.

Lautstärkenkontraste
   1 Wechsel zwischen Flüstern und normal phonierten Äußerungen;

2 Wechsel zwischen lauten und leisen Äußerungen, z.B. zum Wecken und Aufrechterhalten der kindlichen Aufmerksamkeit.
3 Auffallende Dynamik der Intonation und Betonungsmuster.

Verstärkte Intonation
1 Die sprachlichen Äußerungen werden mit ausgeprägter globaler Melodik und Betonung ausgesprochen.
2 Bedeutungstragende Wörter innerhalb einer Äußerung werden durch Betonung, Verlangsamung, Segmentierung von benachbarten Wörtern, und/oder deutliches Anheben der Stimme hervorgehoben; sie werden dadurch zu Wortmodellen.

Wiederholen der Melodik
Wiederholen der melodischen Kontur von einer der beiden vorausgegangenen Äußerungen, im Ganzen oder in melodisch auffälligen Teilen.

Melodische "Gesten"
Einfache, musikalisch klingende melodische Konturen, zeitlich gedehnt und mit großem Stimmumfang, die, meist unabhängig vom Wortlaut, in bestimmten Interaktionskontexten wiederholt werden. Beispiele: einfach ansteigende Melodie zum Anregen einer Antwort; gedehnte fallende oder glockenförmige Melodie zum kontingenten Belohnen; Melodie des Kuckuckrufes zum Bemühen um Blickkontakt; niederfrequente langsam fallende Melodie zum Beruhigen und Trösten; rasch fallende, auf dem Frequenzmaximum betonte Melodie (indikative/deiktische Geste) zum gezielten Ausrichten der Aufmerk- samkeit.

Erregungsmodulierende Variationen der Melodik
1 Steigern oder Abschwächen der Stimulationsintensität (in Stimmlage, Stimmumfang, Lautstärke, Tempo) in Anpassung an den kindlichen Erregungszustand. Zulassen von Ruhepausen bei kindlicher Abwendung.
2 Registerwechsel zum Dämpfen oder Wecken der Aufmerksamkeit, oder als Ablenkungsmanöver bei Verdrießlichkeit.
3 Empathisch modulierendes Nachahmen des stimmlichen Ausdrucks (verstärkend, abschwächend oder modulierend).
4 Spielerische Variationen: Kontrastreichtum in Dynamik und Melodik. Dynamische und melodische Abschwächungen, Steigerungen, oder Abwechslungen zum Anregen und Aufrechterhalten von Aufmerksamkeit und/oder Vergnügen. Überraschungseffekte, Verfremdungen (Diskrepanzen) und erfinderische Varianten. Typischerweise in Spielchen vorkommend.

Responsivität gegenüber kindlichen Vokalisationen

Häufigkeit kindlicher Vokalisationen
Häufigkeit der ruhigen Vokalisationen des Kindes (ausgenommen Schrei, Jammern, Begleitgeräusche beim Atmen, Schluckauf, Husten, Niesen u.a. vegetative Laute).
Bei allen mütterlichen Reaktionensformen auf die kindlichen Laute ist die Häufigkeit der kindlichen Vokalisationen mit zu berücksichtigen: Bei Häufigkeitsstufe 4 und 5 gilt die Skala von 1 bis 5, bei Häufigkeitsstufe 1 bis 3 gilt die Skala nur von 1 bis 4.

Dialogartiges Abwechseln
1 Rein formale Beurteilung, in welchem Maße sich die mütterlichen und kindlichen Äußerungen abwechseln. Entspricht dem Anteil kindlicher Vokalisationen in Pausen der Mutter. (Beurteilung nur, wenn das Kind nicht verdrießlich ist oder schreit.)
2 Dialogartiges Abwechseln, mindestens vier Sprecherwechsel. Mutter läßt Kind Zeit für seine Antwort.
3 Praktizieren des Abwechselns in Spielchen oder vertrauten Routinen.

Duettieren.
Gemeinsames, aufeinander abgestimmtes Vokalisieren, oft im Zustand gemeinsamer freudiger Erregung, gewöhnlich mit ähnlicher Melodik oder synchronem Rhythmus.

Kontingentes Beantworten kindlicher Vokalisationen
1 Die Mutter hört dem kindlichen Laut zu, unterbricht u.U. ihren Redefluß, und nimmt inhaltlich darauf Bezug mit Kommentar, Interpretation, Nachfragen, Korrektur, Lob, Lachen, Nachahmung oder bei verdrießlichen Lauten mit Trösten.
2 Adäquates Beantworten von kommunikativen Akten und Sprachakten.

Nachahmen, sprachlich korrekt artikuliert
Mutter ahmt den kindlichen Laut in korrigierter Form nach, z.B. macht sie undeutlich artikulierte Vokanten, Klosanten oder marginale Silben zu korrekt artikulierten Vokalen, Konsonanten oder Silben. (Kodierung nur bei sinnlosen Lauten.)

Nachahmen, einfühlsam
Mutter vollzieht den emotionalen Ausdruck des Kindes nach, fühlt sich ein, indem sie auffällig affektiv getönte Lautkomponenten in Klangfarbe, Tonhöhe, Melodik und/oder Rhythmus nachahmt. Dabei kann sie den Ausdruck verstärken, abschwächen oder verharmlosend modulieren (bei Jammern des Kindes).

Nachahmen, lautspielerisch
Spielerisches Wiederholen, Ausschmücken und Variieren kindlicher Lautprodukte in interaktiven Lautspielen; die Mutter beteiligt sich am Explorieren der stimmlichen Möglichkeiten, steigert oder führt neue Varianten ein.

Nachahmen als Wort
1 Die Mutter assoziiert zu dem kindlichen Laut ein Wort, wiederholt und/oder korrigiert den Laut als Wort: ohne direkten Bezug zum Kontext (Kind: /babababa/ - Mutter: "Wo ist der Papa?");
2 auf den Kontext bezogen (Kind schaut Licht an, sagt /cht/. - Mutter: "Das ist ein Licht." Sie versteht und interpretiert den Laut als Sprachakt.

Nachahmen mit syntaktischer Erweiterung
Die kindliche Äußerung wird ganz oder teilweise wiederholt und sinngemäß syntaktisch erweitert. (Kind beim Betrachten des Spiegels: /da/, Mutter: "da ist die Michaela!" oder Kind: /dä bebe/, Mutter: "ja, das ist ein Baby.") Oder: (Kind: /nte/ - Mutter: "Ente. Ja, die Ente macht quakquak."

Nachahmen, gesamt
Die verschiedenen Formen der Nachahmung können als unterschiedliche Facetten der gleichen Nachahmung kombiniert, meist in unterschiedlicher Gewichtung, vorkommen. Daher gibt die Gesamtnachahmung nicht die Summe aller Nachahmungsarten, sondern die relative Häufigkeit von Nachahmungen insgesamt in Bezug auf die Anzahl kindlicher Vokalisationen wieder.

Modellaute, sprachlich korrekt artikuliert
Mütterliche Vokalisationen, die dem kindlichen Repertoire entsprechen, ohne primär kommunikative Funktion, die dem Kind mit oder ohne explizite Aufforderung zum Nachahmen und mit anschließender kurzer abwartender Pause vorgeführt werden, um das Kind zum Vokalisieren anzuregen. U.U. werden kindliche Laute nach längerer Pause wieder aufgegriffen, die zuvor in der Interaktion bereits vorkamen. (Kodierung nur bei korrekten, gut artikulierten, nicht bedeutungstragenden Sprachlauten (Vokal, Konsonant, Silbe).

Modellaute, einfühlsam
Nicht sprachbezogene Modellaute, oder sprachbezogene Laute, deren emotionaler Ausdruck in Stimmqualität und/oder typischer Melodik einfühlsam aufgegriffen wird.

Modellaute, spielerisch
1 Typische explorative Lautprodukte des Kindes werden zum Anregen der kindlichen Vokalisationsbereitschaft produziert oder nachahmend aufgegriffen und weiter ausgeschmückt und variiert.
2 Kleine Melodien werden zum Nachsingen vorgesungen oder vorgesummt.

Modellaute, Wort
1 Die Mutter spricht ein Wort vor, mit oder ohne explizite Aufforderung zum Nachahmen. Das Wort wird durch besondere Intonation und gute Artikulation hervorgehoben: Ohne direkten Bezug zum Interaktionskontext ("Sag mal Mama.").
2 Die Mutter führt das Wort in den Interaktionstext ein, d.h., das betreffende Objekt, die Person oder Aktion sind im Fokus der Aufmerksamkeit. Aktion im Fokus der Aufmerksamkeit, Komponente

eines kommunikativen Rituals, Person im Fokus der Aufmerksamkeit, Objekt im Fokus der Aufmerksamkeit, Objekt des Verlangens, Aktionen mit Objekt, bzw. Aussagen zu Objekt der Aufmerksamkeit.

Modellaute zum Nachahmen, gesamt
Da die verschiedenen Formen der Modelle nicht unabhängig voneinander vorkommen, ist die Gesamthäufigkeit der Modelle nicht gleich der Summe der verschiedenen Modellarten.

Verstehen der kindlichen Vokalisationen
Verstehen als aktiven Gesprächsbeitrag
Mutter nimmt inhaltlich Bezug auf die kindliche Vokalisation, als ob das Kind etwas mitgeteilt hätte: "Als-ob-Konversation". "Ach so meinst du das!" - "Wirklich?"

Verstehen als spontaner Ausdruck der Befindlichkeit
Der kindliche Ausdruck löst auf seiten der Mutter angemessene Verhaltensanpassungen aus (perlokutorische Funktion). Die Mutter interpretiert den stimmlichen Ausdruck des Kindes als Ausdruck des Befindens oder Interesses und/oder läßt sich dadurch in ihrem Verhalten leiten. Wenn z.B. das Kind unvermittelt verdrießlich wird, unterbricht die Mutter ihre Stimulation und beginnt das Kind zu trösten oder abzulenken. Wenn das Kind als Reaktion auf ein Spielchen vor Vergnügen quietscht, versteht die Mutter dies als Einladung zu einer Wiederholung. Auch einfühlsames Nachahmen des stimmlichen Ausdrucks.

Verstehen als nonverbale Mitteilung
Die Mutter interpretiert und/oder beantwortet den kindlichen Laut als Ausdruck einer Absicht (als kommunikativen Akt, illokutorische Funktion). Das Kind will nach Ansicht der Mutter etwas von ihr erreichen, z.B. soll sie etwas benennen, etwas vom Boden aufheben, ein Spiel wiederholen, die Aufmerksamkeit auf etwas lenken, etwas nicht tun. Die Absicht des Kindes wird häufig gleichzeitig durch Blickverhalten und Gesten ausgedrückt. Eine frühe Form ist z.B. ein Anstrengungslaut beim Bemühen, ein Objekt zu ergreifen.

Verstehen als sprachliche Mitteilung
1 Die Mutter interpretiert und/oder beantwortet den kindlichen Laut als Wort, das eine Komponente des Kontext symbolisiert (Sprachakt, lokutorische Funktion).
2 Sie versteht das Wort als Bezeichnung einer Aktion im Fokus der Aufmerksamkeit (indicative action, performative), einer Komponente einer sozial-kommunikativen Routine,
3 eines Objektes im Fokus der Aufmerksamkeit (indicative object),
4 eines Objektes des Verlangens (volitional object),
5 einer Person im Fokus der Aufmerksamkeit,
6 eines Subjektes (agent),
7 einer Aktion oder eines Zustands eines Subjektes (action or state of agent).

Interaktionsstil
Die Interaktionsstile schließen sich nicht gegenseitig aus, sondern ergänzen einander. Sie können daher bei individuellen Müttern in unterschiedlicher Gewichtung kombiniert vorkommen.

Einfühlsam-warm
Stimmlicher Ausdruck von Wärme, Zärtlichkeit, Besorgnis, Einfühlsamkeit.

Freudig-erregt
Stimmlicher Ausdruck von freudiger Erregung, Vergnügen, häufiges Lachen, u.U. Duettieren.

Ungeduldig-ablehnend
Stimmlicher Ausdruck von Ablehnung, Ärger, Ungeduld.

Passiv-beobachtend
Beobachtungsabstand. Die Mutter beobachtet ihr Kind aufmerksam und reaktionsbereit, wie es sich mit sich selbst, mit seinem Spiegelbild oder mit Objekten beschäftigt. Greift kaum ein, bringt kaum eigene Initiativen, reagiert aber, sobald sich das Kind an sie wendet, sobald es ihr einen Blick schenkt oder Interesse an der Interaktion zeigt. Läßt dem Kind Zeit für eigene Initiativen und

Beschäftigung, solange es zufrieden ist (z.B. für Monologe, für ein Explorieren des Spiegelbildes oder Explorieren von Spielzeugen. Ab und zu Fragen, Rufe oder Kommentare, abwechselnd mit langen Pausen).

Signalgeleitet-responsiv
Die Mutter folgt der kindlichen Initiative, geht ein auf seine spontanen Verhaltensbereitschaften, Interessen und Initiativen und fördert sie durch entsprechende Stimulation. Folgt dem Blick und anderen Signalen des Kindes, hört zu und antwortet kontingent. Ahmt viel nach, vor allem einfühlsam. Überwiegend Fragen und indirekte Aufforderungen. Responsivität im Vordergrund.

Anregend-bestimmend.
Die Mutter folgt in ihren Initiativen ihrer eigenen Agenda. Überwiegend Aufforderungen in Bezug auf Blickkontakt, Lächeln, Vokalisationen. Lenkt das kindliche Interesse auf Objekte und auf den Spiegel. Gibt Modelle zum Anregen der Vokalisation. Bietet Objekte an. Gibt Verhaltensanweisungen zum Umgang mit Spielzeugen. Setzt Grenzen, Restriktion des Bewegungsdranges. Sie nimmt aber das kindliche Verhalten und seine Signale als Feedback ihrer Initiativen wahr und wechselt, wenn erfolglos, die Strategie. Stimulationsangebot im Vordergrund.

Zudringlich-überfahrend
Die Mutter zeigt einen Überschuß an eigener Initiative und setzt sich über die spontanen kindlichen Verhaltensbereitschaften, Initiativen und Interessen hinweg, ignoriert Signale von konzentrierter Aufmerksamkeit, Hemmung, Übererregtheit oder Abwendung. Gibt mehrere Spielzeuge auf einmal oder nacheinander in raschem Wechsel. Verändert die Position des Kindes gegen dessen Widerstand. Läßt dem Kind keine Zeit zum Antworten. Häufiges Ändern der Strategien, bevor das Kind reagieren kann.

Spielbereit
Die Mutter ist in ihren Anregungen oder Reaktionen einfallsreich, zum Spielen aufgelegt, läßt sich gern manipulieren, lacht viel. Kontrastreichtum in Melodik und Dynamik, Einführen von erfinderischen Varianten beim Wiederholen. Bereitschaft zu interaktiven Laut- und anderen Nachahmungsspielen, viel idiosynkratische und/oder traditionelle Spielchen. Bereit, beim Spiel mit Objekten mitzuspielen.

Lehrbereit
Die Mutter ist in ihren Anregungen oder Reaktionen ausgesprochen didaktisch, auf geduldiges Einüben von Vokalisationen und Wörtern ausgerichtet. Loben von Erfolgen. Langsame und korrekte Aussprache. Häufiges Wiederholen. Viel korrektives Nachahmen, expansives Nachahmen, korrekte Modelle. Zeigen und Benennen, Zeigen, Vormachen und Erklären. (Scaffolding, tutoring, prompting): Mutter kommt dem Kind beim Lösen von Problemen entgegen, oder fordert es in Bezug auf seine in Entwicklung befindlichen Fähigkeiten heraus.

Auswertungsskala

1. Häufigkeit mütterlicher Verhaltensformen oder					
1	2	3	4	5	-1
fehlend	selten	wiederholt	häufig	vorherrschend	nicht auswertbar
2. Ausprägung (Häufigkeit und Intensität) mütterlicher Verhaltensqualitäten					
1	2	3	4	5	-1
fehlend	selten, mäßig ausgeprägt	vorherrschend, mäßig ausgeprägt	selten, stark ausgeprägt	vorherrschend, stark ausgeprägt	nicht auswertbar